Theresa Röschmann

Unzufrieden?

Diese vier magischen Fragen
verändern dein Leben

KNAUR.LEBEN

Besuchen Sie uns im Internet:
www.knaur-leben.de

Originalausgabe Mai 2019
Knaur Taschenbuch
© 2019 Knaur Verlag
Ein Imprint der Verlagsgruppe
Droemer Knaur GmbH & Co. KG, München
Alle Rechte vorbehalten. Das Werk darf – auch teilweise – nur mit
Genehmigung des Verlags wiedergegeben werden.
Bearbeitung und Redaktion: Melle Siegfried
Covergestaltung: Karin Etzold, München
Coverabbildung: Shutterstock.com/cifotart
Satz: Adobe InDesign im Verlag
Druck und Bindung: CPI books GmbH, Leck
ISBN 978-3-426-87832-3

2   4   5   3   1

*Ich widme dieses Buch
meiner über alles geliebten Oma Gerda,
die immer mein liebevoller Hafen war,
sowie meinem wunderbaren Mann Frank,
einem der größten Geschenke meines Lebens.*

Inhaltsverzeichnis

»Veränderung zu lieben, sich ihr vollends hinzugeben,
schenkt dir etwas, was du nie vermutet hättest;
irgendwann landest du hinter deiner Vorstellung,
und das kann ein irres Geschenk sein!«
Theresa Röschmann

Vorwort

Willkommen bei den »vier magischen Fragen«. Du hast mit dem Kauf dieses Buchs eine weise Entscheidung getroffen. Wunderbar, dass du deinem Leben eine Wende verpassen möchtest und dich danach sehnst, aus deiner Unzufriedenheit auszusteigen. Dieses Buch wird dir dazu eine ganz genaue Anleitung geben. Es könnte dir sogar helfen, dein komplettes Leben zu verändern, egal wo du gerade in deinem Leben stehst und egal wie dein Lebensweg bisher verlaufen ist.

Mein Weg war weder ein gerader noch – von außen betrachtet – ein einfacher Weg. Es war ein Weg, der nicht immer schnurstracks in den vermeintlichen, klassischen Erfolg geführt hat. Und das hat mir eine Zeit lang schwer zu schaffen gemacht. Wie schnell verurteilen wir uns, wenn sich nicht das gewünschte, sondern ein ganz anderes Ergebnis als das von uns anvisierte zeigt? Wie schnell fühlen wir uns schlecht und machen uns nieder, wenn bei uns etwas komplett anders läuft als bei anderen? Die Magie dieses Buchs liegt jedoch genau in diesem Perspektivwechsel. Meiner Erfahrung nach entdeckt man jenseits eingetretener Pfade und abseits klar definierter Ziele und Erwartungen absolutes Neuland – und somit meist etwas viel Genialeres und Erfüllenderes. Ich habe mich im Laufe meines Lebens mit immer mehr Freude vom »So muss es sein«-Weg wegbegeben. Ich habe das zunächst unbewusst und dann, ab einem bestimmten Punkt in meinem Leben, als mir klar wurde, welche positiven Konsequenzen das hat, immer bewusster zugelassen.

Genau darauf basiert die von mir entwickelte YOUR WAY Philosophy. Diese Philosophie bezieht sich auf einen passgenauen Lifestyle und eine neue, tolerante, zeitgemäße und innovative Geisteshaltung, die jedem Menschen erlaubt, seinen ureigenen Weg – im Privatleben wie auch Business – zu finden und zu gehen. In diesem Buch stelle ich dir die »vier magischen Fragen« vor, die grundlegende Elemente der YOUR WAY Philosophy sind. Sie zu beantworten versetzt dich in die Lage, deine Perspektive zu wechseln und deinem Denken und Verhalten ein positives Vorzeichen zu geben.

Meine Learnings – ich finde, dieses Wort ist eine schöne Zusammenfassung für alles, was man durch Lehren, Lernen, Scheitern, Stolpern, Fehlermachen und anderes an Erfahrungen sammelt – haben mir ermöglicht, die »vier magischen Fragen« zu entwickeln, die eine große Transformationspower besitzen. Da ich und viele Klienten es mit ihrer Hilfe geschafft haben, Berge zu versetzen und an Punkte zu gelangen, die wir nie für möglich gehalten hätten, erhältst du mit diesem Buch ebenfalls die Möglichkeit, genau das zu erreichen. Ich werde dir zeigen, wie du an deinem Erfüllungsort ankommen kannst. Auch wenn die Situation für dich gerade alles andere als rosig aussieht. Noch kurz ein Satz in eigener Sache: Um effektiv mit dir zu arbeiten und dich auf einer persönlichen Ebene zu erreichen, habe ich in diesem Buch die »Du-Form« gewählt. Zudem habe ich entschieden, aufgrund der besseren Lesbarkeit ausschließlich die männliche Schreibweise zu verwenden. Personen weiblichen wie männlichen Geschlechts sind darin jedoch ausdrücklich und gleichermaßen eingeschlossen.

Was ist der Erfüllungsort?

Der Erfüllungsort wird im Bundesgesetzbuch unter anderem als der Leistungsort bezeichnet, an dem der Schuldner, zum Beispiel ein Lieferant oder Hersteller, seine Leistung zu erbringen hat. Der Erfüllungsort, von dem ich hier und im weiteren Verlauf des Buchs spreche, hat mit Wirtschaftslehre nicht das Geringste zu tun. Es ist ein wunderbarer Ort, der sich ganz anders definiert.

> Der Erfüllungsort ist der Ort in dir, an dem du komplett bei dir selbst angekommen bist. Er ist der Seinszustand, in dem du voll und ganz von Glückseligkeit, Frieden, Dankbarkeit und Leichtigkeit erfüllt bist.

Bitte präge dir die Definition vom Erfüllungsort gut ein. Im weiteren Verlauf des Buchs wirst du nicht nur immer wieder mit dieser Begrifflichkeit in Berührung kommen, du wirst dich auf den Weg zu diesem wundervollen Ort machen. Es ist ein unglaublich leichtes und schönes Gefühl, am Erfüllungsort angekommen zu sein. Und eins vorab – es kann sehr gut sein, dass du dort nicht nur ein einziges Mal ankommst. Du kannst dort nämlich immer wieder landen – warum das so ist und wie genau das funktioniert, wirst du von Kapitel zu Kapitel immer besser verstehen. Dein Erfüllungsort ist kein festgelegter, unveränderlicher Zielpunkt. Dein »Erfülltsein« kann sich mit der Zeit immer wieder einmal verändern. Stell dir ein Gefäß vor, das bis zum oberen Rand mit einer Flüssigkeit gefüllt ist – das ist der Zustand der totalen Erfüllung. Jede Flüssigkeit kann jedoch schneller oder langsamer verdunsten und dadurch weniger werden. Das geschieht immer dann, wenn der Flüssigkeitspegel nicht regelmäßig überprüft und bei Bedarf aufgefüllt wird. Auf unser Leben übertragen bedeutet das, dass sich alles, was uns erfüllt, sei es eine Freundschaft, die romantische Liebe, der

Job, der Erfolg eines eigenen Unternehmens oder ein Ehrenamt, mit der Zeit verändern kann. Je eher wir realisieren, dass ein Punkt erreicht ist, an dem wir nicht mehr erfüllt sind, desto eher können wir uns überprüfen, an ein paar Schräubchen drehen, uns ein wenig verändern, und schon ist das Gefäß wieder gefüllt. So einfach kann es sein. Doch wir sind alle nur Menschen. Wir sind Meister der Verdrängung und der Selbsttäuschung, wir betrügen uns selbst, und nicht selten haben wir eine Heidenangst vor Veränderungen. Meist liegt es nur daran, dass wir zu lange abgewartet oder ausgeharrt haben und deshalb bereits so viel Flüssigkeit aus dem Erfüllungsgefäß verdunstet ist, dass wir viel dafür tun, also größere Veränderungen anstrengen müssten, um wieder in den erfüllten Zustand zu gelangen. Wenn wir das unbewusst spüren, vergeht uns häufig der Mut. Lieber betäuben wir uns dann, bleiben da, wo wir sind, und lullen uns noch ein wenig mehr ein. Aber ist das *wirklich* die Lösung? Was passiert, wenn wir lange Zeit in keinem Bereich unseres Lebens wirklich erfüllt sind? Was passiert, wenn wir immer unzufriedener werden? Diese und noch viele andere Fragen werde ich dir in diesem Buch beantworten. Ich möchte dich sensibilisieren. Ich möchte dich ermuntern, viel früher einzugreifen. Unzufriedenheit ist ein Symptom. Es ist eine Milchmädchenrechnung, zu glauben, dass es ausreiche, sich etwas Gutes zu tun, einen lustigen Film zu gucken oder einen Wochenendtrip zu machen, um die Unzufriedenheit loszuwerden. Das alles ist wohltuend und schön, aber die Unzufriedenheit hat ganz andere Ursachen. Und wenn die nicht geklärt werden, kommen wir nie in diese wirkliche, tiefe Zufriedenheit. Die »vier magischen Fragen« werden dir helfen, die Ursache deiner Unzufriedenheit ausfindig zu machen und deinen Erfüllungsort – den Ort deiner Zufriedenheit – zu erreichen.

> »Wahnsinn ist, sich nicht zu verändern,
> unzufrieden zu bleiben und sich einzureden,
> dass es irgendwann einmal besser werden wird!«
> *Theresa Röschmann*

Über unsere Zusammenarbeit

Vielleicht gibt es Bereiche oder Phasen in deinem Leben, die absolut erfüllt sind oder es waren. Vielleicht wird dir im Laufe unserer gemeinsamen Arbeit auch bewusst, dass du noch nie an besagtem Erfüllungsort warst. Glaube mir, das ist nicht ungewöhnlich. Wir sind in einer Gesellschaft aufgewachsen, in der es normal ist, sich anzupassen und sich mit wenig zufriedenzugeben. Der Wunsch nach Erfüllung war in der Generation unserer Eltern verpönt. Da wurde geschafft, und bei den meisten zählte nur Leistung. Auch in der Schule gibt es keinen Kurs in »ureigener Wegfindung«, kein Fach mit dem Titel »Potenziale leben«. Unsere persönlichen Vorlieben und Stärken werden viel zu selten gefördert, weshalb sie leider oft hintanstehen. Ich möchte dir Mut machen, dich nicht mit halben Sachen zufriedenzugeben. Egal wie lange du beispielsweise schon allein bist und das Gefühl hast, nur andere seien beziehungsfähig; egal ob du im Job noch nie richtig erfüllt warst oder dich nach wie vor von deiner Familie beruflich ausbremsen oder von Freunden aufhalten lässt (diese Beispiele entsprechen leider auch heute noch der Norm!) – auch du kannst an deinen persönlichen Erfüllungsort gelangen.

Was wäre, wenn auch du beginnen würdest, die losen Enden *deines* Lebens so zu reflektieren, dass etwas völlig Neues daraus entsteht?

Was wäre, wenn du damit beginnen würdest, dich durch eine komplett vorurteilsfreie Brille zu betrachten? Dieses Buch unterstützt dich nicht nur dabei, die Unzufriedenheit in den Wind zu schießen – es hilft dir dabei, zu fühlen, was wirklich DEIN WEG in der romantischen Liebe, in Beziehungen, in puncto beruflicher Erfüllung und Gesundheit ist, und es verleiht dir den Mut und die Kraft, dich immer wieder neu auf deinen Weg zu machen. Komme, was wolle.

Was bedeutet Unzufriedenheit?

Du bist unzufrieden. Nichts läuft so, wie du es dir vorstellst. Du bist un-ruhig, un-entspannt, un-glücklich, un-zufrieden. Unzu-FRIEDEN. Du siehst vermutlich schon, worauf ich hinauswill. Unzufriedenheit ist immer die Abwesenheit von Frieden. Aber eins vorab: Das kannst du ändern, denn Unzufriedenheit ist ein Gefühlszustand und somit ein Symptom und *keine* Ursache. Was aber sind die Ursachen für Unzufriedenheit? Was macht dich unzufrieden? In welchen Lebensbereichen bist du unzufrieden? Was macht die Unzufriedenheit mit dir? Hast du das Gefühl, immer wieder in einer Sackgasse zu landen?

All diesen Fragen werden wir systematisch auf den Grund gehen. Wir betreiben quasi Grundlagenforschung. Wir werden die Ursachen deiner Unzufriedenheit ans Licht bringen – aufdecken, was in deinem Leben nicht so rundläuft. Wenn wir das nicht ausreichend und tiefgründig genug angehen, dann laufen wir Gefahr, ein Haus auf einem sandigen Fundament zu bauen. Und was passiert mit einem Haus, das auf einem beweglichen Untergrund gebaut wird? Richtig! Es könnte beim nächsten heftigen Gewitter in sich zusammensacken.

Unzufriedenheit entsteht immer, wenn ein Ungleichgewicht, eine Dysbalance, in deinem Leben herrscht. Dysbalancen entstehen, wenn unbewusst ungestillte Sehnsucht, Schmerz, Verlangen, Angst oder Wut existieren oder wenn du realisierst, dass du ein Leben lebst, das dir gar nicht entspricht. Vielleicht fühlst du, dass es so, wie es momentan läuft, nicht mehr weitergehen kann, bist aber noch nicht in der Lage, richtig zu begreifen, woher dieses Unwohlsein rührt. Du könntest auch das Gefühl haben, in deiner momentanen Lebenssituation gefangen zu sein. Das Dumme am Gefühl des Gefangenseins ist, dass es gleichzeitig ein weiteres Gefühl erzeugt, die Hilflosigkeit, denn meist meint man zu wissen, aus einem Gefängnis nicht mal eben so ausbrechen zu können. Ich werde dir zeigen, dass dieses Gefühl auf einem Irrtum beruht. Dieses Buch hilft dir, deine aktuelle Unzufriedenheit klar zu identifizieren. Egal ob sie in der Liebe, der Familie, deiner beruflichen Erfüllung oder der Gesundheit liegt.

Wie fühlt sich Unzufriedenheit an?

Viele meiner Klienten empfinden Unzufriedenheit als ein Gefühl der Starre, Orientierungslosigkeit, Panik, Angst, Überarbeitung, Stress und/oder Langeweile. Andere fühlen sich nicht mehr im Gleichgewicht, sind unglücklich oder wütend. Wieder andere kämpfen mit einem Burn-out und haben jegliche Freude an ihrer Beziehung, dem Job oder dem Leben im Allgemeinen verloren. Bei den meisten von ihnen hat eine Dysbalance (wenn sie bereits länger besteht) auch gesundheitliche Auswirkungen.

Auch ich war lange Zeit in unterschiedlichen Lebensbereichen unzufrieden. Auch ich habe viele, teils heftige Erfahrungen gemacht. Alles, was du hier liest, habe ich selbst durchlebt. Was mir immer wieder aus den Tiefs heraushalf und mir ermöglichte, an meinem Erfüllungsort zu landen, war meine Bereitschaft zur Veränderung. Heute ist Veränderung für mich etwas absolut Geniales. Ich freue mich, wenn es kribbelt und wenn sich wieder etwas komplett Neues ankündigt. Veränderung ist mein Elixier, mein Treibstoff auf der Reise zum Erfüllungsort. Ohne die vielen Transformationen in meinem Leben wäre ich nicht die, die ich heute bin. Ohne diverse Jobwechsel, den Aufbau verschiedenster Unternehmen und permanentes Springen ohne Rettungsseil wäre ich nie an diesem Punkt in meinem Leben angelangt. Und ohne vermeintliches Scheitern, 1001 gemachte Fehler, ohne Experimentieren und kreative Spinnerei wäre ich nie in der Lage gewesen, dieses Buch zu schreiben.

Ja, ich durfte durch eine intensive Schule gehen, habe die Erwartungen »anderer«, es jemandem »recht machen zu müssen« und auf andere zu hören, aber immer mehr hinter mir gelassen. Seit Jahren schon folge ich der Freude, der Leichtigkeit und der Sinnerfülltheit, und dafür bin ich unendlich dankbar. Beruflich komme ich schon lange und immer wieder neu an meinem Erfüllungsort an, und das ist für mich pure Glückseligkeit. Nach vielen Jahren des Singledaseins habe ich zudem 2011 meinen wunderbaren Mann getroffen und bin seit 2012 bis heute überglücklich verheiratet.

Wenn ich es geschafft habe, Veränderung als etwas Gutes und Heilsames zu erachten, dann schaffst du das auch. Wenn mir Veränderung erlaubt, immer mehr Freude und Leichtigkeit zu empfinden, dann ist das auch für dich möglich. Wenn ich meinen ureigenen Weg, der ganz anders aussieht als jeder andere Weg, gefunden habe, dann gibt es auch deinen ganz einzigartigen und ureigenen Weg! Und wetten, dass du dich auf alle Fälle in irgendeiner Etappe meiner Lebensstationen oder in den Beispielen meiner Klienten wiederfindest?

Unzufrieden = undankbar?

Trotz ihrer objektiv attestierbaren Unzufriedenheit würden sich viele Menschen nicht als unzufrieden bezeichnen. Wie ich bereits eingangs erwähnt habe, sind wir Meister darin, uns einzureden, dass es ja so schlimm gar nicht sei. Ich durfte bereits mit vielen Menschen arbeiten, die sich betäubt und ihre Gefühle komplett verdrängt haben. Sie hatten sich eingelullt, mit der Situation abgefunden und sich ihrem vermeintlichen Schicksal ergeben. Manche von ihnen sprachen auch davon, nichts ändern zu dürfen, das sei schließlich undankbar. Undankbar, da sie ja bereits alles hätten und sich überhaupt nicht beschweren dürften. Andere würden noch händeringend nach ihrer Liebe, der Berufung, dem Traumjob, einer ausgewogenen Gesundheit und Harmonie in der Familie suchen, und sie hätten das ja schließlich bereits gefunden. Da dürften sie doch nicht unzufrieden sein und schon gar nicht alles infrage stellen. Nicht schon wieder von vorne anfangen oder einfach etwas Neues beginnen. Was würden dann überhaupt die anderen von ihnen denken?

Wie sieht es bei dir aus? Traust auch du dich nicht, zuzugeben, dass du unzufrieden bist? Wie geht es dir damit, dass du »immer noch« auf der Suche bist? Wie fühlt sich das an? Fühlst du dich erschöpft, enttäuscht, gestresst oder resigniert? Oder hast du bereits unbewusst aufgegeben und denkst, all das Schöne erfüllt sich zwar für andere, doch an dir geht der Erfüllungskelch mal wieder vorüber? Glaub mir, mit diesen Gefühlen stehst du nicht allein da.

Vielleicht gehörst du aber auch zu den Menschen, die in einem wichtigen Lebensbereich an ihrem Erfüllungsort angekommen sind. Vielleicht hast du ja bereits großes Glück in der Liebe. Ich bin vielen wunderbaren Menschen begegnet, die genau damit begründeten, nicht weiter nach beispielsweise ihrer beruflichen Erfüllung zu suchen. Grund dafür war die Angst, zu große Ansprüche zu stellen. Schließlich könne man ja nicht alles haben. Aber mal ganz ehrlich: Meinst du nicht, dass man auch Glück im Job *und* in der Liebe haben darf? Spürst du nicht auch dieses Gefühl, dass auch dir wesentlich mehr zusteht und dass noch viel mehr in dir schlummert und somit möglich ist? Andersherum gibt es Menschen, die ihre berufliche Erfüllung gefunden, jedoch große Probleme in Liebes- und/oder familiären Beziehungen haben. Häufig habe ich schon Aussagen wie »Ach, in Beziehungen bin ich eh ein hoffnungsloser Fall« gehört. Die Wahrheit ist: Wir haben immer die Wahl. Wir dürfen uns immer und immer wieder auf den Weg zum Erfüllungsort begeben und bei uns selbst ankommen. Auch du. Wie häufig du diesen, deinen Weg gehst, bleibt dir überlassen. Als Faustregel gilt jedoch:

> Sobald du länger im Ungleichgewicht bist, sobald du Unzufriedenheit statt Zufriedenheit und Dankbarkeit empfindest, sollte es ab heute deine liebevolle Pflicht sein, die Ursachen für deine Unzufriedenheit zu eruieren, die Hindernisse zu überwinden und eine stimmige Kurskorrektur herbeizuführen.

Was ist, wenn du spürst, dass du unbedingt etwas verändern willst, jedoch überhaupt nicht weißt, wie du das anstellen sollst? Warum haben wir oft keine Idee, wie wir an unserer aktuellen Situation etwas verändern können? Dafür gibt es verschiedene Gründe. Viele Menschen haben keine Vorstellung davon, welche Schritte sie überhaupt gehen können bzw. welche Fragen sie sich beantworten müssen, um die entsprechenden Antworten zu finden. Die meisten von uns haben es nicht gelernt, nach *mehr* zu fragen. Wir haben gelernt, uns mit wenig zufriedenzugeben. Unsere Eltern und Großeltern haben es uns vorgelebt. »Bescheidenheit ist eine Zier« ist nur eins der Sprichworte, die vergangene Generationen prägten und deren gesellschaftliche Reglementarien an uns weitergereicht wurden. Wer nicht lernt, gut für sich zu sorgen, dem fehlt wie den meisten Suchenden eine Strategie, eine klare, eindeutige und unkomplizierte Anleitung, die Mut macht, die Angst verscheucht und hilft, aus der aktuellen Situation der Unzufriedenheit aufzubrechen und loszulaufen. Viele Menschen haben zudem große Angst vor Veränderungen und bleiben deshalb in der Situation verhaftet und stagnieren.

Und auch das möchte ich mit diesem Buch ändern. Ich möchte dir klar aufzeigen, warum du dich derzeit so fühlst, wie du dich fühlst. Ich möchte dir bewusst machen, dass dein Fokus bestimmte Blickrichtungen bis dato überhaupt nicht zugelassen hat. Du wirst lernen, deine Blickrichtung zu verändern, den Blick in komplett neue Himmelsrichtungen zu werfen. Du wirst Brillen aufsetzen, die dir helfen, in absoluter Klarheit zu sehen. Und du wirst lernen, deinen Gefühlen auf eine neue Art und Weise zu vertrauen und dich mehr von ihnen leiten zu lassen. Und genauso wirst auch du in absoluter Stimmigkeit erstmalig (oder erneut) an deinem Erfüllungsort ankommen.

Doch dieses Buch erlaubt dir noch mehr – du wirst lernen, dass es vollkommen okay ist, dich immer wieder neu zu erfinden, dich und dein Potenzial quasi upzudaten.
Du wirst spüren, dass sich dein Körper ebenfalls nach Glückseligkeit und Frieden sehnt, um seine Gesundheit zu erhalten. Du musst dich nicht mit Mittelmäßigkeit, Gewohnheiten oder Unzufriedenheit arrangieren. Anhand der magischen Fragen und diverser Übungen, Reflexionen und des Journaling wirst du lernen, Balance in jede unstimmige Lebenssituation zu bringen. Du lernst, für dich einzustehen und NEU zu starten. Du wirst erkennen, wie du dich deinen individuellen Herausforderungen stellen und diese liebevoll überwinden kannst. Es hilft dir, beengende Schubladen zu ver-

lassen und jenseits deiner bisherigen Vorstellungen zu erkennen, dass Glückseligkeit und Erfüllung in jedem Lebensbereich immer schon in greifbarer Nähe waren.

Die Methode in diesem Buch bietet dir die Chance, Schuldkonzepte, Scham, Unwohlsein, Traurigkeit, Wut, Langeweile, Stagnation, Unglück, Gefangensein und Krankheit zu identifizieren und liebevoll hinter dir zu lassen. Du lernst, Vergleiche, Konkurrenzgedanken, Mittelmäßigkeit, Kompromisse und Arrangements zu erkennen und in Individualität, Kooperation, Liebe, Beziehungsfähigkeit und Einzigartigkeit zu transformieren und deine Orientierungslosigkeit in totale Klarsicht zu verwandeln.

In vielen Fällen reicht es, das eigene Verhalten zu ändern, um den Job, das Business, die Beziehung oder die Gesundheit wieder in Einklang zu bringen, um erst erstmals (oder erneut) Glückseligkeit und Frieden zu finden. Du wirst anhand des Buchs immer wieder und wieder mentale und emotionale Klarheit kreieren und somit stimmige Entscheidungen für dein Leben fällen können. Damit erhältst du die Möglichkeit, Unzufriedenheit zu verbannen und für dich eine Zufriedenheit zu schaffen, die jenseits deiner Vorstellungskraft liegt. Du wirst Schritt für Schritt, auch in spirituellem Sinne, in deiner ganzheitlichen Erfüllung landen. Und das ist ein total irres, glückseliges Gefühl!

Warum sind die vier Fragen magisch?

Fragen sind per se schon deshalb magisch, weil du sie *nicht* nicht beantworten kannst. Stellst du eine Frage, oder bekommst du eine gestellt, ist dein Gehirn, ob du willst oder nicht, automatisch im Denkmodus. Etwas in dir fühlt sich angesprochen, und was auch immer es ist, es sucht nach einer Antwort. Und schon bist du mitten in der Selbstreflexion – und genau das ist unser Ziel!

Die vier magischen Fragen sind offene Fragen. Du kannst sie also nicht mal eben mit Ja oder Nein beantworten. Eine offene Frage gleicht einem Wunder, denn sie lässt uns den Raum der Möglichkeiten betreten, indem sie diversen Antwortoptionen die Tür öffnet. Damit führt sie uns aus Feststellungen, Bewertungen und »So muss es sein«-Konzepten heraus. Solange wir nur der Feststellung bzw. der Bewertung die »Macht« geben, eröffnen sich uns keine Möglichkeitsräume. Solange du sagst oder denkst, dass das eine der richtige und das andere der falsche Weg sei, solange du meinst, dass nur eine bestimmte Entscheidung in der Situation, in der du steckst, möglich sei, begrenzt dich das. Ein stark begrenzter Handlungsspielraum ist, unter uns gesagt, alles andere als lustig. Du kennst sicherlich dieses lähmende Gefühl, nicht die Wahl zu haben, das Gefühl, festzustecken und aus einer Situation überhaupt nicht herauskommen zu können – das Gefühl, ohne Macht, eben ohnmächtig zu sein.

Bisher wusstest du vielleicht nicht, wie du aus dieser Machtlosigkeit herauskommst. So geht es den meisten von uns, denn wir haben nicht gelernt, Dinge kritisch und auf unsere Art und Weise zu hinterfragen. Wir leben in einer Gesellschaft, in der es nicht üblich ist, Fragen zu stellen. Wie gesagt, es sind Bewertungen und Feststellungen, die an der Tagesordnung sind. Und daher wird es anfangs vielleicht auch für dich etwas ungewohnt sein, dich überhaupt mit dem Konzept der Fragen auseinanderzusetzen. Dein Verstand ist ständig darum bemüht, zu scannen, zu vergleichen und diverse Feststellungen über deine momentane Situation zu tätigen. Wenn du jedoch aus der Unzufriedenheit heraus in den Raum der Möglichkeiten eintreten möchtest, sind die magischen Fragen der erste Schritt. Ganz wichtig bei ihrer Beantwortung ist, deinem Verstand nicht weiter die Oberhand zu lassen. Dein Verstand kann nämlich nur auf deine bisher gemachten positiven und neutralen, aber auch negativen Erfahrungen und Gefühle sowie auf Ängste, Zweifel, Sorgen und auf vergangenen Schmerz zugreifen. Jetzt willst du die Unzufriedenheit jedoch hinter dir lassen. Du willst an einen anderen Punkt, an dem du noch nie zuvor gewesen bist. Und der Weg dorthin führt eben nicht über schon gegangene Wege. Es ist existenziell wichtig, ganz neue Routen einzuschlagen und etwas zu TUN, was du noch nie zuvor getan hast. Nur ein neuer Weg vermag dich an einen neuen Erfüllungsort zu bringen. Du darfst, um genau dahin zu kommen, wo du hinwillst, etwas verändern. Macht das Sinn für dich?

> Vielleicht hast du schon einiges unternommen, um aus der Unzufriedenheit herauszukommen. Wenn das nicht gefruchtet hat, liegt es genau an dieser Erklärung: Nur ein neuer Weg ermöglicht es dir, dein »altes Terrain« zu verlassen.

Die Fragen eröffnen dir die Wege, die du noch nie zuvor beschritten hast. Das ist einerseits toll, denn neue Routen gleichen echten Abenteuern, und Abenteuer sind immer aufregend, prickelnd und bringen viele neue Erkenntnisse und Erfahrungen mit sich. Auf der anderen Seite kann eine neue Route, ein neuer Weg auch beängstigend sein. Ab sofort darfst du dich, wenn du spürst, dass Angst aufkommt und dich vereinnahmt, fragen, was die Alternative dazu ist, diese Angst zu überwinden. Genau: Die Alternative wäre, genau dort zu bleiben, wo es dir überhaupt nicht gut geht. Auch wenn sich das für dich ein bisschen wie die Wahl zwischen Pest und Cholera anfühlt – Ängste zu überwinden ist wie Muskeltraining. Je häufiger du trainierst, den Angstmuskel zu beugen, desto leichter wird es dir mit der Zeit fallen.

Dir wird bewusst werden, ob das, was du lebst, wirklich zu deiner Erfüllung beiträgt oder nicht. Dir wird deutlich, ob das, was du da lebst, wirklich deiner absoluten Wahrhaftigkeit entspringt oder ob du in einem Konstrukt gefangen bist, in dem du keine Wahl hast und unbewusst Dinge lebst oder tust, nur um Anerkennung, Liebe, Respekt oder Zuneigung zu erhalten. Viel zu häufig sind wir in diesen unbewussten Verhaltensmustern gefangen bzw. mit diesen unglücklich verstrickt. Du wirst herausfinden, welche unbewussten Verhaltensmuster dich davon abhalten, wahrhafte Erfüllung und Zufriedenheit zu leben. Du gehst der Unzufriedenheit auf den Grund, und dieser Prozess ist intensiv. Aber die Vielzahl praktischer Beispiele wird dich fesseln, dir Aha-Erlebnisse vermitteln und dir deutlich machen, an welcher Stelle du feststeckst. Na, wie klingt das? Spürst du bereits Hoffnung in dir aufkeimen? Das ist genial! Weiter so.

Die Kombination der vier magischen Fragen ist einmalig. Die Fragen werden dich Schritt für Schritt bewegen, deine größten Wünsche und Träume zu enthüllen und letztlich auch zu leben. Jede magische Frage ist auf die darauffolgende Frage abgestimmt. Sie zwingen dich automatisch, liebevoll, ehrlich und wahrhaftig dir selbst gegenüber zu sein. Sie helfen dir, deinen derzeitigen Status quo, das, was ist, und das, was du momentan lebst, zu überprüfen. Ohne diesen IST-Zustand kann keine Optimierung, kein Soll-Zustand, keine Veränderung eruiert und durchgeführt werden. Folgst du den Fragen, kann deine Unzufriedenheit behutsam enttarnt werden. Die Fragen helfen dir, deinen aktuellen Lebensentwurf unter die Lupe zu nehmen und dein Leben von Grund auf zu verbessern. Sie werden dir vor allem einen Sinn vermitteln, der alles bis dato Gelernte und Gedachte in den Schatten stellt.

Und noch etwas Einzigartiges vermögen die Fragen zu leisten – sie nutzen sich nicht ab! Sobald du wieder eine Unzufriedenheit spürst, kannst du das Buch erneut zur Hand nehmen und den vier magischen Fragen folgen. Du hast damit die Möglichkeit, immer schneller und freudvoller an deinem Erfüllungsort zu landen. Die Fragen sind Reflexionsinstrument, Überprüfung und ein einmaliger Mutmacher in einem. Sie spüren Fremdbestimmtheit auf und führen dich aus der Abhängigkeit von anderen. Sie decken deine verborgenen Stärken, Motive und Werte auf und empowern dich. Sie helfen dir, Veränderung als ein Werkzeug zum Glück zu identifizieren und einzusetzen. Und sie zeigen ganz klar: Egal wie du dich derzeit fühlst, egal was momentan in deinem Leben los ist, du hast IMMER die Wahl. Es gibt keine ausweglosen Situationen – auch wenn sich manche Situationen im ersten Moment so anfühlen.

Die Fragen helfen dir jetzt und in Zukunft, immer wieder Mut zu fassen und eine heilende Veränderung zu vollziehen. Wiederhole sie, sooft du willst!

Deine Veränderungen werden dabei variieren, da jede Veränderung abhängig von deiner individuellen Geschichte, deinen unbewussten Verhaltensmustern und deiner Lebenssituation ist. Du wirst schnell merken, dass die magischen Fragen deine Lebenssituation absolut bereichern können. Du darfst jetzt beginnen, nach MEHR zu fragen!

Wie arbeiten wir zusammen?

Um deiner Unzufriedenheit auf die Schliche zu kommen, werden wir eine Step-by-Step-Analyse deiner persönlichen Situation vornehmen, und da du mir nicht in meiner Coaching-Praxis oder online gegenübersitzt, werden wir hier kreative Wege einschlagen. Bevor wir mit den »vier magischen Fragen« starten, möchte ich dir noch ein paar Tipps geben, die dir helfen werden, der Transformation die Tür zu öffnen.

Im HIER und JETZT sein

Lies die Kapitel und sei absolut präsent. In den einzelnen Kapiteln stecken immens viele Botschaften, die dich erreichen möchten. Wenn du sichergehen möchtest, dass das klappt, lies die Kapitel ein zweites Mal. Hetz dich nicht. Denk immer daran, aus welchem Grund du dieses Buch liest. Du liest dieses Buch, um die Unzufriedenheit loszuwerden – kurz: um dein Leben ins Positive zu verändern.

Überlege immer: »Was bedeutet das,
was ich da gerade lese, für mich?«

Achte darauf, bei welchen Passagen dein Herz schneller schlägt, spüre, wann dich etwas berührt. Denk stets darüber nach, ob oder wie das, was dich berührt, auch für dich gilt und wie es sich für dich anwenden lässt. Überlege, wie sich dieses Prinzip auf dein Leben übertragen lässt. Konzentriere dich darauf, das Beste für dich aus dem Buch herauszuholen. Nimm als aktiver Teilnehmer am Lesevorgang teil, denn dann wird das Ganze ein ungemeines Vergnügen!

Anmerkungen

Halte beim Lesen stets einen Stift griffbereit. Auch wenn du jemand bist, der nicht in Bücher schreibt oder Eselsohren in die Seiten knickt – tu es dieses Mal. Unterstreiche die Momente oder Ideen, die mit dir in Resonanz gehen. Notiere dir die Ansätze, die dich ermutigen, ins Tun zu kommen. Dazu kannst du die

A-C-T-Methode, die ich einst bei John C. Maxwell entdeckt habe, benutzen.

A = ANWENDEN
C = CHALLENGE
T = TEILEN

Notiere zum Beispiel immer ein »A« (für anwenden) neben die Aussagen oder Ideen, die du selbst anwenden möchtest. Notiere ein »C« (für Challenge) bei Ideen, die dich herausfordern, etwas zu verändern. Das »T« kannst du notieren, wenn dir Ideen begegnen, die du teilen oder zitieren möchtest. Diese Methode ist eine tolle Sache dafür, direkt anzuwenden, was du lernst.

Beachte die Reihenfolge

Das Buch ist eine Reise zu deinem Erfüllungsort. Auf einer Reise gibt es Wegweiser und Stationen. Folge diesen Zeichen. Der Aufbau des Buchs und die Reihenfolge der Fragen sind nicht willkürlich gewählt, sondern bauen aufeinander auf. Bewege dich von Station zu Station. Reflektiere die Wegweiser. Alle Thesen des Buchs, Fragen, wichtige Übungen und die YOUR WAY Elemente sind klar und deutlich aufgeführt. Hangele dich an ihnen entlang. Verschlinge sie. Spüre in sie hinein. Sie werden dir helfen, das neue Wissen mehr und mehr in dein Denken zu übertragen.

Journaling

Journaling ist so etwas wie Tagebuch schreiben, allerdings in aller Kürze und immer mit dem Blick auf unsere Gefühle. Die Fragen sowohl in als auch am Ende jedes Kapitels leiten dich an und helfen dir, deine Gefühle zu reflektieren und dein Bewusstsein zu erweitern. Nutze diese Reflexionen. In jedem Beispiel steckt etwas, das auch dein Leben betreffen könnte. Überspringe diese wichtigen Übungen nicht. Sie haben nur *ein* Ziel, dich sicher und unversehrt an deinem Erfüllungsort abzuliefern. Überstürze nichts und gib dir Bedenkzeit bei der Beantwortung der Fragebögen und der Durchführung der Übungen. Solltest du spüren, dass du an einer Stelle nicht weiterkommst, kannst du jederzeit zu einer vorherigen Frage zurückkehren oder deine Notizen noch einmal auf dich wirken lassen. Du wirst überrascht sein, was du alles entdecken wirst, wenn du dem Buch Zeit und Raum gibst, sich zu entfalten. Es wird deinen Blickwinkel auf die Dinge komplett verändern. Sollte der Platz im Buch für deine Notizen nicht ausreichen, leg dir ein Heft oder ein Notizbuch zu.

Begib dich auf DEINEN WEG

Der Weg, genauer gesagt, DEIN WEG, ist das Ziel. Daher nimm dir auch den Raum, Risiken einzugehen. Nimm dir die Zeit, dich wirklich selbst tiefgründig zu erforschen. Erwarte nicht gleich Antworten auf alle deine Fragen. Die Wahrheit wird sich dir im richtigen Moment präsentieren, nämlich dann, wenn du bereit dafür bist. Bring Spaß, Ausdauer und Geduld mit. Das Buch sagt dir nicht, wohin du gehen *musst*. Du erfährst jedoch Hunderte von Möglichkeiten, wohin du gehen *kannst*.

Feiern erwünscht!

Feiere dich, dein Potenzial und deine Erkenntnisse so häufig wie möglich! Leg dir ein (weiteres) Heft, ein Tagebuch zu, in dem du ausschließlich über deine Gewinne und alles Wunderbare schreibst.

Notiere dort jede Einsicht, jede Leistung, alles Erhellende, alles Neue, alles Geniale und jeden Schritt. Alles, was du feiern kannst, bringt dich deinem Erfüllungsort näher. Du feierst dich, wenn du vor Glück schreist und auf der Stelle tanzt oder total stolz auf dich bist. Aber es ist noch viel mehr, als nur »Give me five!« zu rufen. Feiern geht tiefer. Es verbindet dich auf einer anderen Ebene mit dir selbst. Du darfst dich im Feiern viel mehr anerkennen. Durch das Feiern darfst du dir auch viel mehr vertrauen.

So! Jetzt lass uns gar nicht mehr lange fackeln. Bist du bereit? Dann steigen wir am besten gleich mit der ersten magischen Frage ein.

> »Wie viel mehr Spaß, Leichtigkeit und Magie
> könntest du sein, wenn du beginnst,
> einen FUCK darauf zu geben,
> was andere über dich sagen oder denken,
> und du selbst auch aufhörst,
> über andere etwas zu sagen oder zu denken?«
> *Theresa Röschmann*

Die erste magische Frage:
»Was muss ich NICHT?«

»Was muss ich *nicht?*« Diese magische Frage ist in unserer heutigen Gesellschaft eine mehr als existenzielle Frage. Die Beantwortung kommt fast einer Absolution gleich. Je mehr du dir bewusst wirst, dass du bestimmte Dinge NICHT musst, desto eher kannst du dich auf das fokussieren, was dir entspricht. Wenn du beginnst, dir bewusst zu machen, was du nicht musst, wird unendlich viel Erleichterung in dein Leben strömen. Unbewusst glauben wir, entsetzlich viel zu müssen, und der Glaube, etwas zu müssen, kommt häufig einer Haft gleich. Etwas zu müssen legt uns quasi an unsichtbare Ketten. Daher nehmen wir in diesem Kapitel dein unbewusstes Müssen unter die Lupe.

Wenn ich über »nicht müssen« schreibe, dann meine ich damit nicht, dass du ab sofort bei Rot über die Ampel gehen oder sofort eine Revolution anzetteln, auf Gesetze und den Staat und sowieso auf alle Menschen um dich herum pfeifen solltest. Ich meine damit nicht, dass es dir egal sein sollte, wie es anderen geht. Nein!

Ich bin eine absolute Verfechterin der Menschenrechte und empfinde Gesetze als existenziell. Keine Angst. Darum geht es hier nicht. Vielmehr geht es mir darum, dich aus ungesunden Mustern zu befreien. Wir werden gemeinsam Step by Step aufdecken, wo in deinem Unterbewusstsein, in deinem Verhalten und in deinen Gedanken nicht förderliches »Müssen« versteckt ist. Wir untersuchen, was du dir selber antust, wo du dich selbst einschränkst und verletzt, dich klein hältst und nicht anerkennst. All das hat mit MÜSSEN zu tun. Und genau diesen ungesunden Gedanken und Gefühlen geht es jetzt an den Kragen. Wir werden gemeinsam eruieren, woher deine Unzufriedenheit kommt. Denn wie du schon weißt, ist Unzufriedenheit nur ein Symptom. Für die Unzufriedenheit verantwortlich sind wahnsinnig viele ungesunde bewusste und unbewusste Handlungsweisen, Gedanken und Gefühle. Als wichtigste Faustregel in diesem Kapitel gilt:

Das, was du glaubst, »zu müssen«,
hält dich häufig davon ab, etwas zu tun,
was dich wirklich und wahrhaftig erfüllt.

Lass uns einfach mal schauen, was du vielleicht bewusst (oder unbewusst) glaubst, zu müssen.

Beispiele für »Was muss ich?«:
- Ich muss diesen Job annehmen, da ich so eine Chance nie wieder bekomme!
- Wenn ich erfolgreich sein möchte, dann muss ich studieren!
- Wenn ich Kinder haben möchte, muss ich auf Karriere verzichten!
- Wenn ich geliebt werden will, muss ich mich anpassen!
- Eine gute Mutter muss bei den Kindern zu Hause bleiben.
- Ich muss meine Eltern glücklich machen – komme, was wolle!
- Ich muss als Mann mehr verdienen als meine Partnerin!

- Ich muss mich in einer Beziehung unterordnen, sonst gibt es nur Ärger!
- Ich muss diesen Mann (diese Frau) retten, sonst geht er (oder sie) unter!

Wenn du glaubst, etwas zu müssen, trägt das weder zu deinem seelischen Gleichgewicht noch zu deiner Gesundheit oder deiner individuellen Freiheit bei. Etwas zu müssen entspricht keiner sinnerfüllten Tätigkeit, denn es gibt einen eklatanten Unterschied zwischen sinnerfüllend.

Es gibt einen eklatanten Unterschied zwischen sinnerfüllend (führt uns schnurstracks in die Erfüllung) und sinnvoll (was sinnvoll ist, diktiert uns die Gesellschaft).

Wenn man etwas muss, dann hat man keine Wahlmöglichkeit. Wer keine Wahlmöglichkeit hat, fühlt sich gefangen, eingeengt und handlungsunfähig. Und genau diese Gefühle führen zu unserem Symptom, der Unzufriedenheit.

Wir werden ergründen, ob du deinen Job nur aus unbewusstem Pflichtbewusstsein, beispielsweise deinen Eltern gegenüber, ausgesucht hast, weil du glaubtest, du müsstest es ihnen recht machen. Wenn du spürst, dass du immer noch nicht dem richtigen Lebenspartner oder der richtigen Lebenspartnerin begegnet bist, werden wir aufdecken, welche Verhaltensmuster dich bis dato davon abgehalten haben, komplett frei deine erfüllende Liebesgeschichte zu leben.

Vielleicht bist du auch in deiner langjährigen Beziehung schon eine ganze Weile nicht mehr glücklich. Oder du hast immer wieder mit denselben körperlichen Beschwerden zu tun, deine Gesundheit schwächelt, und das beutelt dich gewaltig, weil du dir überhaupt gar nicht erklären kannst, woher dieses Unwohlsein kommt.

Solange wir uns unbewusst/bewusst damit beschäftigen, es ständig anderen recht zu machen, den Vorstellungen, Erwartungen, Wünschen und Meinungen anderer zu entsprechen, verpassen wir etwas total Wesentliches: Wir vergessen bzw. übergehen uns dabei radikal selbst.

Wir lassen außer Acht, wie wichtig es ist, es zunächst uns selbst recht zu machen. Wir haben nicht gelernt, zu suchen, was *uns* erfüllt, danach zu streben, bei uns selbst anzukommen. Jenseits von dem, was man von uns erwartet, jenseits von gesellschaftlichen und familiären Vorstellungen, wie etwas sein muss oder zu sein hat. Abseits von Konventionen und den Werten anderer. In diesem Kapitel legst du den Grundstein. Du erforschst die Ursachen dessen, was du nicht mehr musst, um die Unzufriedenheit Stück für Stück aus deinem Leben zu verbannen und den ersten Streckenabschnitt auf der abenteuerlichen Reise zu deinem Erfüllungsort zurückzulegen.

Schubladen

Wo ein »Müssen« existiert, gibt es sogenannte Schubladen. Schubladen existieren aus dem einfachen Wunsch, Menschen besser einschätzen und kategorisieren zu können. Schubladen schaffen in einer Gesellschaft Orientierung und Sicherheit und helfen, leichter den Überblick zu wahren. »Ah! Die ist so frech, die gehört in die Emanzen-Schublade!« »Und der mit dem Pullunder? Das ist bestimmt so ein trockener Beamter.« Wir sind schnell dabei, andere in Schubladen zu stecken, und bauen damit Erwartungen an andere auf, die nicht nur unvollständig, weil vereinfachend sind, viel mehr noch bringt uns diese Art zu denken und zu kategorisieren in Gefahr, selbst in einer Schublade zu landen. Und dann passiert etwas Unschönes: Die Schubladen zwingen uns unbewusst, uns anpassen zu müssen. Sie zwingen uns, in der Masse mitzuschwimmen und bloß nicht groß aufzufallen oder etwas zu verändern.

Schubladen sind Orte, in die wir hineingesteckt werden (Urteile, Bewertungen), in denen wir uns aber auch oft eingerichtet haben (Selbstbewertung). So oder so sind Schubladen von unseren individuellen Erfüllungsorten, von dem, was für uns wirklich und in persönlicher Freiheit möglich ist, weit entfernt.

> Eine Schublade ist ein Ort, an dem nur begrenzt Platz vorhanden ist. Wer in ihr steckt, muss sich verbiegen und kleinmachen. Schubladen fördern die Gleichmacherei sowie das Entstehen von Vergleichen und Konkurrenzgedanken.

Eine Schublade ist also kein Ort, an dem wahrhaftes, persönliches und individuelles Wachstum, geschweige denn Entfaltung möglich ist. Denn dafür ist dort kein Platz! Der Verbleib in einer Schublade macht etwas mit dir. Wenn du in einer Schublade steckst, hast du sehr wenig Bewegungsfreiheit. Und es ist gar nicht so einfach, über den Rand einer Schublade hinwegzuschauen.

Es gibt verschiedene Arten von Schubladen, deren Grenzen sich überschneiden:
- Familiäre Schubladen
- Schubladen des sozialen Umfelds
- Schubladen der gesellschaftlichen Konvention
- Schubladen der Zustimmung und Ablehnung

Das Problem an Schubladen ist, dass sie Menschen stark darin bremsen, außergewöhnlich zu denken, zu handeln oder etwas zu erfinden. Sie hindern uns daran, Probleme vereint, im interdisziplinären Sinne, zu lösen. Dabei brauchen wir in unserer Gesellschaft eindeutig Menschen, die nicht wie die Norm denken, die mutig sind und nach vorne gehen. Für denjenigen, der in einer Schublade steckt, ist genau das mit einer unglaublichen Anstrengung verbunden. Schubladen verhindern, ein wirklich freies Leben zu führen. Sie behindern uns dabei, unser Leben bewegter, erfüllter, glücklicher und harmonischer zu gestalten. Wenn du nun in einer Schublade steckst und nicht aus ihr herauskommst, wenn du quasi in der Unzufriedenheit gefangen bist, was ist es, das dich dort wirklich festhält? Was hindert dich daran, die Schublade (es können auch mehrere sein) einfach zu verlassen, über den Rand zu klettern und deinen Weg zu gehen? Genau das erfährst du im nächsten Kapitel.

Bullshitstorys

Was dich in den Schubladen festhält und dich dort wie in einem Gefängnis festkettet, sind die sogenannten »Bullshitstorys«. Der Ausdruck »Bullshitstory« kommt aus dem Amerikanischen und steht für einen negativen Glaubenssatz, eine Blockade (also etwas, was dich feststecken lässt und aufhält), eine überholte Konvention oder ein mentales Modell, was »Bullshit«, also Quatsch, eine Lüge bzw. nicht richtig ist. In dir wirkt also eine ungesunde »Geschichte«, die einfach nicht wahr ist.

> Bullshitstorys sind (negative) Glaubenssätze,
> ungesunde, unwahre »Geschichten«, die dich in deiner
> Entwicklung blockieren.

Internet und Bücher sind voller Ratgeber, die Anleitungen geben, wie negative in positive Glaubenssätze verwandelt werden können. Aber Achtung! Auch positive Glaubenssätze können Bullshitstorys sein. »Ich lasse mich nicht kleinkriegen!« klingt in einer verfahrenen Situation erst einmal motivierend, kann aber auch dafür sorgen, dass du dich in der Lösung eines Problems verbeißt, statt dein Gefühl zu befragen. Wer unbewusst nach dem Konzept lebt »Liebe muss man sich verdienen«, wird permanent dafür arbeiten müssen, geliebt zu werden. Liebe einfach so zu empfangen ist durch eine solche Bullshitstory nicht möglich. Wir lassen uns von unseren Bullshitstorys leiten, dabei haben sie so gut wie nie etwas mit uns zu tun. Du hast diese negativen Geschichten irgendwann bewusst oder unbewusst von deinem Umfeld – von Eltern, Großeltern, Lehrern, Familie, Freunden etc. – übernommen. Die Krux an der Sache ist, dass sich diese Bullshitstorys trotzdem total real und, je nachdem wie lange du sie schon mit dir trägst, sehr vertraut anfühlen. Und da die meisten von uns diese Geschichten schon sehr früh und meist unbewusst übernommen haben, glauben wir auch felsenfest daran, dass sie ein unveränderbarer Teil unseres Lebens sind. Gott sei Dank ist auch dieser Gedanke absoluter Bullshit! Solange du jedoch diese negativen Geschichten als Teile deiner selbst ansiehst, sie glaubst und auch unbewusst danach lebst, kannst du der Schublade nicht entkommen – du fühlst dich wie angekettet!

Bullshitstorys führen zu einer amtlichen Anzahl unangenehmer Symptome: Unzufriedenheit, Konkurrenzdenken, das Gefühl, sich ständig vergleichen zu müssen oder nichts wert zu sein, Lethargie und Hilflosigkeit – all das ist auf Schubladen und Bullshitstorys zurückzuführen. Symptome sind immer nur das, was an der Oberfläche unseres Verhaltens erkennbar ist. Sie werden stärker, je weniger wir uns aus den Schubladen herausbewegen können. Schubladen sind tragische Orte, da in ihnen Mangel gedeiht. Mangel entsteht nur da, wo Ressourcen fehlen, wo nicht alles selbstverständlich verfügbar ist. Eine Schublade stellt einen Mangel an persönlicher Freiheit dar und verhindert das Entstehen von Individualität und Einmaligkeit. Aber genau das kannst du verändern. Es gibt eine Menge Möglichkeiten, die Bullshitstorys zunächst zu identifizieren und im nächsten Schritt zu lösen, also aus deinem Leben zu verbannen und damit die unsichtbaren Ketten zu sprengen.

Alle Aussagen in deinem Kopf (oder den Köpfen anderer), die du als nicht wahr, als Lüge, Blödsinn, Quatsch und als Bullshit identifizierst, helfen dir, die Ketten endgültig zu durchbrechen. All das bedarf einer guten und gründlichen Vorbereitung.

Für viele Menschen erscheint Veränderung deshalb unendlich schwer, weil sich auch um sie Bullshitstorys ranken. »So haben wir das schon immer gemacht!«, »Da draußen ist es gefährlich!«, »Da wo du bist, ist es sicher«. »Du musst dich anstrengen, wenn du etwas erreichen willst.« Genau das ist die Ursache dafür, dass sich so viele Menschen vor Veränderung ängstigen. All das kannst du ab sofort auf den Wahrheitsgehalt für dich überprüfen!

Vielleicht hast du auch schon etwas gemacht bzw. dich auf eine bestimmte Art und Weise verhalten, um anerkannt, wertgeschätzt, gemocht oder geliebt zu werden? Dafür musst du dich keineswegs schämen – denn so ein Verhalten ist absolut normal. Ganz wichtig ist nur, dass du dir das langsam Schritt für Schritt bewusst machst. Wir alle haben diese Konzepte bereits mit der Muttermilch aufgesogen. Leider sind Bullshitstorys nicht immer leicht zu enttarnen, da ihre Programme und Verhaltensmuster, wie bereits erwähnt, unbewusst ablaufen. Auch ich habe mich aus unzähligen Schubladen befreit und bereits so viele Bullshitstory-Ketten gesprengt (und tue es noch!). Ohne diese Erfahrungen wäre ich nicht an dem Punkt, an dem ich heute bin. Ich könnte nicht so dankbar und voller Staunen auf meine teils auch schmerzhafte Vergangenheit zurückblicken.

> Unzufriedenheit ist immer nur ein Symptom.
> Aber eines, das dir den besseren Weg weisen kann.

Genau diese Sichtweise, diese veränderte Perspektive können wir in der Schublade, im angeketteten Zustand jedoch nicht wahrnehmen. Dafür müssen wir die Ketten sprengen, die Schublade verlassen und Neuland betreten.

Liebe um jeden Preis? – Meine Schubladengeschichte

Im Juni 1995 bemerkte ich zum ersten Mal bewusst, dass ich in einer der Schubladen steckte. Das war drei Tage vor meiner geplanten standesamtlichen Hochzeit. Ich saß bei meinem HNO-Arzt, der mir eine schwere Nebenhöhlenentzündung diagnostizierte, die die Einnahme von Antibiotika nötig machte. Als ich den Arzt fragte, ob ich denn in drei Tagen wieder fit sei, da ich vorhabe zu heiraten, konfrontierte er mich mit zwei einfachen Fragen. Er fragte mich, ob ich schon einmal von einer Braut gehört habe, die ihre Hochzeit wegen Krankheit absagt hätte. Und er fragte mich, wovon ich denn tatsächlich die Nase voll hätte. Mit einem Schlag fühlte ich eine absolute Schwere. Alles, was ich bis zu diesem Zeitpunkt unbewusst verdrängt hatte, brach über mich herein. Mir wurde plötzlich bewusst, dass ich die letzten zwei Jahre eine Beziehung geführt hatte, in der ich mich total angepasst, untergeordnet und daher auch verloren hatte. Mein damaliger Lebensgefährte hatte das nicht einmal von mir verlangt. Ich habe von Beginn unserer Beziehung an ausschließlich seine beruflichen Träume unterstützt und seine bzw. unsere gemeinsamen Unternehmen mit auf- und ausgebaut. Meine eigenen Visionen spielten für mich keine Rolle. Klar, ich habe in dieser Zeit unglaublich viel gelernt, und einige der Tätigkeiten, zum Beispiel die PR-Arbeit, machten mir auch wirklich Spaß. Ich selbst kam allerdings in keiner dieser Tätigkeiten vor. Ich war superjung, und das Einzige, was ich mir damals unbewusst total wünschte, war, geheiratet, geliebt und beschützt zu werden. Auf dem Stuhl meines HNO-Arztes erkannte ich schlagartig, was ich alles unbewusst bereit gewesen war, zu opfern. Ja, ich spürte, dass ich mich komplett übergangen hatte. Meine eigenen Wünsche und Träume hatte ich in der hintersten Ecke meines Bewusstseins eingemottet und verstauben lassen. Ich hatte versucht, damit meinen ungestillten Hunger danach zu stillen, geliebt zu werden, nicht mehr allein sein zu müssen, es wert zu sein, geheiratet zu werden. Ich war nämlich damals lange Zeit der Meinung, dass ich nur einen Wert habe, wenn ich verheiratet sei. Wow! Was für eine Ansammlung an Bullshitstorys! Genau diese Bullshitstorys (»Ich muss mich anpassen, um geliebt zu werden«, »Ich muss meine Träume hintenanstellen, um geheiratet zu werden«) hatten mich in die totale Selbstaufgabe und in letzter Instanz auch in die Krankheit geführt, denn innerlicher Dauerstress ist für das Immunsystem Gift.

Nachdem mir im gleichen Moment klar wurde, dass ich das alles definitiv NICHT musste, traf ich eine Entscheidung, die mir unerwartet leichtfiel und die sich auch leicht anfühlte: Ich sprach mit meinem damaligen Partner, und wir beschlossen, die Hochzeit abzusagen. Das wiederum war weiß Gott kein leichter Schritt. Niemand um uns herum konnte unsere Entscheidung nachvollziehen. Alle hätten sich gewünscht, dass wir unser Glück und unsere Liebe durch die Hochzeit legitimierten. Es war alles andere als easy, die Gespräche mit der Familie und den Freunden zu führen, all die Geschenke, die uns schon erreicht hatten, zurückzusenden, dem Standesamt abzusagen – eben all diese Schritte zu tätigen. Aber die Freiheit, die mich danach durchflutete, das absolut geniale Gefühl, über mich selbst bestimmen zu können, war all das wert. Dieses unglaublich erhebende und mich mit Glück durchflutende Gefühl war der absolute Hammer! Du kannst dir gar nicht vorstellen, wie vielen Menschen ich in den letzten Jahren begegnet bin und diese Geschichte erzählt habe. Immer wieder höre ich dann von Leuten, denen Ähnliches kurz vor ihrer Hochzeit widerfahren ist, die die Hochzeit dennoch durchgezogen und sich meistens kurze Zeit nach der Hochzeit oder noch im ersten Ehejahr wieder getrennt haben. Nach der abgesagten Hochzeit blieben wir noch ein paar Monate zusammen, und ich orientierte mich beruflich wie auch persönlich neu. Ich machte mich auf, meinen ureigenen Weg zu finden und zu gehen. Das war der Moment, an dem die bewusstere Suche nach dem, was mich erfüllt, begann.

Heute habe ich bereits vielen Menschen helfen dürfen, sich von ihren Bullshitstorys zu befreien. Meine Historie – und glaube mir, das Beispiel mit der Hochzeit war nur eins von unendlich vielen – hat mir geholfen, eine wichtige Fähigkeit zu entfalten: Ich konnte dadurch den Blick entwickeln, der nötig ist, um die Bullshitstorys immer wieder aufs Neue bei mir und anderen zu enttarnen. Wenn du noch unsicher bist, wie du deine Bullshitstorys finden kannst, gibt es einen eindeutigen Indikator: die Schwere.

Bullshitstorys finden

Wenn ein Satz in deinem Kopf auftaucht, stelle ihn auf die Empfindungsprobe. Wie fühlst du dich, wenn du dir diesen Satz noch einmal sagst? Erfreut und leicht? Oder schwer? Bleischwer? Wie erschlagen? Ratlos …

> Die Schwere ist ein hervorragender Indikator
> für eine Bullshitstory.

Daher nun die folgenden Fragen an dich:

- Lebst du derzeit in einer Liebesbeziehung? Wenn nein, denke bitte an deine letzte Liebesbeziehung.

  _____

  _____

- Glaubst du, gewisse Dinge tun zu müssen, um geliebt zu werden? Wenn ja, was sind das für Dinge, die du tust?

  _____

  _____

- Werden diese Dinge wirklich (von einem anderen Menschen) von dir verlangt, oder tust du das, weil du glaubst, das tun zu müssen, weil das deine unbewussten Bullshitstorys sind?

  _____

  _____

- Fühlt sich das, was du tust, schwer an?

  _____

  _____

- Bewerte auf einer Skala von 1–10 (wenn 1 der niedrigste Wert und 10 der höchste Wert ist), wie sehr dich deine Beziehung anstrengt.

  _____

  _____

Was macht es mit dir, wenn du einen ganz wichtigen Teil von dir mit Nichtachtung strafst? Wenn du diesem Teil keine Anerkennung zollst bzw. diesem Teil deines Selbst nicht den Raum gibst, den es benötigt, um sich zu entfalten? Was passiert, wenn du dauernd, immer mal wieder oder auch nur in bestimmten Kontexten eine Rolle spielst? Wenn du eben nicht authentisch du selbst bist? Aufgrund meiner persönlichen Erfahrungen und der Arbeit mit meinen Klienten weiß ich, dass dich ein solches Verhalten aus dem Gleichgewicht bringen und total erschöpfen kann. Auf Dauer macht ein solcher Habitus unglücklich und sogar krank, denn er hält dich Lichtjahre entfernt von deinem Erfüllungsort gefangen – in besagter Schublade der Unzufriedenheit. Dort eingesperrt hast du keine Möglichkeit, deine Intuition richtig zu spüren, ihr Raum zu geben bzw. entsprechend deiner Intuition zu handeln.

Was ist Intuition?

Manche nennen es Intuition, andere die Stimme des Herzens. Egal wie ich Intuition definiere; für mich ist wichtig, was sie zu tun vermag: Meine Intuition sagt mir, was für mich richtig und stimmig ist. Sie verbindet mich mit meinen, und nur meinen, tiefsten Gefühlen, und wenn ich mich mit ihr verbinde, sorgt sie dafür, dass ich diese Gefühle leben und meinen ureigenen Weg gehen darf.

Je mehr ich nach der intuitiven Wahrnehmung handle, je mehr ich fühle, was für mich wahr ist, desto mehr kann ich diesen wunderbaren Schlüssel nutzen, um noch viel mehr Intuition zuzulassen und mich mehr und mehr auf sie verlassen zu können.

Wie oft hast du schon zu dir gesagt: »Dumm gelaufen, aber das hatte ich schon im Gefühl!« Wie oft hast du gewusst, dass du in die falsche Richtung marschierst, und aus Vernunftgründen eine andere Entscheidung gefällt? Damit warst du dir gegenüber nicht freundlich. Deiner Intuition mehr und mehr zu vertrauen – ich betone das immer wieder, weil es immens wichtig ist – bedeutet auch, entsprechend deiner Intuition zu handeln. Denn nur wenn diese größte magische Gabe, die in jedem von uns angelegt ist, wertgeschätzt wird und sich durch entsprechende Handlungen entfalten kann, gelingt es, aus dem Gefängnis der Unzufriedenheit – das übrigens gerne auch als »Komfortzone« bezeichnet wird – auszubrechen.

> Komfortzonen sind nichts anderes als Schubladen, die dich gefangen halten.

Dieser Ausbruch ist total erfüllend und heilsam. ABER: Dafür darfst du noch viel mehr ins »TUN« kommen.

Bullshitstorys – Das Prinzip von Zustimmung und Ablehnung

Jetzt weißt du bereits, dass es sogenannte Schubladen gibt, in denen du feststeckst, und du hast erfahren, dass dich verschiedene, negative Glaubenssätze, die Bullshitstorys, in diesen Schubladen anketten. Die Bullshitstorys hast du dir irgendwann von irgendwem meist unbewusst angeeignet bzw. übernommen. Du glaubst, dass das, was du empfindest, deine eigene Erfahrung, deine eigenen Gedanken, deine eigenen Gefühle, deine eigenen Ängste sind. Steigen wir nun noch ein wenig tiefer in die Komplexität der Bullshitstorys ein, denn sie sorgen nicht nur dafür, dass du glaubst, etwas Bestimmtes tun oder sein zu müssen, sie bringen dich auch dazu, dich zu beschweren, Seiten von dir nicht zu zeigen oder nicht das Richtige für dich zu tun.

Dieses Prinzip bezeichne ich das »Prinzip von Zustimmung und Ablehnung«. Das bedeutet, dass es zum einen Bullshitstorys in dir gibt, die dafür sorgen, dass du dich anpasst, und zum anderen welche, die dich in Opposition gehen lassen:

Beispiele für Bullshitstorys
der Zustimmung:

- Ich muss mich so verhalten/das tun, um geliebt zu werden.
- Ich muss mich so verhalten/das tun, um anerkannt zu werden.
- Ich muss mich so verhalten/das tun, um akzeptiert zu werden.
- Ich muss mich so verhalten/das tun, um respektiert zu werden.
- Ich muss mich so verhalten/das tun, um gemocht zu werden.

Bullshitstorys der Zustimmung bringen uns aus der Balance, da wir ständig aus dem Modus des »Ich muss das tun, um …« heraus agieren. Stell dir eine Wippe vor. Wenn du die ganze Zeit eine Aktivität in die EINE Richtung verfolgst, ist die Wippe permanent zu der einen Seite hingeneigt. Es entsteht eine Dysbalance. Ein solches Verhaltensmuster entfernt dich immer mehr von deiner Wahrhaftigkeit und deiner Intuition. In solchen Verhaltensmustern bist du in einem tragischen Rollenkonzept gefangen. Du »spielst« die ganze Zeit unbewusst, tust so, als ob. Eine Rolle zu spielen kann unglaublich kräftezehrend sein.

> Permanent eine Rolle zu spielen
> raubt dir Kraft, macht dich unglücklich und
> manchmal sogar krank.

Es ist ein tragischer Irrtum, zu glauben, etwas Bestimmtes tun zu müssen, um Anerkennung von außen zu erhalten. Alles, was wir brauchen, tragen wir bereits in uns (du wirst später erkennen, dass das stimmt!), und die Suche nach Anerkennung durch andere führt nicht aus der Unzufriedenheit heraus, sondern leider noch tiefer in den Teufelskreislauf der Unzufriedenheit hinein. Es ist mit einer Sucht zu vergleichen. Du bist wie auf Droge, du brauchst ständig etwas, um … Das ist auf Dauer alles andere als gesund. Es geht an nur einer Stelle in deinem Leben so viel Energie verloren, so viel Lebenskraft für etwas, von dem du glaubst, dass es nicht zu überwinden ist – was im Übrigen ein großer Irrtum ist! Wenn du permanent kämpfst und dich schwer fühlst, kommst du nie in deine wirkliche Größe. Was wäre, wenn du diesen Ballast abwerfen könntest? Wie viel mehr Energie und Kraft hättest du dann zur Verfügung, um die Dinge, die dir wirklich wichtig sind, anzugehen? Welche Freiheit, welche Lebenslust, wie viel Glückseligkeit und Dankbarkeit warten also nur darauf, von dir entfesselt zu werden?

Die permanente Suche nach Anerkennung ist also nicht die Lösung. Aber wie sieht es aus, wenn man das Spiel nicht mitspielt? Ist das nicht besser? Der Welt die kalte Schulter zu zeigen? Das Pokerface aufzusetzen, den harten Typen zu geben? Nein, das ist nicht besser, das sind einfach nur Bullshitstorys im anderen Mäntelchen – eben Bullshitstorys der Ablehnung.

Beispiele für Bullshitstorys der Ablehnung:

- Ich darf nicht zeigen, wie warmherzig ich bin.
- Wenn ich mein wahres Gesicht zeige, dann mag mich keiner.
- Wenn ich zeige, wie ich wirklich bin, verliere ich meinen Job, Kunden etc.
- Wenn ich meine Meinung sage, werde ich nicht für voll genommen.
- Wenn ich zeige, was ich wirklich empfinde, werde ich verlassen.
- Wenn ich zeige, was ich denke, werde ich negativ bewertet.
- Ich provoziere, um abgelehnt zu werden.

Auch die Bullshitstorys der Ablehnung führen dich systematisch von dir weg. Bei Ablehnung versteckst du bewusst oder auch unbewusst entweder einen großen Teil deiner Persönlichkeit, oder du glaubst, du müsstest dich immer wieder auflehnen oder rebellieren und dir und anderen damit beweisen, dass du recht damit hast, was du unbewusst über dich denkst, beispielsweise dass gerade du mehr Erfüllung, Glück oder Liebe sowieso nicht verdient hast. Dass du der Außenseiter bist. Dass du mit niemandem wirklich gut klarkommst.

Wenn du einen Teil von dir nicht zeigst, dann gibt es dich quasi zweimal. Das Problem daran ist, dass du somit den Teil von dir, den du ablehnst, komplett ausschließt. Wieder entsteht eine immense Dysbalance. Du steckst in einer Situation, in der du die ganze Zeit darauf bedacht bist, die Rolle des Outlaws oder der Geächteten zu erfüllen. Oder du machst dich auch hier von anderen abhängig, weil es ja für dich unbewusst existenziell wichtig ist, wie du bei ihnen ankommst. Wenn du aber permanent versuchst, nicht bei anderen anzuecken, verletzt du dich damit radikal selbst. Aber mal ganz ehrlich, woher weißt du überhaupt, ob du anecken würdest? Warum bist du dir so sicher, dass, wenn du dich authentisch verhalten würdest, der »worst case« eintreten würde? Warum du dir so sicher bist, kann ich dir sagen. Das liegt an deinen Erfahrungen. Erfahrungen, die, wie gesagt, in den meisten Fällen nicht deine eigenen, sondern Bullshitstorys sind. Und genau diese werden wir jetzt anhand einer leicht umsetzbaren, praktischen Übung überprüfen.

ÜBUNG: Bullshitstorys erlösen

Eine grandiose Übung, um deine Bullshitstorys als das zu enttarnen, was sie sind, nämlich Lügen, ist, dich zunächst einmal von ihnen zu distanzieren. Du darfst die Bullshitstory als einen Gedanken identifizieren und dich dann von diesem Gedanken lösen. Den Prozess, sich von seinen Gedanken zu distanzieren, bezeichnet man in der Akzeptanz- und Commitment-Therapie, kurz ACT, als das Prinzip der *kognitiven Defusion*. Der Begriff »Defusion« steht für eine Ent-schmelzung von den Bullshitstory-Gedanken. Um sich von ihnen distanzieren zu können, ist es notwendig, den Gedanken »Ich bin es nicht wert« als Bullshitstory zu identifizieren, sich gleichzeitig aber bewusst zu sein, nicht selbst dieser Gedanke zu SEIN! Dieser feine Unterschied zwischen Haben und Sein hilft uns, die Bullshitstory dann im nächsten Schritt zu erlösen.

Welche Bullshitstorys blockieren dich gerade, vorwärtszukommen? Was behindert dich, dein Ding zu machen und dein Leben zu leben?

Vier Schritte zur Erlösung der Bullshitstorys

1. Notiere eine blockierende Bullshitstory, zum Beispiel »Ich bin für diesen Job überqualifiziert« oder »Ich bin es nicht wert, geliebt zu werden!«.
2. Nun lies die Bullshitstory auf unterschiedliche Art und Weise laut vor:
   A) mit ganz tiefer Stimme,
   B) mit ganz hoher Stimme,
   C) so schnell wie möglich,
   D) so langsam wie möglich.
3. Singe die Bullshitstory! Ja, du hast richtig gelesen! Wähle einfach die Melodie, zum Beispiel die deines momentanen

Lieblingssongs. Die Musikrichtung ist total egal. Du kannst von Klassik bis Hardrock über elektronische Musik alles nutzen. Singe den Satz mindestens fünf Mal hintereinander und achte dann darauf, wie du dich fühlst, was sich an deiner Wahrnehmung verändert.

4. Spüre in dich hinein: Hat die Bullshitstory immer noch die gleiche Schwere, die gleiche Wahrheit bzw. die gleiche Macht über dich? Fühlt sie sich immer noch belastend an? Fühlt sie sich jetzt leichter an? Kannst du sie noch ernst nehmen?

Je häufiger du diese vier Schritte durchführst, je mehr Bullshitstorys du identifizierst und mit dieser Methode erlöst, desto leichter wirst du dich mit der Zeit fühlen. Du wirst immer mehr und mehr Distanz zu den dich behindernden Gedanken aufbauen und immer schneller identifizieren können, ob das, was du gerade fühlst, eine Bullshitstory ist oder nicht.

Schwere Bewertungen

Sicher kennst du das auch: Du verhältst dich total ehrlich und authentisch, und was passiert? Du eckst mit deinem Verhalten bei anderen an. Vielleicht hast du schon als Kind gerne und laut gelacht – was gibt es Schöneres? –, wurdest aber damals von den Erwachsenen zur Ruhe gemahnt, und dir wurde eingetrichtert, dass sich das nicht gehört, dass du störst, oder dein Lachen wurde kritisiert. »Brüll doch nicht so.« Oder: »Du wieherst wie ein Pferd.« Danach hast du unbewusst den Entschluss gefasst, nie wieder laut lachen zu wollen, um nicht erneut anzuecken. Frage an dich: Wie hoch ist der Preis dafür? Wie sehr verbiegst, verkrümmst, verleugnest du dich, nur um es anderen recht zu machen? Welchen Preis zahlst du, wenn du dich wegen der anderen klein- und kaputtmachst? Wenn du nicht du bist? Und wer bist du überhaupt? Eines ist immens wichtig: Wenn du wirklich aus dem Gefängnis, aus den Schubladen der Bewertungen und der Bullshitstorys aussteigen willst, funktioniert das nicht mit den Strategien, die du bis dato gelernt hast. Jetzt darfst du beginnen, eine komplett neue Sichtweise und auch eine komplett neue Methode kennenzulernen, die dir andere Möglichkeiten verschafft, mit den schweren Bewertungen anderer – mit Kritik im Allgemeinen – umzugehen.

Wenn ich von schweren Bewertungen spreche, muss ich dir dieses Prinzip noch etwas genauer erläutern. Schwere Bewertungen gehören zur Familie der Bullshitstorys, da sie auch Bullshit, im Sinne von »nicht wahr«, sind – allerdings nimmst du sie, anders als die Bullshitstorys, die lange unentdeckt in dir arbeiten können, *bewusst* wahr.

Schwere Bewertungen sind all die Aussagen, Beleidigungen und Kränkungen durch andere Menschen, die dich *direkt,* in der unmittelbaren Kommunikation oder in Dialogen, »verletzen«. Es geht um all die Aussagen, die dich richtig hart treffen. Genau genommen geht es hier nur um die Dinge und Aussagen, die direkt an dich gerichtet werden (oder wurden) und dich sofort Schwere, Schmerz, Unsicherheit, Unwohlsein, Wut, Angst oder Unzufriedenheit empfinden lassen.

Beispielhafte Sätze für eine schwere Bewertung können sein:
- »So verhält man sich doch nicht!«
- »Zieh was anderes an, das ist zu aufreizend!«
- »Jetzt geht *das* wieder los …«
- »Kannst du nicht so sein wie alle anderen?«
- »Warum musst du immer aus der Reihe tanzen?«
- »Ach, für dich wird mal wieder eine Extrawurst gebraten?«
- »Du musst dich anpassen, sonst wirst du nicht akzeptiert!«
- »Fall bloß nicht auf, das gehört sich nicht!«

- »Du kannst dich einfach nicht durchsetzen.«
- »Immer musst du meckern!«

Was passiert, wenn du diese schweren Bewertungen ernst nimmst?
- Du wirst wütend.
- Du wirst aggressiv.
- Du beginnst, dich zu stressen.
- Du beginnst, dich schlecht zu fühlen.
- Du wirst traurig.
- Du fühlst dich verletzt.
- Du fühlst dich angegriffen.
- Du möchtest am liebsten davonlaufen.
- Du fühlst dich nicht mehr als Herr/-in der Situation.
- Du fühlst dich ohnmächtig.

Alle diese schweren Bewertungen haben eines gemeinsam: Sie fühlen sich *schwer* für dich an. Und diese Bewertungen von außen haben noch eine andere Macht. Da sie eine andere Form der Bullshitstory sind, fördern sie ebenfalls den Verbleib in der Schublade. Auch sie ketten dich an, denn sie killen deine Leichtigkeit.

Schwere Bewertungen sind immer Aussagen anderer,
die dich verletzen und runterziehen. Sie verursachen eine
Schwere in dir – sofort.

Schwere Bewertungen haben allerdings nur Macht über dich, wenn du die Aussagen der anderen, wie »Du musst dich anpassen!«, für bare Münze nimmst. Wenn du diese Aussagen nicht für dich hinterfragst, stellst du die Meinung der anderen über deine eigene Meinung. Solange du unbewusst von allen geliebt werden möchtest, wirst du – und das ist das Dilemma – immer darauf bedacht sein, genau diesen Zustand herzustellen. Du wirst unbewusst alles geben, dich verbiegen, anderen keine Grenzen setzen, nie auf Konfrontationskurs gehen oder anderen deine wahre Meinung sagen. Du wirst dich ständig, wenn es brenzlig wird, aus Konfliktsituationen verdrücken. Natürlich kannst du diese Vermeidungsstrategien auch weiterhin fahren. Die Frage ist nur, wie es dir mit diesem Verhalten geht. Meiner Erfahrung nach fühlt sich diese Strategie nicht gut an, und sie bringt dich vor allem deinem Erfüllungsort kein Stück näher, denn je mehr Schmerztoleranz du aufbringst, desto weniger Selbstakzeptanz lebst du.

> Genau wie die Bullshitstorys können schwere Bewertungen ihre Wirkung nur dann entfalten, wenn du ihnen die Macht dafür gibst – das jedoch mindert immer deine Selbstakzeptanz.

Schwere Bewertungen verhindern, dass du dich verändern, wirklich wachsen und weiterentwickeln kannst. Sie machen es dir unmöglich, deine persönlichen Komfortzonen zu verlassen. Sie lähmen dich, bremsen dich aus und erhöhen somit unaufhaltsam deine Unzufriedenheit. Wie ich bereits erwähnt habe, sind wir in einer Umgebung voller Bullshitstorys und schwerer Bewertungen aufgewachsen, und auch heute bewegen wir uns nach wie vor in dieser Welt. Bewertungssysteme sind Teil unserer Gesellschaft, Teil von Unternehmen, Schulen, Universitäten und Institutionen, von Familien, deines Freundeskreises – also auch Teil unserer Beziehungen. Das ist nicht so schnell zu verändern, aber darum geht es hier auch nicht. Viel tragischer ist, dass du dich so von schweren Bewertungen beeinflussen lässt! Ja, du hast richtig gehört. Es muss nicht wehtun. Egal was jemand zu dir sagt, egal ob dich jemand beleidigt, verbal verletzt oder »disst« – es muss nicht schmerzen. Was du konkret tun kannst, ist, deine Sichtweise zu verändern.

> Lass dich von schweren Bewertungen nicht vernichten.

Du kannst hier, genau an dieser Stelle, eine komplett neue Haltung entwickeln. Ich sage dir gleich, wie das funktioniert.

Bevor wir uns dieser Lösung widmen, möchte dir noch die andere Seite zeigen, die »leichten« Bewertungen. Du ahnst es sicher schon, leichte Bewertungen führen dazu, dass du dich leicht, gut, motiviert oder bestärkt fühlst. Komplimente können leichte Bewertungen sein, ebenso ein gutes Feedback oder neutrale oder positive Aussagen (über deine Person).

Beispielhafte Sätze für eine leichte Bewertung können sein:

- »Das hast du gut beobachtet.«
- »Du siehst heute aber gut aus!«
- »Es macht mir Spaß, dir zuzuschauen.«
- »Ich freue mich für dich!«
- »Hey, voll die süße Frisur!«
- »Du hast dich wirklich engagiert, das weiß ich zu schätzen.«
- »Vielen Dank, dass du das für mich getan hast.«
- »Du bist wirklich mutig.«
- »Ups, das ging in die Hose. Versuch es noch mal, du schaffst das.«

Du darfst nun ein Gefühl dafür entwickeln, um einen neuen Umgang mit schweren Bewertungen zu erlernen, ein Gefühl, erst einmal zwischen leichten und schweren Bewertungen zu unterscheiden. In dem Moment, in dem sich eine Bewertung für dich wirklich schlecht, also schwer anfühlt, in dem Augenblick, in dem du dich angegriffen fühlst oder eines der zuvor aufgeführten emotionalen Verhaltensmuster bei dir ausgelöst wird, genau in diesem Moment darfst du beginnen, anders zu handeln.

Betrachte aber nicht nur die schweren Bewertungen, die dich treffen, sondern reflektiere auch deine eigenen schweren Bewertungen gegenüber anderen. Jeder von uns bewertet andere mehr oder minder häufig schwer. Diese schweren Bewertungen sind uns in Fleisch und Blut übergegangen und uns deshalb total vertraut. Manche von ihnen sprechen wir laut aus, andere sagen oder hören wir nur in unserem Kopf. »Mit dem Hintern würde ich so eine kurze Hose nicht tragen!« Autsch.

Wenn du dich zu neuen Ufern aufmachen möchtest, wenn du neue Strategien und Möglichkeiten in dein Leben einladen magst, dann ist es wunderbar, wenn du beginnst, dich auch selbst an dieser Stelle zu beobachten. Jetzt, wo du den Unterschied zwischen leichten und schweren Bewertungen kennst, werden sie dir überall begegnen. Du wirst dich und andere bei schweren Bewertungen ertappen. Das ist großartig, denn das zeigt, dass du ein anderes, ein erweitertes Bewusstsein entfaltest.

Mach dir bewusst, dass auch du wahrscheinlich schwere Bewertungen abgibst.

Achte einmal darauf, in welchen Situationen du dazu neigst, andere schwer zu bewerten. Lästerst du gerne mal oder kommentierst andere, ohne nach deiner Meinung gefragt worden zu sein? Die Bewertungen, die du abgibst, verraten dir etwas über deine innere Einstellung. Daran ist weder etwas richtig noch etwas falsch. Aber wie das nun mal so ist im Leben: Du kannst erst wirklich etwas verändern, wenn dir die Sache bewusst ist. Daher meine Bitte: Wenn du deinen schweren Bewertungen auf die Spur kommst, bewerte dich nicht selbst schwer dafür! Verurteile dich nicht, sondern gehe liebevoll mit dir um. Erkenne dich dafür an, dass du so mutig bist, genau dorthin zu schauen, wo es ungemütlich wird. Wenn du das machst, wenn du dein Verhalten langsam änderst und in bestimmten Bereichen nicht mehr so reagierst, wie du schon immer reagiert hast, wird genau das tolle Auswirkungen haben. Es wird

Menschen in deinem Umfeld geben, denen das nicht geheuer sein wird, denn es ist ja an der Tagesordnung, sich aufzuregen, über andere zu reden oder zu lästern. Bitte orientiere dich nicht an diesen Menschen. Wenn du dein Verhalten veränderst, wird es andere Menschen in deinem Umfeld geben, die das absolut faszinierend finden und dich dafür bewundern werden. Diese Menschen wollen genau das, was sie da bei dir wahrnehmen, auch haben wollen. Glaub mir, ich weiß, wovon ich da spreche. Aber bitte, orientiere dich auch nicht an diesen Menschen. Auch sie sind nicht der Maßstab für dich und für das, was du in dieser Welt leben möchtest. Eigentlich gibt es nur einen einzigen Maßstab.

Für dich bist ausschließlich du selbst der Maßstab.

Wenn du mit dir in Resonanz bist, wenn du in deiner Wahrhaftigkeit verweilen kannst, geht es dir gut. Dann bist du erfüllt. Dann bist du glücklich. Ohne Referenzpunkte, ohne schwere Bewertungen, ohne Druck von außen bist du einfach nur du. Na, wie klingt das? Davon kannst du gerne mehr haben! Um anders zu handeln, ist es hilfreich, das Konstrukt einer negativen, schweren Bewertung noch besser zu verstehen. Gib bitte jetzt genau acht und spüre hin, was ich sage.

Eine schwere Bewertung ist erstens immer willkürlich und zweitens immer subjektiv.

Was bedeutet Willkür? Willkürlich zu agieren bedeutet unter anderem, beliebig bzw. nach eigenem Ermessen, ohne Rücksicht auf die Gefühle anderer zu handeln. Das heißt, dass die Aussage, die der Sender der schweren Bewertung abgibt, total beliebig getätigt wird. Der Sender sagt, was ihm gerade ungefiltert in den Kopf kommt, und das stellt ausschließlich seine individuelle Weltanschauung dar. Jetzt obliegt es ganz klar dir, was du mit dieser schweren Bewertung machst. Ob du sie real machst oder nicht. Eine Bewertung wird nämlich erst dann schwer, wenn du ihr die entsprechende negative Bedeutung, die Macht, den Stellenwert und somit auch die SCHWERE gibst! Ja, du hast richtig gehört. Du bist an diesem Prozess beteiligt. Und das ist eine gute Nachricht. Warum? Weil alles, was dir entspringt, wozu du beiträgst, auch von dir geändert werden kann. Alles, was andere betrifft und auch die anderen an sich, wirst du leider nicht ändern können.

Es gibt übrigens auch Menschen, zu denen beispielsweise mein Ehemann zählt, die grundsätzlich kein Problem mit schweren Bewertungen haben. Von ihm habe ich bereits vor Jahren den Satz gehört: »Ey, warum regst du dich denn darüber so auf? Das kannst du doch eh nicht ändern.« Und das ist absolut richtig. Indem wir uns aufregen, indem uns das triggert, wütend macht etc., was andere über uns sagen, machen wir genau diese schwere Bewertung erst richtig real! Wenn wir die schwere Bewertung nicht ernst nehmen würden, dann wäre es uns total egal, was andere über uns sagen, denken, wie andere uns schwer bewerten – es wäre wurscht! Wir würden diese Bewertung einfach verpuffen lassen. Sobald wir dem Absender der schweren Bewertung jedoch recht geben, sobald wir darauf emotional, verbal und vor allem mit Schwere reagieren, räumen wir der Bewertung eine totale Wahrheit ein und halten sie am Leben, weil nur das, was wir wirklich ernst nehmen, was wir als wahr klassifizieren, auch die Macht hat, uns aus der Bahn zu werfen.

Es kann aber auch sein, dass in einer schweren Bewertung eine für dich durchaus wertvolle Information enthalten ist.

»Na, hast du schon wieder alles hingeschmissen?«

Ich könnte noch »Du Loser« hinzufügen, aber auch ohne wird die schwere Bewertung deutlich. Auch wenn die Aussage nicht wertschätzend formuliert ist, könnte sie ein Fitzelchen Wahrheit enthalten. Du könntest dich fragen, ob du bei Problemen wirklich schnell die Kehrtwende machst. Ist es das, was dir dein Gegenüber mitteilen wollte? Hätte er oder sie dieselbe Aussage mit der Methode »wertschätzendes Feedback« vermittelt, könntest du viel schneller und einfacher entscheiden, ob du das Verbesserungspotenzial, das der andere dir mitteilt, annehmen willst oder nicht.

»Ich merke, dass du den Job nicht beendet hast. Gibt es einen Grund dafür?«

Das klingt ganz anders, oder? Wertschätzendes und konstruktives Feedback ist etwas, was ich als ungemein wichtig erachte. Seit 2006 unterrichte ich an verschiedenen Universitäten im Bereich »Career Service« oder bin Lehrbeauftragte. In diesem Rahmen ist es absolut normal, dass man als Trainerin oder Dozentin evaluiert wird. So erfährt man ganz genau, was den Studierenden gefallen hat und wo diese noch Verbesserungsbedarf sehen. Genauso läuft auch jedes gut vorbereitete Mitarbeitergespräch oder Jahresgespräch in einem Unternehmen oder einer Institution ab. Feedback ist wichtig, um dazulernen zu können. Nur manchmal kommt das Feedback im Wolfspelz daher.

Gerade im Privaten überwiegen die schweren Bewertungen das konstruktive Feedback bei weitem. Daher möchte ich dir in puncto schwere Bewertung noch einen weiteren Tipp an die Hand geben. Eine der fernöstlichen Weisheitslehren sieht in jedem Menschen, der dir begegnet, einen Lehrer. Robert Betz nennt diese Menschen »Arschengel«, ein Begriff, der haften bleibt, vor allem aber sehr schön deutlich macht, was passiert: Jemand, der sich aus deiner Sicht »arschig« benimmt, ist eigentlich ein Engel, der dir zeigt, was in dir los ist. Ein Beispiel: Du stehst an der Supermarktkasse, hast gerade eine ältere Dame vorgelassen, die nur ein paar Bananen bezahlen wollte, und siehst, wie eine junge Frau ihren SUV direkt vor der Eingangstür auf einem Behindertenparkplatz parkt. Die Frau schießt durch den Supermarkt, drängt sich an der Schlange der hinter dir Wartenden, »Entschuldigung, Entschuldigung …« zwitschernd und in die Runde lächelnd, vorbei und stellt sich mit den Worten »Ich darf doch eben …« vor dich. Dir platzt sofort der Kragen, und eine Schimpftirade schießt aus deinem Mund. Du schiebst sie mit dem Ellbogen hinter dich und zahlst zähneknirschend. Oder es verschlägt dir die Worte, und du lässt sie gewähren. Nicht jedoch, ohne dich maßlos zu ärgern. In dir tost die Wut. So eine blöde, egoistische Kuh. Was bildet die sich ein? Für wie charmant hält die sich? So etwas Dreistes! Tagelang kannst du dich über so etwas aufregen. Und hier kommt der Arschengel ins Spiel. Was spiegelt dir diese Frau? Warum ärgerst du dich so maßlos, wenn es ein schlichtes »Nein, tut mir leid, ich habe es selbst sehr eilig« getan hätte? In diesem Fall könnte es sein, dass dich ihre Selbstsicherheit, ihre Durchsetzungskraft oder ihr Egoismus triggern. Kann es sein, dass du ihr verübelst, dass sie sich einfach nimmt, was ihr nicht zusteht? Weil du immer rücksichtsvoll bist? Weil du andere vorlässt? Wo kämen wir denn hin, wenn jeder sich einfach nehmen würde, was er will? Und wonach sehnst du dich? Weißt du, worauf ich hinauswill?

Egal wie dich andere behandeln oder wie sie mit dir umgehen, irgendetwas kannst du immer aus ihrem Verhalten lernen oder für dich persönlich mitnehmen bzw. erkennen. Zum einen ist es daher wichtig, die Aussagen des anderen als willkürlich und subjektiv zu betrachten. Zum anderen kannst du die Gefühle, die in dir durch eine Bewertung oder ein Verhalten entstehen, anschauen. Mich hat es beispielsweise zur Weißglut gebracht, wenn auf der Autobahn hinter mir jemand aufgeblendet hat. Meine Freundin ließ das schon immer kalt. Mich heute übrigens auch. Weil ich erkannt habe, dass ich mich, wenn ich bereits Höchstgeschwindigkeit fahre, nicht von der Aggression eines Rasers anstecken lassen muss. Ich bin kein Verkehrshindernis, ich halte mich nur an die Verkehrsregeln.

Wir können uns am besten reflektieren, wenn wir uns nicht verletzt fühlen. Letztendlich kannst du dir immer wieder folgende Fragen stellen:

- »Gibt es hier noch etwas, was ich dazulernen kann?«

- »Was zeigt mir dieser ›Lehrer‹ bzw. ›Arschengel‹?«

- »Was in mir sorgt dafür, dass ich auf so ein Verhalten derart anspringe? Welches Gefühl steckt dahinter?«

Der erste und wichtigste Schritt, schwere Bewertungen nicht mehr als schmerzhaft, verletzend oder als Trigger zu empfinden, ist, dir bewusst zu machen, dass Bewertungen immer mit der Person zu tun haben, die sie abgibt.

Schwere Bewertungen sind immer subjektiv,
das heißt, sie haben immer mit der Person zu tun,
die die Bewertungen *abgibt*, NICHT mit dir!

Trotzdem ist derjenige, der dich schwer bewertet, nicht schuld daran, dass es dir schlecht geht. Auch du trägst keine Schuld. Schuld gibt es meinem Verständnis nach nicht. Solange wir uns in diesem Schuldkonzept aufhalten, gibt es immer ein Opfer und einen Täter. In dieser Konstellation hat nur der Täter die Macht. Was macht es mit demjenigen, der in der Opferrolle bleibt? Hat derjenige Macht oder Kraft? Trägt das Opfer Verantwortung in der Situation? Nein, ein Opfer ist klein, arm, macht- und kraftlos. Kann man in diesem Zustand etwas verändern? Wohl kaum. Wenn man sich aber davon löst, jemandem die Schuld zu geben, und stattdessen dankbar für das ist, was man aus der Situation lernen darf, beendet man nicht nur das Opferverhalten, sondern macht sich auch die eigene Stärke bewusst.

Wie fühlt sich das jetzt für dich an? Spürst du eine Hoffnung in dir aufkeimen? Was wäre, wenn dir ganz bald schwere Bewertungen an deinem Allerwertesten vorbeigehen könnten? Was wäre, wenn du gegen sie immun sein könntest? Wie würde es sich für dich anfühlen, wenn du frei von der Meinung und den schweren Bewertungen anderer Menschen agieren könntest? Wie leicht wäre dann auf einmal dein Leben? Wie anders könntest du die Wahl für Dinge treffen, die für dich stimmig sind? Unabhängig davon, was andere sagen oder denken?

Ich habe eine ganze Weile dafür gebraucht, mich von schweren Bewertungen größtenteils zu befreien. Es gibt immer wieder Situationen, in denen mich schwere Bewertungen treffen oder streifen. Auch ich werde immer wieder einmal schwer bewertet und springe darauf an oder ertappe mich dabei, andere schwer zu bewerten. Auch mit viel Übung kann das passieren. Das ist auch vollkommen okay. Denn es geht hier nicht um Perfektion, die übrigens ein Zustand ist, der meiner Meinung nach sowieso nicht erreichbar ist. Außerdem liegen Welten zwischen von schweren Bewertungen gestreift, getroffen, hart getroffen oder schmerzhaft verletzt zu werden. Bitte mach dir bewusst, dass du ein Mensch bist. Menschen haben nun einmal ihre Learnings und benötigen

Zeit, um Verhaltensmuster zu verändern. Gib dir daher bitte ausreichend Zeit, das Ganze zu reflektieren und zu üben. Denn eines ist sicher: Es wird mit der Zeit leichter und besser. Versprochen!

Du weißt jetzt schon, dass eine schwere Bewertung subjektiv ist und willkürlich erfolgt. Warum zum Teufel noch mal kaufst du dann anderen deren Wahrheit ab und machst sie zu deiner? Warum lässt du es zu, dass andere die Macht über dich haben? Wie kann es sein, dass andere Menschen dich durch ihre Worte kleinzuhalten vermögen? Weil du, wenn du in Einverständnis mit der schweren Bewertung gehst (und Einverständnis bedeutet hier, dass du diesen Menschen glaubst, was sie da über dich sagen), deren Meinung komplett über deine stellst. Du gibst ihnen in diesem Moment die Macht, über deine Energie, deine Emotionen und über deine Gefühle zu herrschen. Schwere Bewertungen halten dich in unangenehmen Gefühlen gefangen, denn du denkst ständig über die Bewertung nach. Sie triggert dich, sie schmerzt dich und macht dich wütend, traurig und unzufrieden.

> Schwere Bewertungen anzunehmen bedeutet,
> ihnen Macht über dich zu verleihen.

Jetzt kannst du einschätzen, wie schwere Bewertungen von außen und Bullshitstorys, die auf ihre Art integrierte schwere Bewertungen sind, dich beschweren.

Nach hinten gucken –
Krafträuber der Vergangenheit

Neben Bullshitstorys und schweren Bewertungen gibt es weitere Verhaltensmuster, die deinen Verbleib im Gefängnis der Schublade begünstigen. Eines dieser Muster ist der permanente Fokus auf die Vergangenheit. Wie häufig schweifst du mit deinen Gedanken in die Vergangenheit ab? Wie oft hast du schon gedacht: »Ach, hätte ich mich doch damals anders entschieden! Warum bin ich nicht den anderen Weg gegangen?« »Was wäre gewesen, wenn ich diese statt jene Entscheidung getroffen hätte?« Der Fokus auf die Vergangenheit ist immens kraftraubend, denn du beschäftigst dich die ganze Zeit gedanklich mit etwas, das du nicht mehr verändern kannst. Egal wie viele Gedanken du dir über eine Sache machst, egal wie häufig du etwas bereust, bedauerst, dich ärgerst, dich grämst, dich genierst, peinlich berührt bist oder über etwas grübelst – du kannst das, was war, nicht mehr beeinflussen. Was du tun kannst, ist, dein Verhalten im JETZT, heute, in diesem Moment, zu verändern. Du kannst heute noch die Wahl treffen, nicht mehr zurückzuschauen. Denn jedes Mal wenn du zurückschaust, verlierst du kostbare Kraft und Energie.

Den Fokus auf die Vergangenheit gerichtet zu halten
raubt dir immens viel Kraft.

Diese Kraft und Energie könntest du so viel besser im JETZT, im Heute nutzen und sie dafür einsetzen, die Reise anzutreten und dauerhaft aus der Unzufriedenheit heraus an deinen persönlichen wunderschönen Erfüllungsort zu gelangen. Auch diese Reise kostet dich Kraft und Energie, denn auch für sie müssen Schritte getätigt werden. Allerdings Schritte, die zu einem positiven Ergebnis führen, statt dich in der Vergangenheit verharren zu lassen.

Eine meiner lieben Freundinnen bereut seit Jahren, genauer gesagt seit 20 Jahren, dass sie ihren damaligen Lebensgefährten verlassen hat. Sie malt sich in regelmäßigen Abständen aus, wie sich diese Beziehung hätte weiterentwickeln können, wenn sie bei ihm geblieben wäre und mit ihm eine Familie gegründet hätte. Aber all diese Gedankenspiele katapultieren sie keineswegs in eine gute Stimmung. Diese Gedankenspiele halten sie in ihrem Schubladengefängnis fest. Ich muss dir nicht sagen, dass meine Freundin Single ist, sich nach einer Beziehung sehnt, so aber keinen Partner finden wird, denn jeden Mann, dem sie begegnet, misst sie an ihrem Ex. Mit ihrem Verhalten ist meine Freundin kein Einzelfall. Jeder von uns kennt solche Gedanken. Jeder von uns hat sich sicher schon einmal (oder diverse Male) dabei ertappt, das »Was-wäre-wenn-Spiel« zu spielen. Und auch das ist vollkommen okay! Wichtig ist nur, dass dir ab sofort bewusst ist, dass dich diese Gedankenspiele ausschließlich Kraft, Zeit und Energie kosten, du deine aktuelle Situation, deine Unzufriedenheit dadurch aber nicht ändern kannst.

Sich sorgen – Krafträuber heute und in der Zukunft

Dem Phänomen der Sorge haftet eine ähnlich schwere Energie an wie dem Blick in die Vergangenheit, und auch dieser Fokus kettet dich an die Schublade. Der Prozess des »Sich-Sorgens« spielt sich allerdings immer in der Gegenwart und in der Zukunft ab. Viele von uns machen sich permanent Sorgen um jemanden oder um etwas. Gerne um Dinge, die wir befürchten, aber nicht konkret festmachen können. Damit sind Sorgen ebenfalls den Bullshitstorys zuzuordnen. Sorgen beruhen ausschließlich auf unserer Weltsicht. Wir machen uns Sorgen um die Zukunft unserer Kinder, darum, ob das Geld rechtzeitig kommt oder aus-reicht, ob wir den neuen Job bekommen; wir sorgen uns um unsere Eltern und das Weltklima. Natürlich dürfen wir uns verantwort-lich und aufmerksam verhalten, aber wem helfen wir, indem wir uns sorgen?

> Sorgen richten den Fokus in die Zukunft,
> rauben dir aber Kraft, die du im Hier und Jetzt
> gut gebrauchen kannst!

Sich Sorgen zu machen ist einerseits ein eklatanter Energieverlust im Hier und Jetzt. Zum anderen kann man dieses Verhalten auch als grobe Fahrlässigkeit bezeichnen. Wohlgemerkt als *unbewusste* grobe Fahrlässigkeit. Denn wie fahrlässig du dich damit verhältst, genau das kannst du noch gar nicht nachvollziehen. Daher hier eine ganz einfache Übung.

Stell dir ab heute bitte immer wieder und wieder folgende Fragen:

- Helfe ich demjenigen, über den ich mir Sorgen mache, damit, dass ich mich um ihn oder sie sorge?

_____

_____

- Wie fühle ich mich, wenn ich mich sorge?

_____

_____

- Gibt mir die Sorge Energie, oder entzieht bzw. kostet mich die Sorge Energie?

_____

_____

Nach meiner Definition ist eine Sorge meist eine getarnte Angst. Wenn du dir beispielsweise Sorgen um jemanden machst, ist die Sorge in den meisten Fällen eher auf deiner persönlichen Angst begründet.

> Sorgen sind nicht in einer anderen Person,
> sondern meist in der eigenen Angst begründet.

Sorgst du dich beispielsweise permanent, dein Partner oder deine Partnerin könnte fremdgehen, gibst du mit deiner Sorge die Macht ab. Deine Macht. Sich darüber immer nur Gedanken zu machen und nicht für komplette Wahrheit und Aufklärung zu sorgen entzieht dir Kraft. Oft liegt dahinter die Angst, nicht mit den Konsequenzen konfrontiert werden zu wollen, denn sollte das Fremdgehen real sein, müssten definitiv Konsequenzen gezogen werden. Aber wer sagt dir, dass das, was du wahrnimmst, das, was dich in Sorge geraten lässt, überhaupt der Realität entspricht? Genau das kannst du nur durch eine Konfrontation herausfinden.

Angst in Form von Sorge wird zudem unbewusst von dir auf die Person, um welche du dich sorgst, projiziert. Du überträgst deine Angst unwissentlich auf dein Gegenüber wie ein Dia auf eine Leinwand. Projizierst du zum Beispiel ein Blumenmotiv auf eine Person in einem weißen Anzug, sieht der Anzug nun geblümt aus, aber ist er das wirklich? Wenn die andere Person sehr bewusst ist, macht sie sich nichts aus deiner Sorge. Sie kauft dir die Sorge nicht ab. Wenn die Person allerdings sehr empathisch ist und sich noch kein tieferes Wissen über Bullshitstorys angeeignet hat, dann kann es ganz schnell passieren, dass diese Person deine Sorge und deine Ängste unbewusst übernimmt und zu ihren eigenen macht.

Indem wir uns Sorgen um jemanden oder etwas machen, verschwenden wir immens viel Energie für etwas, das dem anderen weder hilft noch die entsprechende Situation verbessert.

Sorgen sind meinem Verständnis nach
überhaupt nicht zielführend.

Anstelle der Sorge gibt es eine andere Strategie, die auch dir, deinem Organismus und deinem Gehirn Spaß machen könnte. Eine Alternative zur Sorge ist, aktiv zu helfen. Also ganz konkret etwas zu tun, in Aktion zu treten, einen Vorschlag zu machen, eine Lösung zu suchen, um die Situation für den anderen zu verbessern.

Sorgen lähmen nicht nur dich, sondern auch dein
Gegenüber. Konkrete Hilfe hingegen bringt die Situation
in Fluss.

2011 buchte ich eine achttägige Reise nach Mexico City, um dort eine Coachingausbildung zu absolvieren. Mexico City gilt nicht unbedingt als die sicherste Stadt der Welt, aber ich bin keineswegs ein ängstlicher Typ und liebe das Abenteuer, also machte ich mir überhaupt keine Gedanken. Mein Umfeld sorgte sich dafür doppelt und dreifach. Ich hörte von allen Seiten: »Ach, wir machen uns solche Sorgen um dich! Pass auch dich auf. Das ist so gefährlich dort! Gerade letzte Woche ist wieder eine Frau ermordet worden!« Zum Glück tickt mein Ehemann ähnlich wie ich. Er recherchierte liebenswerterweise für mich, wie ich am sichersten vom Flughafen zum Hotel und auch in der Stadt von A nach B käme. Ohne diese Recherche hätte ich das komplizierte Taxisystem vielleicht nicht so schnell durchschaut, so aber kam ich immer heil und sicher ans Ziel und geriet in keine einzige unangenehme Situation. Ganz im Gegenteil. Ich hatte ausschließlich positive Erlebnisse und Begegnungen. Die Sorgen meines Umfelds, dieser große Verlust an Energie, all das war nicht nur umsonst, sondern auch komplett unbegründet gewesen. Wenn ich die Ängste meiner Freunde und meiner Familie übernommen hätte, wenn ich ihnen abgekauft hätte, wie unglaublich gefährlich Mexico City sei, wäre ich dann überhaupt geflogen? Und wenn ich geflogen wäre, wie entspannt wäre mein Aufenthalt mit dieser Angst im Gepäck gewesen? Eine Sorge kann einen absolut bremsen.

Es muss keine Reise in ein unbekanntes Terrain sein, man kann sich auch um ganz banale, alltägliche Dinge sorgen. Eine ehemalige Klientin sorgte sich zum Beispiel immer über das Wetter, weil das Wetter ihren Arbeitsweg beeinflusste. Sie musste jeden Tag eine längere Anfahrt zum Arbeitsplatz auf sich nehmen und machte sich deshalb sowieso schon Sorgen um den Verkehr. Wie sollte sie es schaffen, rechtzeitig im Büro zu sein, wenn es wegen Regens vielleicht noch mehr Stau gab? Sie hatte ständig Angst, zu spät zu kommen und Ärger zu bekommen. Versäumte Arbeitszeit musste sie nacharbeiten, und so sorgte sie sich auch, ihre privaten Termine nicht einhalten zu können. In ihrem Sportverein war sie schon seit Monaten nicht mehr gewesen, weil sie nie wusste, ob sie pünktlich dort sein würde. Also nahm sie ihr Sportzeug gar nicht erst mit. Im Laufe unserer Arbeit wurde ihr klar, dass sie mit ihrer Sorge ums Wetter, die sie als Angst vor Kontrollverlust erkannte, NICHTS an der Situation ändern konnte. Ihre Sorgen veränderten weder das Wetter noch den Verkehr. Ihre Sorgen und die permanenten negativen Gedanken und Ängste führten nur dazu, dass sie sich von Tag zu Tag schlechter fühlte, immens gestresst und daher auch permanent unzufrieden war. Sie verfluchte ihren Job, weil er die Anfahrt erforderte, nicht weil er ihr nicht gefiel. Dann begann sie, Schritt für Schritt umzudenken und Lösungen zu generieren. Bei schlechtem Wetter fuhr sie nun fast zwei Stunden früher los. Zwar musste sie früher aufstehen, doch das störte sie nicht im Geringsten. Sie umfuhr dadurch den Stau, halbierte ihre Anfahrtszeit, erreichte entspannt und wesentlich früher ihren Arbeitsplatz und stürzte sich wach und wieder mit viel Freude (und in aller Ruhe, da ihre Kollegen später kamen) auf ihre alltäglichen To-dos. Das klappte so gut, dass sie kurz darauf auch bei gutem Wetter so früh startete. Dadurch, dass sie nun regelmäßig sehr viel früher im Büro war, konnte sie auch wesentlich früher gehen und umging so gleich auch noch den Feierabendverkehr. Sie war bereits nachmittags zu Hause und nutzte die gewonnene Zeit, um zum Sport zu gehen und Klavierspielen zu lernen.

Manchmal sind es die ganz einfachen Lösungen, die den größten Effekt haben.

Wenn du dich nicht um dich selbst, sondern eine andere Person sorgst, kannst du, statt dich zu sorgen, beginnen, für diese Person Lösungen zu finden. Allein diese Tätigkeit ist absolut wohltuend, da wir uns im Modus der Lösungsfindung gebraucht und sinnerfüllt fühlen. Nimm es nicht persönlich, wenn ein Gegenüber an den Lösungen nicht interessiert ist. Lass dich davon nicht abhalten, weiterhin Lösungen zu eruieren, denn auch wenn der andere sie nicht möchte, ist das eine gute Möglichkeit für dich, deine als Sorgen getarnten Ängste mehr und mehr zu entlarven und zu erkennen, dass es für alles eine Lösung gibt.

Bloß nicht immer »anders« sein

Ein weiteres Tool, mehr Leichtigkeit zuzulassen, ist es, das »Anderssein-Wollen« aufzugeben. Diese Aussage läuft uns doch ständig über den Weg: »Hab den Mut, anders zu sein!« »Anderssein« entsteht jedoch immer durch Abgrenzung und Vergleich. Sich ständig abzugleichen ist superanstrengend und kräftezehrend. Der ewige Vergleich kann auch der absolute Holzweg bzw. sehr kräftezehrend sein, da man sich auf diese Weise komplett von sich selbst wegbewegt. Was wäre, wenn wir uns viel mehr darauf konzentrieren, statt *anders* einfach wir selbst zu sein?

Du selbst, statt *anders* zu sein, kostet viel weniger Kraft, erfordert aber erst einmal mehr Mut.

Jeder Mensch ist per se anders als der andere. Uns gibt es alle nur einmal, und jeder von uns ist total einmalig. Wenn wir uns auf uns selbst fokussieren, werden Vergleiche hinfällig, die nötig sind, um unser *Anderssein* zu betonen. Auf der anderen Seite gibt es immer wieder Menschen, die in Vergleichen aufgehen. Für sie sind Vergleiche ein Antrieb. Auch das kann daher eine absolut stimmige Strategie sein.

Auf der Reise zu deinem persönlichen Erfüllungsort brauchen wir dich in deiner vollen Kraft. Um an deinem Erfüllungsort anzukommen, ist es immens wichtig, dass du beginnst, viel mehr auf deine innere Stimme, auf deine Intuition und auf deinen Gefühlshaushalt zu achten. Nur wenn du im Gleichgewicht bist, nur wenn du aus den Schubladen ausbrichst, freier wirst, deinen eigenen Weg findest und gehst, nur dann wirst du auch die Kraft haben, weiterzugehen. Um aus den Schubladen auszubrechen, ist eine der existenziellen Handlungen, aufzuhören, dich zu vergleichen, schwere, negative Gefühle, negative Gedanken und negative Stimmungen loszulassen und deine Bullshitstorys loszuwerden.

Damit wären wir beim existenziellen, ersten Element der YOUR WAY Philosophy angekommen:

Das erste YOUR WAY Element: Bullshitstorys eliminieren

Ohne diesen Prozess wirst du nie wissen, ob du wirklich auf deinem ureigenen Weg gehst. Und genau das möchte ich von Herzen ändern. Meine Vision ist eine Welt, in der jeder Mensch die Möglichkeit hat, den für ihn stimmigen Weg zu gehen, eine Gesellschaft, die sich viel mehr auf das Individuum konzentriert und für jeden die Toleranz, den Respekt und die Akzeptanz aufbringt, sich so zu entfalten, wie es für sie oder ihn passt. Wie genial wäre es, wenn wir nicht mehr bemüht sein müssten, anders zu sein.

Wir schauen nach hinten und nach vorne und versuchen, uns anzupassen, um Sicherheit zu erfahren. Doch eigentlich machen wir uns damit nur noch mehr Angst und Stress. Richtig blöd wird es, wenn wir für unser Verhalten oder das, was wir sind, auch noch schwer bewertet werden. Das Einzige, was uns dann meist einfällt, ist – wir sagen es ja sogar –, zu »mauern«.

Unsichtbare Schutzmauern

Wie kommst du jetzt wirklich und praktisch an den Punkt, an dem du dich von schweren Bewertungen, subjektiven Meinungen, übergestülpten Sorgen und Fremdurteilen befreien kannst? Es mag ungewöhnlich klingen, aber du solltest dafür deine emotionalen Schutzmauern abbauen. Ja, ich meine das Gegenteil von dem, was wir gewohnheitsmäßig tun. Die meisten Menschen machen, wenn sie ein Problem bzw. Angst vor schweren Bewertungen haben, etwas total Nachvollziehbares. Sie schützen sich unbewusst durch eine energetische Schutzmauer davor, verletzt zu werden. So eine Schutzmauer kannst du dir wie eine Mauer aus Eis vorstellen, die du rund um dich herum aufgebaut hast bzw. immer dann, wenn du das Gefühl hast, dass dir Gefahr droht, wie einen Schutzwall in Sekunden hochfahren kannst. Die Schutzmauer ist nicht die ganze Zeit oben. Wenn du gerade mit deinem Partner oder deiner Partnerin schmust, ist sie unten, denn du empfindest in diesem Moment Geborgenheit und Wärme. Mit aktiviertem Schutzschild könntest du diesen wunderschönen zärtlichen Moment nicht genießen. Wärme und Liebe vermögen die eisige Schutzmauer in Sekundenschnelle abzubauen.

Du darfst dir bewusst machen, dass diese unsichtbaren Schutzmauern bis heute eine unbewusste »Schutz«-Funktion für dich
hatten. Und genau diese Annahme ist leider ein absolutes Ammen-
märchen, denn wenn dich diese eisigen Schutzmauern wirklich vor
schweren Bewertungen und Verletzungen schützen würden,
hätten dich die Angriffe in deinem Leben dann überhaupt aus dem
Gleichgewicht bringen können? Wenn diese eisigen Schutzmauern wirklich helfen würden, warum gehst du dann noch hoch
wie ein HB-Männchen, wenn dich jemand kritisiert? Warum wirst
du wütend? Warum nimmst du die Aussage persönlich? Warum
regst du dich auf? Warum bist du unzufrieden? Glaub mir, ich
habe diesen Prozess schon Hunderte Male selbst durchexerziert
und bereits mit vielen meiner Klienten genau an diesem Prinzip
gearbeitet, denn die Wahrheit ist eine ganz andere. Die Wahrheit
ist, dass die eisigen, unsichtbaren Schutzmauern dir nicht nur *nicht*
dabei helfen, die schweren Bewertungen von dir fernzuhalten. Es
ist eigentlich noch viel krasser. Solange du die Schutzmauern komplett um dich herum hochgefahren hast, solange du versuchst, dich
vor etwas abzuschirmen, treffen dich die schweren Bewertungen
umso härter. Denn etwas, das wie gefrorenes Eis total starr und
unbeweglich ist, kann nicht ausweichen. Das Geschoss einer schweren Bewertung trifft dich, hinterlässt Spuren, und ist es schwer
genug, lässt es das ganze Konstrukt erbeben. Oder es prallt ab wie
ein Ball und federt zurück. Der Angreifer kann ihn fangen und
erneut werfen. Wenn da jedoch keine Mauer, sondern Durchlässig-
keit ist, kannst du ausweichen. Ein winziger Schritt zur Seite
reicht, und das Geschoss zischt einfach an dir vorbei. Du schaffst es,
auszuweichen, indem du das Eis zum Schmelzen bringst. Je häufiger du das übst, desto klarer wird dir werden, dass die schwere
Bewertung dich nicht treffen muss. Du musst den Ball auch nicht
fangen und zurückwerfen. Lass ihn vorbeifliegen. Lass nicht zu,
dass die subjektive Meinung eines anderen zu deinem persönlichen
Spiel wird.

Deine unsichtbaren Eis-Schutzmauern schützen dich nicht. Sie haben zudem eine weitere, ebenso schwerwiegende negative Auswirkung: Solange die eisigen Schutzmauern um dich herum hochgefahren sind, solange du meinst, cool rüberkommen zu müssen, um nicht verletzt zu werden, so lange bist du für andere Menschen nicht wirklich spürbar oder erreichbar. Du lässt niemanden wirklich an dich heran. Okay, es kann sehr gut sein, dass du zwar den Eindruck vermittelst, als seist du empfänglich und offen, aber in Wirklichkeit bist du es nicht. Andere Menschen können aufgrund der Abschirmung durch die Eismauer und aufgrund ihrer Kälte weder deine wahre Wärme noch deine Wahrhaftigkeit, deine Verletzlichkeit oder deine Ausstrahlung spüren.

Unsere bewusst oder unbewusst
errichteten Schutzmauern verhindern,
dass wir uns mit anderen Menschen
wirklich verbinden.

Auch deine Intuition hat es extrem schwer, dir hinter diesen eisigen Mauern nützlich zu sein. Deine Intuition, deine sensible Wahrnehmung muss sich ausfahren können wie eine Antenne. Sie braucht Raum und Weite, um sich entfalten zu können. Doch das Eis verhindert das. Wenn du trotzdem immer wieder versuchst, deine Intuition einzusetzen, wird auch das mit einer immensen Anstrengung verbunden sein. Dicke Eismauern schwächen alles ab. Kein Radar wird durch sie hindurch etwas Feines und Sensitives wahrnehmen. Damit sind diese eisigen Mauern eine weitere Variante eines Gefängnisses. Sind die Mauern durchgehend hochgefahren, kann man da auch nicht »mal eben« raus.

Ich schlage dir vor, genau diese Vorgehensweise, nämlich deine eisigen Schutzmauern immer wieder hochzufahren (oder sie permanent oben zu halten), zu stoppen. Aus eigener Erfahrung kann ich dir berichten, dass sich das zu Beginn ziemlich komisch anfühlt. Aber ich verspreche dir, dass genau das der Weg ist, den schweren Bewertungen zu entkommen und darüber hinaus deiner Intuition zu huldigen, damit sie dir in Zukunft noch viel besser und intensiver beratend zur Seite stehen kann.

ÜBUNG: Die eisigen Schutzmauern schmelzen lassen

Du kannst jetzt üben, deine energetischen Schutzmauern zu senken. Je häufiger du das (am besten täglich) praktizierst, desto besser wird es dir gelingen, bei dir zu bleiben, und desto leichter wird es dir fallen, auf schwere Bewertungen nicht mehr anzuspringen. Na, wie klingt das? Gut? Super! Los geht's:

1. Such dir einen Ort, an dem du einen Moment Ruhe hast.

2. Setz dich auf einen Stuhl, ein Sofa, einen Sessel.

3. Schließe die Augen.

4. Dann stell dir bitte vor deinem inneren Auge vor, dass um dich herum die eisige Schutzmauer aufgebaut ist.

5. Diese Schutzmauer, das kalte Eis, sollte bis über deinen Kopf reichen. Spüre die Kälte der Mauer.

6. Jetzt lass bitte ganz viel Liebe und Wertschätzung für dich und Menschen fließen, die dir wichtig und teuer sind. Das kannst du wunderbar in deinem Herzen oder im Brustbereich fühlen. Spüre gleichzeitig die Wärme der Liebe, die Wertschätzung und Dankbarkeit, die du für die dir wichtigen Menschen empfindest.

7. Realisiere mit einem Zwischenblick, was die Liebe, die du fühlst, mit dem Eis um dich herum anstellt. Es beginnt langsam zu schmelzen!

8. Stell dir jetzt Leute vor, denen du nicht so nahestehst, zu denen du eine eher neutrale Haltung hast und die dir eher egal sind – lass auch ihnen Liebe und Wertschätzung zufließen.

9. Stell dir nun die Menschen vor, die dich gerade, vor Kurzem oder generell aufgeregt, verletzt, getriggert und wütend gemacht haben. Lass auch ihnen Liebe und Wertschätzung zufließen.

10. Konzentrier dich nun nochmals auf die eisige Schutzmauer. Schau, wie weit sie noch da ist. Schau, wie viel du mit deiner Liebe und deiner Wertschätzung wegschmelzen konntest!

Je häufiger du die eisigen Schutzmauern schmelzen lässt und je öfter du Liebe und Wertschätzung für ALLE empfindest und fließen lässt, je mehr du das übst, desto leichter wirst du mit der Zeit mit scharfer Kritik, mit Verletzungen und schweren Bewertungen umgehen können. Genau das, den zweiten Teil der Übung, praktizieren buddhistische Mönche schon seit Jahrhunderten sehr erfolgreich. Warum sollte das nicht auch in deinem Leben funktionieren und Berge versetzen? Wenn du diese Übung eine Weile durchführst, nimmst du langsam, aber sicher immer mehr und mehr von deiner Umgebung wahr. Da du vorher nicht über den Rand der Mauer schauen konntest, kann es sein, dass sich das ziemlich ungewohnt für dich anfühlt. Ich möchte es an dieser Stelle noch einmal betonen: Die Reaktion, sich gegen schmerzhafte Angriffe durch schwere Bewertungen energetisch zu schützen, ist weit verbreitet. Der Zustand, von diesen schweren Bewertungen unberührt bleiben zu können, ist weniger bekannt. Ich gebe zu, es ist anfangs etwas schräg, schwere Bewertungen auf sich zukommen zu sehen und sich nicht zu schützen, den Ball nicht zu fangen, sondern vorbeifliegen zu lassen. Durch die Zutat der Wertschätzung und der Liebe für alles wird es jedoch immer leichter. Mach dir immer bewusst, dass eine schwere Bewertung reine Interpretationssache des anderen ist, du nichts mit ihr zu tun haben musst und sie somit auch nicht zu deiner Wahrheit machen musst. Du hast die Wahl, nur das aus ihr herauszuziehen, was dir nützlich erscheint.

Wenn du zurzeit in einer unzufriedenen Situation steckst, ist diese Übung Gold wert! Denn die Ursache für deine Unzufriedenheit sind fast ausschließlich Bullshitstorys und schwere Bewertungen, die du erlösen kannst. Im folgenden Kapitel möchte ich dir anhand von Klientengeschichten verdeutlichen, welche kurzfristigen, mittelfristigen und langfristigen Auswirkungen Bullshitstorys und schwere Bewertungen auf dein Leben haben können und – was noch viel wichtiger ist – was passiert, wenn du sie erlöst.

PRAXISBEISPIELE:
Was muss ich NICHT? –
Der Unzufriedenheit auf der Spur

In diesem Kapitel stelle ich dir anhand konkreter Beispiele vor, welche unterschiedlichen Formen Unzufriedenheit annehmen kann. Du wirst in die Lebenssituationen von verschiedenen Menschen eintauchen und reflektieren bzw. spüren, ob es da einen Zusammenhang zu deinem eigenen Leben gibt. In den jeweiligen Beispielen wird dir verdeutlicht, was die Schubladen, was die Bullshitstorys und was schwere Bewertungen sind. Am Ende eines jeden Beispiels kannst du mithilfe verschiedener Fragen reflektieren, ob du dich in den Beispielen wiedergefunden hast. Es kann sein, dass du dich in jedem Beispiel wiederfindest. Es kann auch sein, dass du mit vielen Beispielen nichts anfangen kannst. Und es kann sein, dass du erkennst, dass du früher einmal das ein oder andere Verhaltensmuster an den Tag gelegt hast, es jedoch mittlerweile überwunden hast. Auch diese Reflexion ist sehr wichtig für dich. Wenn du nicht erkennst oder wertschätzt, dass du bereits große Learnings hinter dich gebracht hast, kannst du auch nicht weiter zu deinem Erfüllungsort schreiten. Deine Fortschritte zu identifizieren ist für dich deshalb Gold wert. Alles, was du erkennst, ist wunderbar und hilft dir, dich von den Ketten der Bullshitstorys zu befreien, aus dem unbewussten Gefängnis auszubrechen und damit festzustellen, was du *nicht* musst.

1. Sinnvoll oder sinnerfüllt?

Meine Klientin Marion suchte mich auf, weil sie ständig erschöpft war und sich nervlich enorm angespannt fühlte. Marion leitete erfolgreich ein florierendes Unternehmen und war bereits lange Zeit parallel in der regionalen Flüchtlingshilfe tätig. Diese ehrenamtliche Tätigkeit war ihr sehr wichtig – vielleicht sogar wichtiger als ihre Karriere. Auf keinen Fall war sie ihr wichtiger als ihre Familie, von der Marion aber immer Verständnis erwartete, da ihre Arbeit für Menschen in Not keinen Aufschub duldete. Ihre Kinder warfen ihr vor, ihre Nöte permanent aufzuschieben, was in der Familie immer häufiger zu Krach führte. Marion fuhr immer schneller aus der Haut, auch im Unternehmen. Im Coaching fanden wir heraus, dass Marion die ehrenamtliche Tätigkeit unbewusst nur ausführte, weil sie dachte, etwas Sinnvolles tun zu müssen. Unbewusst lebte Marion nach der Bullshitstory »Geben ist seliger als nehmen«. Für den Erfolg ihres Unternehmens war sie unglaublich dankbar. Daher wollte sie sich engagieren und der Gesellschaft etwas »zurückgeben«. Vom Grundprinzip her ein wunderbarer Gedanke und von außen betrachtet auch ganz klar eine sinnvolle und wunderbare Tätigkeit. Doch Achtung! War diese Tätigkeit auch für Marion persönlich sinn*erfüllend*? Zu Beginn machte Marion die Flüchtlingsarbeit großen Spaß, allerdings gestattete sie sich nicht, immer mal wieder innezuhalten und sich zu fragen, ob sie das, was sie da tat, auch weiterhin erfüllte. Warum machte sie das nicht? Nun, weil sich das »nicht gehört«! Und auch hier tauchte eine weitere Bullshitstory auf: Einmal Ehrenamt, immer Ehrenamt. Einmal soziales Engagement, immer soziales Engagement. Was sollte sie sagen, wenn jemand sie fragte, warum um Himmels willen sie nicht mehr helfen wollte? (Richtig, hier wirkt eine schwere Bewertung!) Marion steckte in der Schublade der gesellschaftlichen Konvention, und die Ketten der Bullshitstorys machten es ihr unmöglich, dem Gefängnis dieser Schublade zu entkommen.

Marion überging sich durch ihre ehrenamtliche Tätigkeit komplett selbst. Es wäre ihr nicht in den Sinn gekommen, die Tätigkeit zu reduzieren oder gar ganz abzugeben. Hinzu kam, dass Marion als hochsensitive Frau kaum eine Möglichkeit hatte, sich von den individuellen tragischen Schicksalen, mit denen sie während ihrer Tätigkeit in der Flüchtlingshilfe konfrontiert wurde, abzugrenzen. Als Marion klar wurde, wie sehr sie ihr Engagement belastete und wie sehr die fehlende Abgrenzung ihre Gesundheit, das Verhältnis zu ihrer Familie und ihrem Freundeskreis und auch ihr Unternehmen beeinflusste, beschloss sie, sich aus dem Ehrenamt komplett zurückzuziehen. Sie verstand, dass ihr die Schicksale der Flüchtlinge immer an die Substanz gehen würden, und sie spürte, dass auch eine zeitliche Reduzierung der Tätigkeit dieses Problem nicht lösen würde.

Es war nicht einfach für Marion, all diese Ketten zu sprengen. Denn tatsächlich schlug, als sie ihr Ausscheiden verkündete, eine Welle schwerer Bewertungen über sie herein. Die Projektleitung wollte sie nicht gehen lassen und beteuerte ihr, dass niemand außer ihr imstande sei, diesen Job zu machen. Auch in ihrem Freundeskreis erntete sie Unverständnis. An Marions Beispiel wird einmal mehr deutlich, wie schwierig es ist, der eigenen Erfüllung auf die

Spur zu kommen und diesem Weg dann auch absolut treu zu folgen. Marion hat sich selbst und ihre Gefühle aus dem Blick verloren und dieser Diskrepanz fast ihre Gesundheit geopfert. Erst als sie feststellte, dass sie sich nicht für ihren Erfolg rechtfertigen und NICHT alles geben und über ihre Grenzen gehen musste, konnte Marion die Schublade der »gesellschaftlich verantwortlichen Unternehmerin« verlassen.

Warum fällt es uns so schwer, für uns selbst zu sorgen, liebevoll auf uns zu schauen und die Frühwarnzeichen zu deuten? Wie häufig vermeiden wir dies tunlichst, um unser Ansehen nicht zu beschädigen, um respektiert und gemocht zu werden? Viel zu oft. Allerdings vergessen wir dabei, unsere Gefühlslage, unser Wohlbefinden, unsere Gesundheit und unser Glück wertzuschätzen und mit klaren Grenzen zu ehren, die wir in aller Deutlichkeit setzen. Wir müssen ganz klar artikulieren: »Bis hierhin und nicht weiter!« Aber genau dieser Abgrenzungsprozess ist nicht einfach. Denn leider haben wir solche wohltuenden Prozesse nicht schon in der Grundschule gelernt. Wenn wir sie uns erst im Erwachsenenalter aneignen müssen, benötigt das ein enormes Reflexionsvermögen und kostet uns Zeit und Energie. Genau deshalb ist es mir ein so immens großes Anliegen, dir bewusst zu machen, wie viel von deiner wunderbaren Energie du unbewusst verschenkst, verlierst oder verschleuderst.

Anhand von Marions Geschichte wird noch etwas deutlich: Ein soziales Engagement ist eine total individuelle Sache. Es gibt so viele Bereiche, in denen man sich ehrenamtlich engagieren kann. Es gibt so viele Möglichkeiten, zu helfen. Ehrenamtlich tätig zu sein, sich für andere Menschen zu engagieren, ist wunderbar, und wir können in unserer Gesellschaft nicht darauf verzichten. Auch ich engagiere mich vielseitig ehrenamtlich. Solltest auch du ehrenamtlich arbeiten, bitte ich dich nur, zu überprüfen, wie es dir mit deinem Engagement geht. Es gibt viele Menschen, die in einer

Tätigkeit, wie Marion sie ausgeführt hat, völlig aufgehen. Für andere ist ein solches Engagement Normalität, und wieder andere haben Probleme, sich von derartigen Schicksalen und Tätigkeiten abzugrenzen. Diese Menschen verausgaben sich total.

> Wer sich nicht abgrenzt, überschreitet vor allem die eigenen Grenzen permanent und verausgabt sich dadurch.

Marion hat beim Versuch, Sinnvolles zu leisten, ihre eigenen Grenzen weit überschritten. Das, was ihr Beispiel schildert, tritt allerdings nicht nur im Bereich ehrenamtlicher Tätigkeiten, sondern auch in vielen anderen Lebensbereichen auf. Auch unter Freunden, in der Familie, in der Liebe, in Schule und Ausbildung oder bei der Arbeit überschreiten wir häufig unsere Grenzen und verausgaben uns.

Daher nun die folgenden Fragen an dich – beantworte sie bitte einfach mit JA oder NEIN:

- Hast du dich bereits in einer ähnlichen Situation wie Marion verausgabt, nur weil du dachtest, du müsstest das tun?
  Ja / Nein
- Gibt es auch in deinem Leben Bereiche, in denen du »sinnvollen« (nicht sinnerfüllenden!) Tätigkeiten nachgehst?
  Ja / Nein
- Strengt dich dein Engagement an?
  Ja / Nein
- Musst du dich für dein Engagement aufraffen?
  Ja / Nein
- Ist das Ganze eine psychische Belastung für dich?
  Ja / Nein
- Beeinträchtigt es deinen Schlaf?
  Ja / Nein

- Beeinflusst es deine Laune?
  Ja / Nein
- Fühlt es sich schwer an?
  Ja / Nein
- Ist das Ganze eine körperliche Belastung für dich?
  Ja / Nein

Je häufiger du hier mit »Ja« geantwortet hast, desto näher sind wir gerade dem Grund für deine Unzufriedenheit gekommen!

Es ist wunderbar, dass du so ehrlich zu dir sein kannst. Wir sind, unter uns gesagt, Meister darin, uns selbst zu belügen und uns vorzugaukeln, dass, egal was uns belastet, gar nichts so schlimm sei. Je häufiger du hier jedoch mit »JA« geantwortet hast, desto eher ist das ein Zeichen dafür, dass du etwas machst, was dir noch viel stärker über den Kopf wachsen könnte. Wie sehr steckst du in der Schublade der »gesellschaftlichen Konvention« fest? Und wie wichtig ist dir Frau Müllers oder Herrn Meiers Meinung (auch bekannt als schwere Bewertung) wirklich? Wie sehr hält dich das, was andere über dich denken oder denken könnten, davon ab, einen Schlussstrich zu ziehen und das Gefängnis zu verlassen? Alles, was sich schwer, anstrengend oder belastend anfühlt, ist von Spaß und Freude meilenweit entfernt! Freude und Spaß sind jedoch immer ein Indikator dafür, ob etwas, was du tust, sinnerfüllend ist. Kampf hingegen ist es nicht.

2. Wenn man zu viel investiert

Im Folgenden möchte ich von meiner Klientin Petra berichten. Als ich begann, mit Petra zu arbeiten, wurde schnell deutlich, woher ihre Unzufriedenheit rührte. Sie war schon seit über zweieinhalb

Jahren in einer Beziehung gefangen, in der sie und ihr Lebenspartner komplett aneinander vorbeilebten. Er hatte kaum Zeit für sie. Wenn mal Zeit war, drehte sich alles nur um ihn. Alles, was sie einst erfüllt hatte, war verschwunden. Die beiden tauschten keine Zärtlichkeiten mehr aus, es kam keine Zweisamkeit mehr auf, sie hatte das Gefühl, ständig nur auf ihn zu warten. Auf der anderen Seite wollte sie aber partout nicht von ihm ablassen, da sie schon so viel Zeit in diese Beziehung investiert hatte. Sie hatte unendlich um ihn gekämpft und tat es noch, und dieser permanente Kampf, die Abwesenheit von dem, was sie sich ersehnte, hatte bereits heftige Spuren bei ihr hinterlassen. Sie war bereits zweimal in psychosomatischer Behandlung gewesen, hatte eine Hüft-OP hinter sich gebracht und sämtliche Lebensfreude verloren. In unserer Arbeit wurde jedoch schnell klar, warum Petra sich nicht von ihrem Partner lösen konnte. Schon als kleines Mädchen hatte sie immer auf ihren Vater gewartet. Schon als Kind hatte sie – die Familie zog häufig um – um Freundschaften und Anerkennung kämpfen müssen. Das Kämpfen war demnach genau das Lebensgefühl, das ihr Leben dominierte. Ohne Kampf, ohne diese Anstrengung fühlte sie sich total wertlos und nicht gebraucht. »Ohne Kampf keine Daseinsberechtigung« war die Bullshitstory, die Petra unbewusst in der Schublade der »aufopferungsbereiten Partnerin« festhielt. Und solange dieses Programm ihr Leben dominierte, konnte sie auch nichts an der Situation verändern. Sie wusste zwar, dass ihr die Beziehung nicht guttat, und sie spürte, dass der ewige Kampf sie immer weiter von sich selbst entfernte, aber sie hatte keine Idee, wie sie daraus hätte entkommen können. Als ihr mehr und mehr klar wurde, dass ihr Lebenselixier der Kampf war, konnte sie sich langsam davon lösen. Und das war ein elementarer Schritt für sie in Richtung Frieden, Freiheit und Gesundheit.

Wenn wir permanent im Kampfmodus agieren, produzieren wir pausenlos Stresshormone, wie Adrenalin, Cortisol etc., und das führt dazu, dass unser Gehirn automatisch ins limbische System umschaltet. Das limbische System ist eines der ältesten Teile unseres Gehirns, das uns absolut effizient hilft, bei Gefahr zu fliehen, uns zu verteidigen oder auch zu erstarren. Ist das limbische System jedoch ständig aktiv, hat das fatale Folgen für unser psychisches und physisches Wohlbefinden. Wenn unser Körper die ganze Zeit in Alarmbereitschaft ist, können wir nicht mehr abschalten bzw. zur Ruhe kommen. Und was noch viel fataler ist: Wir haben in diesem Zustand überhaupt keine Wahl. Unter Dauerstress sind wir von unserer Kreativität, andere Lösungen zu entwickeln, komplett abgeschnitten.

Im ständigen Kampfmodus zu leben
erhöht die Stresslevel,
killt die Kreativität und
macht langfristig krank.

In Petras Fall bedeutet das, dass es ihr deshalb nicht möglich war, Lösungen für ihre Situation zu eruieren. Sie war in ihrem Körper gefangen und wurde von diesen archaischen Verhaltensmustern dominiert. Als sie jedoch die Zusammenhänge verstand, als sie zu spüren begann, warum sie sich immer und immer wieder so verhalten hatte, wurde ihr auch bewusst, was sie ab sofort NICHT mehr machen musste: Sie musste nicht mehr kämpfen! Sie hörte damit auf. Und das war der Beginn einer komplett neuen Begegnungsebene in ihrer Beziehung. Indem sie sich veränderte, gab sie auch der Beziehung die Möglichkeit, sich anders zu entwickeln. Durch ihr verändertes Verhalten ermöglichte sie auch ihrem Partner einen neuen Handlungsspielraum, und dieser reagierte auf diese Veränderung mit großer Freude. Heute leben die beiden glücklicher und erfüllter denn je. Indem Petra an ihren Verhaltensmustern gearbeitet hat, konnte sie nicht nur die Beziehung retten – nein, sie konnte der Liebe einen komplett neuen Raum schaffen.

Wie schaut es mit diesem Beispiel aus? Konntest du dich mit Petras Verhalten an irgendeinem Punkt identifizieren? Kam dir etwas bekannt vor? Wenn das der Fall sein sollte, dann sei bitte stolz auf dich! Du kannst reflektieren, du bist ehrlich zu dir, du versuchst nicht, dir weiterhin etwas vorzugaukeln oder vorzumachen. Das ist genial!

Petra hat ihr Leben lag um Anerkennung und Liebe gekämpft. Das, was ihr Beispiel schildert, tritt nicht nur in Beziehungen, sondern auch in vielen anderen Lebensbereichen wie in der Familie, unter Freunden, in Schule und Ausbildung oder bei der Arbeit auf.

Daher nun die folgenden Fragen an dich:

- In welchen Lebensbereichen musstest du schon um Anerkennung oder Liebe kämpfen?

_____

_____

- Wie viel Kraft kostet dich das Kämpfen?

_____

_____

- Wie sehr kannst du dich noch auf das, was dich erfüllt und dir Spaß macht, konzentrieren?

_____

_____

Als Nächstes möchte ich dir am Beispiel von Nora zeigen, was passieren kann, wenn man ein fremdes Leben lebt.

3. Meinen Eltern zuliebe

Vor einiger Zeit begann ich, mit Nora zu arbeiten. Nora war Mutter einer achtjährigen Tochter, lebte seit 13 Jahren in einer Beziehung und hatte einen Minijob als Buchhalterin. Nora war schon lange unzufrieden mit ihrer Situation. Das lag einerseits daran, dass sie seit geraumer Zeit in einer Beziehung lebte, die ihr schon lange keine Erfüllung mehr bot, und andererseits daran, dass sie ihr Buchhalterjob nicht wirklich erfüllte. Eigentlich, und das wurde Nora durch unsere Zusammenarbeit immer bewusster, war das auch kein Wunder. Ihr Partner war vom Aussehen her nach wie vor absolut ihr Typ. Andererseits wusste sie schon seit über zehn Jahren, dass sie kaum etwas gemeinsam haben. Hinzu kam, dass sie ein sehr feinfühliger Mensch ist, er aber über Gefühle kaum sprechen kann. Sie liebt es, sich mit Persönlichkeitsentwicklung zu beschäftigen, er bezeichnet das alles als Mumpitz. Streitigkeiten, Meinungsverschiedenheiten und Diskussionen prägten seit jeher ihren Alltag.

Vor neun Jahren war Nora kurz davor, sich von ihrem Partner zu lösen, wurde dann jedoch schwanger. Eigentlich wollte Nora nicht Mutter werden. Sie war schon damals an einem Punkt in ihrem Leben, an dem sie viel Zeit für sich benötigte. Sie träumte davon, sich als Farb- und Stilberaterin selbstständig zu machen. Die Ausbildung als Buchhalterin hatte sie nach dem Abi nur durchlaufen, da ihr seinerzeit eine bessere Idee fehlte. Sie war bereit, einen neuen Weg einzuschlagen. Sie war an einem Punkt, an dem sie sich von ihren Eltern endgültig abnabeln und ihr Leben, losgelöst von einem Mann und losgelöst von ihrer Familie, leben wollte, und nun sollte alles anders sein? Nora war sich absolut unsicher, ob sie das Kind überhaupt behalten wollte, doch diese Entscheidung fällte nicht sie. Ihre Eltern und ihr Partner entschieden für sie. Und das nur – das möchte ich an dieser Stelle hervorheben –, weil Nora ihnen die

Macht der Entscheidung überließ. Sie hatte nie wirklich gelernt, große Entscheidungen allein zu fällen, und wer nie die Gelegenheit hatte, so etwas in der Praxis zu üben, lernt es auch nicht. Ihre Familie und ihr Partner freuten sich über die Nachricht der Schwangerschaft so sehr, dass Nora es nicht übers Herz brachte, sie zu enttäuschen. Sie entschied sich, auch weil sie nicht gegen ihre Eltern ankam, für das Kind. Indem Nora die Familie und ihren Partner nicht enttäuschte, täuschte sie sich selbst jedoch über alle Maßen.

Dass ein Kind eine Beziehung, die bereits am Ende ist, nicht retten kann, ist allgemein bekannt. Leider hat sich Noras Beziehung durch ihre wunderbare Tochter, die sie über alles liebt und nicht missen möchte, kein Stück verbessert. Das Konfliktpotenzial, das zuvor schon da war, wurde durch ein neues Thema, die Erziehungsfragen, nur noch verschärft. Wo zuvor keine Einigkeit aufgrund der unterschiedlichen Charaktere herrschte, gab es nun immer mehr Zündstoff. Wer natürlich unter dieser Situation zunehmend litt, war und ist ihre Tochter. Noras Geschichte ist kein Einzelfall. Nora hat sich zeit ihres Lebens angepasst und die Erwartungen (und Erwartungen sind eine Form der schweren Bewertungen!) ihrer Eltern erfüllt.

Erwartungen sind eine Form der schweren Bewertungen!

Nora wollte kein Kind. Sie hat es jedoch bekommen, um nicht mit ihren Eltern in Konflikt zu geraten. Sie lebte nach wie vor in einer unglücklichen Beziehung, ihr ging es psychisch und auch physisch immer schlechter, und das Ganze färbte auf ihre Tochter ab, die in einer Familie aufwuchs, in der es keine wirkliche aufrichtige liebevolle Verbundenheit und Kommunikation gab. All das, was du hier herauslesen kannst, ist auf den Verbleib in einer Schublade zurückzuführen, aus der man auf Teufel komm raus nicht aussteigen kann oder will.

Ein Leben zu führen, das eigentlich überhaupt nichts mit der Person zu tun hat, die dieses Leben führt, kann nicht bis in alle Ewigkeiten gut gehen. Unsere Seele vermag solch eine Situation nicht allzu lange auszuhalten. Irgendwann fordern die permanente Unzufriedenheit, der fehlende Frieden, die fehlende Verbundenheit ihren Tribut. Nora war darüber hinaus der Ansicht, dass sie es ihrer Tochter auch nicht antun könnte, die Beziehung zu beenden und der Tochter den Vater zu nehmen. Genau diese letzte Aussage ist ein weit verbreiteter Irrglaube. Was aber Nora eigentlich in dieser Beziehung und in all ihren Entscheidungen total behindert hat, waren die Bewertungen anderer. Sie konnte es nicht ertragen, nicht zu gefallen. Sie konnte es nicht ertragen, ihre Eltern nicht glücklich zu machen. Sie konnte es nicht ertragen, ihrer Tochter durch eine Trennung zumindest partiell den Vater zu nehmen.

Aber was tat sich Nora damit selbst an? Wo achtete Nora noch auf sich? Wann reflektierte sie, was sie wollte? Wann war ihr bewusst, dass es Auswege aus der Situation gibt? All das war ihr lange Zeit nicht klar. Als Nora erkannte, was sie in der Schublade der »angepassten Tochter« festhielt, und sie begriff, dass sie sich NICHT unterordnen, sich NICHT verleugnen und NICHT gefallen musste, konnte sie ihre Fesseln Stück für Stück lösen. Ihr Selbstwert stieg, und sie beschloss, eine Ausbildung als Dekorateurin zu machen. Ihr Partner war dagegen, aber von ihren Eltern erhielt sie Unterstützung. Nachdem sie ihnen offenbart hatte, wie sie sich fühlte, flossen etliche Tränen. Dann aber übernahmen Noras Eltern einen Teil der Nachmittagsbetreuung ihrer Enkelin und ermöglichten ihr damit ihre Ausbildung in Vollzeit. Demnächst ist Nora fertig und strebt bereits eine Weiterbildung an. Von ihrem Partner hat sie sich getrennt. Er fand direkt eine neue Freundin (mit zwei Kindern) und kümmert sich heute mit deren Unterstützung mehr als zuvor um seine Tochter.

Mir fällt immer wieder auf, dass wir in einer Gesellschaft leben, in der gewisse Konventionen trotz der bisher erreichten Gleichberechtigung im 21. Jahrhundert noch immer Gültigkeit haben. Nora hat ihre eigenen Wünsche denen ihrer Eltern und ihres Mannes untergeordnet. Das, was ihr Beispiel schildert, tritt nicht nur innerhalb der Familie, sondern auch in vielen anderen Lebensbereichen wie unter Freunden, in Schule und Ausbildung oder bei der Arbeit auf.

Daher nun die folgenden Fragen an dich:

- In welchem Bereich ertappst du dich dabei, es jemandem »recht machen« zu wollen?

  _____

  _____

- Sind es wirklich deine Eltern (oder jemand anderes), die das von dir fordern?

  _____

  _____

- Wie lange geht das bereits so?

  _____

  _____

- Was hast du schon alles gemacht, weil du dachtest, dass du das machen müsstest?

  _____

  _____

Erste Station: DAS muss ich NICHT!

Herzlichen Glückwunsch! Wow! Du hast es geschafft. Du hast das erste Kapital inklusive seiner Übungen hinter dich gebracht. Du hast auf dieser ersten Etappe deiner Reise viel Ursachenforschung betrieben. Du hast begonnen, die Dinge zu klären und Licht ins Dunkel zu bringen. Das war existenziell wichtig! Du warst ehrlich und wahrhaftig zu dir. Das ist nicht immer angenehm, denn Erkenntnis kann verdammt wehtun. ABER: Du kannst verdammt stolz auf dich sein! Du bist einen riesigen Schritt weitergekommen! Du hast dich in unterschiedlichen Situationen wiedererkannt, bist dir und deinen Verhaltensweisen und damit deiner Unzufriedenheit mehr und mehr auf die Schliche gekommen. Du weißt nun, wie du tickst und warum das so ist. Ab heute kannst du nicht mehr so einfach sagen: »Ich weiß nicht, warum es mir so geht!« Ab sofort kannst du ganz klar differenzieren.

Ab heute kannst du ganz klar sagen: DAS muss ich NICHT! Und ganz ehrlich: Wie befreiend ist das, bitte? Wie lange hast du dich schon danach gesehnt, diese Schubladen zu verlassen? Wie lange hast du schon davon geträumt, auf Konventionen zu pfeifen, die Ketten endgültig zu sprengen, sie loszuwerden und somit viel freier agieren zu können? Wie lange möchtest du schon DEIN Ding machen? Losgelöst von dem, was andere sagen? Daher gehe jetzt bitte noch den ultimativen Schritt mit mir und notiere, was deine größten Erkenntnisse aus den vorangegangenen Übungen sind. Erlaube dir dadurch, deine Transformation sichtbar und verbindlich zu gestalten. Du schließt jetzt einen Pakt. Den Pakt, bestimmte Dinge NICHT mehr zu müssen und somit die Unzufriedenheit zu besiegen.

Was muss ich NICHT mehr?

- Was muss ich nicht mehr im Bereich A?

  _____

  _____

- Was muss ich nicht mehr im Bereich B?

  _____

  _____

- Was muss ich nicht mehr im Bereich C?

  _____

  _____

Was habe ich durch
diese Erkenntnisse gelernt?

- Für Bereich A

  _____

  _____

- Für Bereich B

  _____

  _____

- Für Bereich C

  _____

  _____

Was werde ich ab sofort
anders machen?

- In Bereich A

_____

_____

- In Bereich B

_____

_____

- In Bereich C

_____

_____

Mit der Erkenntnis, die du auf dem ersten Stück deiner Reise gefunden hast, hast du alles in der Hand, um nun die zweite magische Frage beantworten zu können. Im nächsten Kapitel werden wir ergründen, wer du ohne die Bullshitstorys, ohne die schweren Bewertungen und ohne Sorgen und Vergangenheitsfokus sein kannst! Im nächsten Kapitel hast du die einmalige Möglichkeit, dich komplett neu zu erfinden und die upgedatete, aktuelle Version deines Selbst ans Licht zu holen! Bist du neugierig? Auf geht's!

> »Anerkennung ist die Saat,
> Wunder die Ernte!«
> *Theresa Röschmann*

Die zweite magische Frage:
»Wer kann ich sein?«

Im Kapitel zur ersten magischen Frage ging es deinen persönlichen Bullshitstorys, Schubladen, schweren Bewertungen und den Krafträubern an den Kragen. Auf mentaler Ebene hast du daher bereits einige Ketten gesprengt. Du hast dir bewusst gemacht, was du alles NICHT musst. Du spürst nun, dass wesentlich mehr möglich ist. Vielleicht bist du sogar schon weniger unzufrieden? Das wäre toll, aber die Abwesenheit von Unzufriedenheit ist noch nicht die Endstation unserer Reise, denn das Fehlen von Unzufriedenheit setzt noch keine Zufriedenheit, noch keinen inneren Frieden in Gang. Viele Menschen denken, sich mit schönen Dingen ablenken zu müssen, um die Unzufriedenheit zu vertreiben. Sie meinen, wenn sie nur etwas tun, das ihnen Spaß macht, wie Achterbahn fahren, einen schönen Film gucken, ein duftendes Vollbad nehmen oder tanzen gehen, dann seien sie bald wieder gut drauf. Andere versuchen, ihre »Bestimmung« zu finden, um die Unzufriedenheit zu verbannen. Aber das ist eine Milchmädchenrechnung. Unzufriedenheit ist nicht die Ursache, sondern ein Symptom. Du räumst mit deinen Bullshitstorys auf und verlässt die einengende Schublade, und damit hast du bereits begonnen, der wirklichen Ursache auf den Grund zu gehen.

Die andere Seite der Medaille

Um mehr Erfüllung zu erlangen, darfst du weiter auf dem Weg der Klarheit und Leichtigkeit voranschreiten, und du darfst noch viel mehr ins Gleichgewicht kommen. Das Sprengen der Ketten, dein Ausstieg aus den Schubladen, das Erkennen und Erlösen deiner Bullshitstorys, all das ist jedoch nur die eine Seite der Medaille bzw. das erste Element der YOUR WAY Philosophy. Es gibt noch viel mehr für dich! Indem du dir die nächste magische Frage »Wer kann ich sein?« stellst, öffnest du ganz viel Neuem und Wunderbarem die Tore.

> Wenn du dir die Fragen beantwortest,
> lädst du die Magie der Möglichkeiten ein.
> Du lädst die Magie der Wahl ein.

Bedingt durch die Ketten, die dich in deiner Schublade festhalten, konntest du bis dato nur in einem begrenzten Handlungsspielraum agieren und die unendlich vielen Möglichkeiten außerhalb der Schubladen nicht entdecken. Dort draußen gibt es Freiheit und viel mehr Frieden. Die Beantwortung der zweiten magischen Frage wird dir helfen, deine neue Freiheit auszukosten und den Frieden komplett zu integrieren. Du hast dich verändert. Diese Veränderungen werden wir in diesem Kapitel ans Licht bringen. Du wirst dein Potenzial, all die Schätze, die dich heute ausmachen, ergründen. Deine Werte werden liebevoll überprüft. Es erfolgt quasi ein komplettes Update deiner Persönlichkeit.

Die andere Seite der Medaille ist das, was dich nun ins Gleichgewicht bringt, nämlich anzuerkennen, dass sich deine Talente, deine Stärken, dein Know-how und deine Werte verändert haben. Eine Veränderung deines Potenzials ist etwas Wunderbares. Ist dir die Veränderung aber nicht bewusst, kann das zu einem Ungleichgewicht und damit zu noch stärkerer Unzufriedenheit führen. Wenn deine Talente sich vermehrt haben, dein Wissen unbemerkt angewachsen ist, sich deine Werte verändert haben, dann ist es immens wichtig, dir das bewusst zu machen und es im nächsten Schritt liebevoll anzuerkennen. Nur so können deine Errungenschaften integriert und auch klar gelebt werden. Fehlt unbewusst der Raum für dein erweitertes Potenzial, kann es sich nicht ausdehnen, und das bringt dich unter Umständen total aus der Balance.

Es kommt erschwerend hinzu, dass nicht nur wir Individuen uns verändern, sondern auch um uns herum permanent Veränderungen stattfinden. Wir leben in einer Zeit rasanter Veränderung. Grund dafür sind unter anderem die sogenannten »Megatrends«. Megatrends sind tief greifende und nachhaltige gesellschaftliche, ökonomische, politische und technologische Veränderungen. Sie sind dafür verantwortlich, dass sich komplett neue Wertesysteme und Wertehaltungen, persönliche und spirituelle Bedürfnisse sowie Lebens- und Arbeitsstile entwickelt haben und auch in Zukunft extrem schnell weiterentwickeln werden. Beispiele für Megatrends sind die Globalisierung, die Individualisierung und die Digitalisierung.

Der Megatrend, den ich hier genauer unter die Lupe nehmen möchte, ist die Individualisierung, denn dieser Trend betrifft dich, dein Potenzial und die Entwicklung deiner Persönlichkeit am intensivsten. Der Trend zur Individualisierung hat unsere Lebens- und Arbeitswelten in den letzten Jahren drastisch verändert. Durch die Individualisierung rückt beispielsweise die Wahlfreiheit immer mehr in den Mittelpunkt. Wahlfreiheit bedeutet in diesem Kontext, dass es theoretisch für jeden möglich ist, einen absolut individuellen Lebensentwurf zu leben, und zwar inklusive beruflicher, privater und spiritueller Erfüllung und Freiheit. Frauen können heute »Männerjobs« wählen, Männer können Elternzeit beantragen, und man kann, zumindest wenn man über 18 ist, heiraten, wann und wen man will. Patchworkfamilien sind absolute Normalität geworden, und gleichgeschlechtliche Beziehungen und Ehen sind keine Besonderheit mehr. Liebesbeziehungen können viel freier als beispielsweise zu Beginn der 90er-Jahre gelebt werden. All das und noch viel mehr sind Auswirkungen des Megatrends der Individualisierung.

Individueller zu leben bedeutet also, freier leben zu können. Wenn du wirklich frei bist, kannst du überprüfen, ob du das, was du derzeit (beruflich) machst, auch noch weiterhin machen möchtest, und dich jederzeit entscheiden, eine andere Wahl zu treffen. Freiheit ist allerdings nicht immer leicht zu ertragen. Sind wir uns nicht klar, wer wir sind oder wer wir sein können, kann es uns mächtig überfordern, immer eine Wahl treffen zu müssen. Deshalb gilt es zu durchleuchten, was dein Weg ist. Wenn du ihn gefunden hast, ist die Entscheidung wesentlich leichter.

> Sich nicht entscheiden zu können
> bedeutet auch, keine Freiheit zu haben.

Freiheit heißt, sich auf einer ganz anderen Ebene bewusst zu machen, wer man selbst ist. Nur so kann man auch auf der anderen Seite schauen, wer als Partner passen könnte, oder überprüfen, ob man die Ehe oder Beziehung genauso weiterleben möchte wie bisher. Freiheit heißt, bei Unzufriedenheit den aktuellen Job, das aktuelle Business zu überprüfen und gegebenenfalls neu zu wählen. Unser Ziel ist, am Erfüllungsort anzukommen. Unser Ziel ist die absolute Sinnerfülltheit. Wenn du merkst, dass du bis dato einen Weg gegangen bist, der nicht wirklich deiner war, kannst du diesen durch die neue Wahlmöglichkeit korrigieren. Wenn du erkennst, dass du auf dem für dich stimmigen Weg bist und nur noch ein bisschen mehr Fahrt aufnehmen darfst, ist das auch wunderbar. Alles, was du anerkennst, reflektierst und dir bewusst machst, wird die Unzufriedenheit vollends in die Flucht schlagen.

Sinnerfülltheit spielt für unsere seelische und physische Gesundheit eine mehr als entscheidende Rolle. Derzeit steigen die Zahlen für Depressionen und Burn-out-Diagnosen radikal an. Die Weltgesundheitsorganisation (WHO) prognostiziert, dass bis 2020 die Depression, in deren diagnostischem Rahmen auch immer wieder der Burn-out genannt wird, die zweithäufigste Volkskrankheit sein wird.[1] Die Theorie besagt des Weiteren, dass wir in das Zeitalter der »psychosozialen Gesundheit« hineinsteuern.[2] Psychosoziale Gesundheit bedeutet, dafür zu sorgen, seelisch und körperlich gesund zu bleiben und in der Lage zu sein, sozial zu agieren, was bedeutet, beziehungsfähig zu sein und dabei erfüllt zu leben. Einer der wichtigsten Indikatoren, um seelisch gesund zu bleiben, ist, dem eigenen Tun immer wieder aufs Neue das »Erfüllt-Label« zu verpassen. Eine der Hauptursachen für Burn-out und Depression ist das Fehlen von Sinnerfülltheit.

Es sind aber nicht nur Depressionen und Burn-out, die uns belasten. Immer häufiger taucht in medizinischen Berichten auch eine weitere psychosomatische Erkrankung auf, deren Symptome ähnlich sind – der sogenannte Bore-out. Das Wort »boring« kommt aus dem Englischen und bedeutet langweilig. Beim Bore-out brennt man demnach aus, weil man ständig unbewusst unterfordert ist und sich langweilt. Es ist alles andere als leicht, festzustellen, dass man unter dieser Erkrankung leidet. Burn-out und Bore-out, das Ausbrennen wegen Überforderung oder Langeweile, weisen dieselben Symptome auf, weshalb die Diagnose immer von entsprechenden Experten, Ärzten oder Psychologen, gestellt werden sollte.

Auch ich habe mich lange Jahre selbst dafür verurteilt (mich also schwer dafür bewertet), zu schnell den Job, die Branche oder generell das, was ich gemacht habe, verändern zu wollen. Ich wusste lange Zeit nicht, dass ich in den (wenigen) Angestelltenverhältnissen, die ich in meinem Leben innehatte, ständig unterfordert war. Das änderte sich schlagartig, als ich mich 2004 selbstständig machte. Plötzlich konnte ich viele unterschiedliche Tätigkeiten miteinander kombinieren, die mir kein Angestelltenjob in dieser Bandbreite geboten hätte. Wenn ich heute zurückblicke, sehe ich, dass Freiheit, Vielseitigkeit und Selbstbestimmung immer schon existenzielle Werte in Bezug auf meine berufliche und persönliche Erfüllung waren. In keinem Angestelltenverhältnis fand ich die Abwechslung, den Entscheidungs- und Handlungsspielraum, den ich brauchte. 2003 wurde mir vollends bewusst, dass ich nur in der Freiberuflichkeit bzw. im Unternehmertum mein Glück finden würde. So kam ich 2004 zum ersten Mal in meinem Leben an meinem beruflichen Erfüllungsort an. Ich machte mich selbstständig und konnte endlich alles tun, was mich mit Sinn erfüllte – ich machte verschiedene Dinge parallel und war zum ersten Mal in meinem Leben nicht unbewusst gelangweilt. Ich musste mich nicht mehr auf nur eine Sache festlegen. Ab sofort durfte und konnte ich mich immer wieder neuen Herausforderungen stellen. Diese Erkenntnis schenkte mir das Gefühl unbeschreiblicher Freiheit.

So war es bei mir. Aber wie du bin ich ein Individuum, und daher bedeutet es nicht, dass du dein Glück ausschließlich in der Selbstständigkeit finden wirst. Es gibt so viele verschiedene Optionen, beruflich erfüllt zu werden, beispielsweise wunderbare Angestelltenverhältnisse mit hoher Flexibilität oder aber solche mit starreren Strukturen, die manchen Menschen wesentlich mehr behagen. Es gibt so unendlich viele Möglichkeiten. Und es gibt vor allen Dingen deinen ureigenen Weg – YOUR WAY –, den Weg, der dich beziehungstechnisch, beruflich und im Sinne deiner Gesundheit erfüllt.

Wachstum können wir nur feststellen,
wenn wir uns regelmäßig messen –
im übertragenen Sinne bedeutet das,
dass wir uns regelmäßig reflektieren und updaten dürfen,
um immer wieder bei uns anzukommen.

Vielen meiner Klienten ging und geht es ganz ähnlich wie mir im Jahr 2003. Sie machen sich unglaubliche Vorwürfe, nicht ins System zu passen oder unfähig zu sein, eine bestimmte Tätigkeit ausführen zu können. Dabei liegt es häufig an der Unterforderung, dass eine Tätigkeit irgendwann nicht mehr ausgeführt werden kann. Wer das reflektiert und weiß, kann wunderbar eine neue Herausforderung wie einen komplett neuen Job oder ein anderes Betätigungsgebiet, das genau die benötigte Rahmenbedingung (im Sinne einer Herausforderung) bietet, finden oder mit dem Chef, dem Vorgesetzten oder der Personalentwicklung sprechen und um einen erweiterten Handlungsspielraum bitten. So ein Schritt kann wahre Wunder bewirken. Dafür muss dir aber erst einmal bewusst sein, was sich bei dir verändert hat und was du sein willst, denn ohne dass du artikulierst, offen für eine Veränderung zu sein, wird sich kaum etwas an deiner Situation ändern.

Lass uns der Sache weiter auf den Grund gehen. Lass uns schauen, was sich bei dir verändert haben könnte.

Alles verändert sich – und du?

Schau mal in deinen Kleiderschrank. Wie viele Teile entdeckst du, die du bereits seit 20 Jahren trägst? Wie viele, die du schon seit zehn Jahren besitzt? Auch wenn du kein Modejunkie bist und nicht jeden Modetrend mitmachst, wirst du dir immer mal wieder auch etwas der aktuelleren Mode Entsprechendes zugelegt haben. Mode verändert sich rasend schnell, jede Saison kommen neue Schnitte und andere Farben auf den Markt. Man sagt, dass sich auch unser Geschmack etwa alle sieben Jahre verändert. Früher mochtest du vielleicht keine Oliven – heute liebst du sie. Mode, Geschmack und vieles mehr ist ständig im Wandel. Warum sollte dieses Prinzip nicht auch für unser Potenzial, für unsere Werte, unsere Berufungen und unsere Lebensaufgaben gelten?

Falls dich deine Freunde fragen, welche Talente sie besäßen, welches ihr größtes Potenzial sei, du könntest ihnen hundertprozentig weiterhelfen, stimmt's? Wenn du dir die gleiche Frage allerdings für dich selbst beantworten sollst, dann wird es schwierig. Mit anderen Menschen beschäftigen wir uns dauernd intensiv und selbstverständlich. Wir beobachten andere sehr gut, und wir können ihnen meist hervorragend helfen. Umso wichtiger ist es nun, dass du beginnst, dich intensiver zu beobachten, zu reflektieren und anzuerkennen. Es ist an der Zeit, dir selbst zu helfen und dir bewusst zu machen, wer du sein kannst.

> Wenn wir uns nicht in regelmäßigen Abständen
> bewusst machen, wer wir wirklich sind,
> bleibt ein wichtiger Teil von dem, was wir eigentlich sind
> und was wir leben können, im Verborgenen.

Wenn wir unser Potenzial nicht leben können, entsteht ein Ungleichgewicht. Wir geraten aus der Balance, werden unzufrieden und können uns meist gar nicht erklären, was dieses Unwohlsein, eben die Unzufriedenheit, ausgelöst hat.
Bewegen wir uns einmal auf der Zeitachse ein paar Jahre zurück. Kannst du dich noch erinnern, welche Werte du mit Anfang zwanzig, mit fünfzehn oder zehn Jahren hattest? Wollen wir wetten, dass sich seitdem der ein oder andere Wert verändert hat, da du

mittlerweile in einer komplett anderen Lebenssituation steckst? Veränderung bedeutet nicht nur, dass auf einmal statt »Freiheit« der Wert »Tradition« im Mittelpunkt steht. Veränderung kann auch bedeuten, dass einer oder mehrere deiner Werte noch viel Raum benötigen. Jedes Mal wenn sich deine Lebensumstände ändern, hat die Veränderung aus systemischer Sicht einen massiven Einfluss auf dein Wertesystem. Wenn ein Wert also nicht den entsprechenden Raum erhält, den du dir jedoch unbewusst ersehnst, dann schlägt dieser Wert quasi Alarm. Ja, er meldet sich lautstark bei dir. Das, was bei dir ankommt, ist das Gefühl, komplett aus der Balance zu sein. Unzufriedenheit ist ein wertvolles Symptom, das dich darauf hinweist, wo es kneift. Genau hier gilt es dann, ganz liebevolle Korrekturen zu vollziehen, um die Balance wiederherzustellen. So können Werte wertschätzend ausgetauscht und auch noch mehr entfaltet werden.

> Ein Grund, warum sich ein Lebensentwurf
> verändern kann, ist der Wandel eines Wertes oder
> die Tatsache, dass sich ein dir wichtiger Wert
> noch mehr ausdehnen will.

Damit du nun deinen Lebensentwurf ausleuchten kannst, werden wir tief in dein Potenzial und Wertesystem einsteigen. In der ersten wichtigen Reflexion wirst du eruieren, welche Werte dir heute wichtig sind. Du liest dieses Buch vermutlich nicht ohne Grund. Irgendetwas hat sich in letzter Zeit (oder schon seit Längerem?) unbemerkt in deinem Leben verändert, und deine Unzufriedenheit kann genau daher rühren. Werfen wir mal einen Blick auf die Bereiche, die bei dir ein Ungleichgewicht ausgelöst haben könnten:

Deine Talente haben
sich (unbewusst) vermehrt

Wenn du nicht bemerkst oder nicht anerkennst, dass du zum Beispiel in einer gewissen Sache viel besser geworden bist, kann sich dieses Talent nicht vollends entfalten. Nehmen wir etwa das Kochen. Viele meiner lieben Freundinnen, die neben dem Job tagtäglich komplette vier- bis sechsköpfige Familien versorgen, haben ein unglaubliches Talent entwickelt, in Windeseile leckere gesunde Gerichte zuzubereiten und dabei auch noch Nahrungsmittelunverträglichkeiten zu berücksichtigen. Für sie ist es alltäglich und selbstverständlich, für die ganze Truppe immer wieder zu kochen, auch wenn sie während des Studiums von Fertiggerichten gelebt haben. Dadurch, dass sie ihre neue Fähigkeit aber nicht reflektieren und anerkennen, werden sie häufig unzufrieden. Verweigern die Kids die Gemüselasagne, fallen Sätze wie »Wofür stehe ich stundenlang in der Küche?« oder »Macht euch doch selbst was!«.

Dein Know-how ist
unbewusst angewachsen

Und das ist ja erst einmal eine großartige Sache! Super, herzlichen Glückwunsch. Du weißt viel mehr als noch vor einiger Zeit. Egal was du gemacht hast, ob du erfolgreich eine Familie gemanagt hast, selbstständig bist, in einem Angestelltenverhältnis oder im Topmanagement tätig bist, du lernst ständig bewusst und unbewusst dazu. Und da uns niemand permanent an die Hand nimmt und uns bittet, das, was wir da Neues gelernt haben, ins Bewusstsein zu rufen und unseren Wissenszuwachs zu notieren, ist er uns häufig nicht klar. Das Dumme an Know-how ist jedoch, dass es sich auch einbringen möchte. Dein Gehirn ist total erpicht darauf, dieses

Wissen wieder mit weiterem Wissen zu kombinieren, neue neuronale Verbindungen herzustellen und dir somit geniale, neue Erkenntnisse zu bereiten. Das kann das Gehirn nur dann leisten, wenn dir wirklich bewusst ist, dass du mehr weißt. Wenn du das nicht reflektierst, führt auch dieser eigentlich positive Sachverhalt in die Dysbalance.

Deine Werte haben sich verändert und benötigen ein Update

Sagen wir, du warst lange Zeit Single. Lange Zeit ungewollt Single. Du hast in dieser Phase jedoch deine Freiheit auch sehr genossen. Seit Kurzem bist du wieder in einer Beziehung, und was passiert? Es wird dir zu eng. Du verstehst die Welt nicht mehr. Wie kann das sein? Du wolltest doch immer eine feste Beziehung. Jetzt hast du sie, und auf einmal ist es zu viel Bindung für dich? Eine solche Situation ist keine Seltenheit. Tragischerweise trennen sich viele Paare in diesem Stadium, da sie der festen Überzeugung sind, dass es nicht »passt«. Ich sage dazu: Bullshit!

Wenn man die Werte erneut überprüfen würde, dann würde man realisieren, dass Freiheit ein immens wichtiger Wert ist. Frei kann man auch in einer Beziehung sein. Und Freiheit in Beziehungen bedeutet nicht, den Freifahrtschein fürs Fremdgehen in der Tasche zu haben – nein, Freiheit bedeutet, auch allein ausgehen zu können, allein Unternehmungen zu tätigen und vor allem, allein Entscheidungen zu treffen. Für sich selbst zu entscheiden bedeutet nicht, den anderen nicht zu lieben. Wer sich und dem Partner Freiheit zugesteht, handelt respektvoll. Da das für viele Menschen neu ist, sollten die Werte, die einem wichtig sind, mit dem Partner besprochen werden. Wenn darüber in der Beziehung Klarheit herrscht, wenn genau diese Werte offen kommuniziert werden, dann kommt es viel seltener zu Missverständnissen.

Deine Werte benötigen noch mehr Ausdehnung und Raum

Wenn die Werte, die mittlerweile NOCH wichtiger geworden sind, nicht den entsprechenden Raum in allen Lebensbereichen erhalten, dann kann es ebenfalls zu einer immensen Dysbalance kommen. Ist dir der Wert »Verlässlichkeit« in deiner Beziehung, in deinem Privatleben, mit deiner Familie enorm wichtig, und wird dir dieser Wert im Job, in beruflicher Hinsicht oder in deinem Business nicht entgegengebracht, dann ist es an dir, zu überprüfen, wie viel Raum und wie viel Aufmerksamkeit du diesem Wert im beruflichen Kontext gibst. Aufmerksamkeit und Raum bedeutet auch, den Menschen um dich herum mitzuteilen, wie wichtig dir dieser Wert ist.

Nur wer weiß, wie jemand tickt, kann den anderen zum einen besser verstehen, dessen Verhalten schneller nachvollziehen und das eigene Verhalten entsprechend anpassen. Du hast diese Erfahrung vielleicht schon gemacht. Wenn du beispielsweise feststellst, dass dir (als ehemaligem absolutem WG-Chaoten) mit der Zeit der Wert »Ordnung« immer wichtiger geworden ist, weil dir eine optische Struktur hilft, klare Gedanken zu fassen, du das aber niemandem mitteilen magst, weil du nicht kleinlich und pingelig wirken möchtest, macht sich jedes Mal, wenn deine Kolleginnen ihre Kaffeetassen stehen lassen, Unmut breit. »Diese blöden Tanten kriegen das nicht gebacken«, denkst du innerlich und wartest nur darauf, dass wieder etwas stehen bleibt. Man darf jedoch nie von sich auf andere schließen. Wir tragen alle unsere Päckchen in Form der Bullshitstorys, und wir alle haben gleichzeitig Massen an wunderbarem Potenzial in uns. Wir sind alle unterschiedlich, was erst einmal großartig ist. Daher beginne das, was deine Wahrheit ist, beginne das, was dir wichtig ist, zu kommunizieren. Teile dich mit. Erwarte nicht von anderen, dass sie von deinen Lippen oder deine Gedanken lesen können.

Das, was dich erfüllt hat, hat sich verändert

Wie lange ist es her, als du dich das letzte Mal wirklich intensiv mit deinem Potenzial auseinandergesetzt hast, bzw. wie intensiv hast du das überhaupt jemals getan? Es ist egal, was du in den letzten Jahren gemacht hast, egal was für einen Job du innehattest, egal ob du verheiratet, frisch getrennt oder Single bist – jede Erfahrung, die du tagtäglich machst, alles, was du bewusst und unbewusst lernst und tust, verändert dich kontinuierlich. Du wächst, bzw. dein Gehirn wächst, und es bilden sich neue Verbindungen, denn es kann gar nicht anders. Es lernt und verknüpft, es ist ein immer fortwährender Vorgang.

> Wir entwickeln uns ständig weiter, und
> diese oft unbewussten Prozesse bringen uns entweder
> mehr in Richtung Erfüllung oder eben,
> wenn wir es nicht greifen, ausdrücken, reflektieren oder
> leben können, komplett davon weg.

Was unsere körperliche Gesundheit angeht, sind wir es gewohnt, regelmäßig beim Hausarzt einen Check-up machen zu lassen, beispielsweise in Form eines großen Blutbilds. Und mit regelmäßig meine ich, dass solche Werte schon alle ein bis zwei Jahre auf dem Prüfstand stehen. Es ist uns wichtig, zu wissen, dass unser Cholesterinspiegel und andere Blutwerte in Ordnung sind. Aber wie ist es mit deinen Lebenswerten? Mit deinem Lebenssinn? Mit deinen Vorstellungen von Beziehung, Liebe, Berufung und Gesundheit? Wie häufig hast du genau diese existenziellen Aspekte einem regelmäßigen Check-up unterzogen? Hand aufs Herz! Sicher ist das schon eine ganze Weile her, oder es war dir bis dato nicht bewusst, wie eklatant sich auch deine »Lebenswerte« verändern können.

Lebensaufgabe versus Potenzialstückchen

Das Thema Lebensaufgabe – auch Berufung oder Bestimmung genannt – wird momentan überall diskutiert und ist in aller Munde. Nie war das Interesse, die persönliche Lebensaufgabe zu finden und diese zu leben, so groß wie heute. Immer wieder liest man von Menschen, die berichten, wie sie ihre Bestimmung gefunden haben. Da wird unter anderem von schweren Lebenskrisen, Burn-outs oder Schicksalsschlägen berichtet. Diese Ereignisse werden als Schlüsselereignisse bezeichnet, die zum Erkennen der Lebensaufgabe führten. Dieser Moment des Erkennens ist etwas absolut Heiliges. Er ist gigantisch, großartig und wunderschön, aber nicht einmalig. Ich habe diesen Moment nicht nur einmal in meinem Leben erfahren, und ich kenne noch viele andere Menschen, denen es ähnlich wie mir ergangen ist.

Was wäre, wenn nach dem Finden
der einen Lebensaufgabe noch nicht Schluss ist?
Was wäre, wenn es bei dieser
einen Lebensaufgabe bleiben kann,
aber nicht bleiben *muss*?

Diese Aussage möchte ich gerne näher für dich beleuchten. Lass uns dazu einen Blick auf ein paar Definitionen werfen. Zum Thema »Lebensaufgabe« ist im Duden von einer »Aufgabe, der jemand sein ganzes Leben widmet« zu lesen. Bei Berufung wird von einer »besonderen Befähigung, die jemand als Auftrag in sich fühlt« gesprochen. Als Synonyme für Berufung und Bestimmung werden unter anderem Endzweck, Fügung, Lebenssinn, Los, Schicksal, Sendung und Verhängnis genannt. Weißt du, was mich daran stört? Du hast bei diesen Konzepten keine Wahl! Einem Schicksal ergibt man sich. Da hat man nicht die Freiheit, Nein zu sagen. Und was ist, wenn man irgendwann im Leben feststellt, dass man sich besagter Lebensaufgabe nicht mehr weiter widmen möchte oder auch nicht mehr weiter widmen kann? Was ist, wenn man sich bezüglich der Lebensaufgabe geirrt hat? Was ist, wenn man die Lebensaufgabe komplett erfüllt und ausgeschöpft hat und nun etwas Neues in die Welt bringen möchte? Es ist diese Absolutheit, die Unbeweglichkeit, das Unflexible und das »In-Stein-Gemeißelte«, was mich hier stört. Du ergibst dich deinem Schicksal oder folgst dem besagten Ruf für immer und ewig. Basta. Und sicher: Es gab durchaus Zeiten, in denen es absolut sinnvoll und richtig war, sich dieser einen Sache für immer und ewig zu verschreiben. Aber die Zeiten haben sich geändert und verändern sich noch. Wenn du zehn oder zwanzig Jahre zurückblickst, bist du dann immer noch genau dieselbe Person wie damals? Vielleicht werden bestimmte Werte ähnlich sein, vielleicht aber auch nicht. Aber ich wette mit dir, dass sich definitiv irgendetwas verändert hat. Die Individualisierung hat auch das Thema »Lebensaufgabe« eingeholt. Wie unglaublich nervenaufreibend kann es sein, nach dieser einen passgenauen Sache zu suchen? Immer mit der Angst, diese EINE Sache zu verpassen, an ihr vorbeizulaufen oder ihr gar NIE zu begegnen? Auch ich hing einst immens an dem Gedanken, meine »wahre« Berufung nicht zu finden, und war sehr verzweifelt, bis ich über eine ganz andere Erkenntnis stolperte:

Es gibt vielleicht nicht nur die EINE in Stein gemeißelte Lebensaufgabe. Wir haben auch da eine Wahl!

Natürlich gibt es Menschen, bei denen das Konzept der einen Lebensaufgabe wunderbar funktioniert. Ein Freund von mir ist Arzt. Er wusste schon als Zehnjähriger, ohne einen Arzt in der Familie zum Vorbild gehabt zu haben, dass er Allgemeinmediziner werden wollte. Heute ist er Anfang 50 und nach wie vor total happy mit seiner Berufswahl. Und genau das kann auch bei dir der Fall sein! Du musst dich nicht neu erfinden. Ich möchte dir nur bewusst machen, dass du die Wahl hast. Mein guter Kumpel hat im Laufe seiner Tätigkeit als Mediziner diverse Weiterbildungen absolviert und sich spezialisiert. Auch das ist eine Art Update. Das, was du liebst, noch intensiver zu betreiben, kann auch etwas sein, was für dich zu mehr Gleichgewicht führt.

Gehen wir noch einmal zurück zum Megatrend der Individualisierung. Sie beinhaltet die Freiheit und die Autonomie des Einzelnen, über die eigenen Arbeits-, Lebens- und Konsumweisen selbstbestimmt und autonom entscheiden zu können. Darüber hinaus sind die Sehnsucht nach Passgenauigkeit (persönlich und beruflich), Erfüllung und Glück überall präsent. Laut Zukunftsforschern gehören daher auch lineare Biografien schon jetzt der Vergangenheit an.[3] Lebensläufe in Schlangenlinien, mit einer Vielzahl an biografischen Mustern, werden die Zukunft mehr und mehr prägen. Die lebenslange Festanstellung gehört bereits heute der Vergangenheit an. Die Menschen probieren sich mehr aus, halten nicht mehr nur aus Sicherheitsaspekten heraus an einer Sache, an einem Konzept, an einem Job, an einer Ehe oder Beziehung fest und entwickeln sich rasend schnell weiter.

Zudem steuern wir einer unsicheren, nicht klar prognostizierbaren Zukunft entgegen. Und wie begegnet man Unsicherheit? Wie bereitet man sich am besten auf eine unsichere Zukunft vor? Die Antwort lautet: mit absoluter Flexibilität, Veränderungskompetenz und Lernbereitschaft. Wir sind an dem Punkt angelangt, an dem ich dir gerne weitere Blickwinkel hinsichtlich meiner These, dass das Konzept der einen, in Stein gemeißelten Lebensaufgabe nicht mehr zeitgemäß ist, aufzeigen möchte.

Wenn die Lebensaufgabe nicht mehr passt

Wenn du irgendwann feststellen solltest, dass dich deine bisher verfolgte Lebensaufgabe nicht mehr erfüllt, sie dich langweilt, nervt oder dir einfach keinen Spaß mehr macht, verurteile dich bitte nicht dafür! Meiner Erfahrung nach ist das ein absolut normaler Entwicklungsprozess. Beginne, Veränderungen als Geschenk und als Möglichkeit zu betrachten, denn wenn du merkst, dass sich deine Bedürfnisse verändern, kannst du einen neuen Anfang wagen und etwas komplett Neues in dein Leben einladen. Dass das hervorragend funktioniert, habe ich bereits mehrmals erfahren, und es war immer wieder ein absolut heilsamer Prozess, mich nicht beirren zu lassen, mutig der inneren Stimme und meinem ureigenen Weg zu folgen und immer wieder etwas Neues auszuprobieren.

Wie könnte nun eine moderne Sichtweise, ein zukunftsweisendes Konzept, was an die Stelle der Berufung rückt, aussehen? Meiner Erfahrung nach ist das der Ansatz des »Potenzials«. Für mich besteht Potenzial aus vielen individuell glitzernden und bunt schimmernden Potenzialstückchen. Wie bei einem Kaleidoskop ergibt sich immer wieder ein wunderschönes, neues Bild, wenn du das Kaleidoskop weiterdrehst.

> Meine Definition von Potenzial:
> Potenzial besteht aus vielen bunten glänzenden Stückchen. Potenzial vermehrt sich ständig und wächst. Es besteht aus Talenten, Know-how, Werten und Kompetenzen und kann sich immer wieder neu und wunderschön formieren.

Die *eine* Lebensaufgabe, das »big picture«, zu finden oder der Ansatz, immer mehr Puzzlestückchen des einen Bildes aufzudecken, ist vordefiniert und somit starr. Es gibt dort eben nur dieses eine Bild, das Stück für Stück zusammengesetzt wird. Alles ist vorherbestimmt und »Schicksal« und damit »in Stein gemeißelt«.

Was ist jedoch, wenn man das Kaleidoskop dreht, ob nun freiwillig oder unfreiwillig? Was ist, wenn man sich verändern möchte oder muss? Was ist, wenn man gewachsen ist und der Berufungsschuh nicht mehr passt? Das ist im Rahmen meiner These überhaupt kein Problem, denn Potenzial wächst quasi mit. Potenzial ist flexibel und verändert sich. Es geht mit der Zeit. Potenzial kann dir Tür und Tor zu komplett neuen Kompetenzen öffnen. Zu Kompetenzen, die für dich zum Beispiel heute noch gar nicht existent sind. Wenn du dazulernst, wenn du dich entwickelst und wächst, dann vermehrt sich auch automatisch dein Potenzial. Es nimmt im Laufe der Zeit auch immer wieder komplett neue Formen und Farben an. Somit ist dieses nicht nur einmalig und individuell, sondern auch total beweglich und anpassungsfähig. Und das sind Eigenschaften, die jetzt und in Zukunft immens gefragt sind. Daher sind Aussagen wie: »Entfalte all dein Potenzial!« auch nur immer als Momentaufnahme zu werten. Du kannst natürlich immer mehr Potenzial und Stärken etc. ausfindig machen, aber mit diesem einen Prozess ist deine Entwicklung längst nicht abgeschlossen. Du bist, nachdem du all dein Potenzial ans Licht geholt und entfaltet, also eingesetzt hast, noch lange nicht fertig. Du kannst natürlich erfüllt und zufrieden sein, solange du willst. Du darfst aber auch immer wieder einen anderen Weg einschlagen.

Eine meiner Freundinnen hat das sehr gut verstanden. Sie ist eine der Mütter, die ihre ganze Bande souverän bekochen und alle Befindlichkeiten dabei berücksichtigen. Selbst Fast-Food-Kind mit zwei berufstätigen Eltern, wurde ihr das gesunde Kochen nicht in die Wiege gelegt. Sie hat es allerdings über die Jahre geschafft, eine Familienküche zu etablieren, die eine Tochter mit Zöliakie, einen »normal« essenden Sohn und einen Mann mit Histaminintoleranz essenstechnisch glücklich macht und die zudem alltagstauglich und lecker ist und ihr vor allem noch mehr Spaß macht als ihr Job als Eventmanagerin einer großen Firma. Ihre mit der Zeit gewachsenen Talente und ihr neues Know-how hat sie in einen Food-Blog einfließen lassen, der erst Hobby und heute ihr erfolgreiches eigenes Business ist. Sie hat ihr Potenzial erweitert, erkannt und umgesetzt.

Je mehr du also »in Aktion gehst«, dich ausprobierst und ins Tun kommst, desto mehr Potenzial wirst du aufdecken, desto mehr kannst du wachsen und strahlen, und desto sicherer kannst du einer ungewissen Zukunft entgegengleiten – wie genial ist das?

Daher lernst du nun auch hier das zweite YOUR WAY Element kennen:

Das zweite YOUR WAY Element:
Das Potenzial updaten

Jedes Mal wenn du dich in Zukunft unzufrieden fühlst, darfst du zunächst die Bullshitstorys eliminieren und dann im nächsten Schritt die zweite Seite der Medaille ausgleichen: dein Update vollziehen und schauen, was wieder Geniales dazugekommen ist, was du gelernt hast und in welchen Bereichen du gewachsen bist. Ich möchte hier sogar noch einen Schritt weitergehen und die These aufstellen, dass das Konzept der *einen* Lebensaufgabe, der *einen* Bestimmung, definitiv eine Bullshitstory sein kann. Mehr noch, wenn dir jemand anderes dieses Konzept aufdrängt, kann es sogar eine schwere Bewertung sein. Du musst dich nicht deinem Schicksal ergeben. Alles kann, und NICHTS muss! Du kannst frei entscheiden, was für dich stimmig ist. Du weißt ja bereits, dass DU die Wahl hast.

Wer war ich, und wer kann ich sein?

Gehen wir nun zu zwei konkreten Übungen über. Beantworte die folgenden Fragen in absoluter Ruhe. Nimm dir bitte Zeit dafür. Erledige diese Übung bitte nicht zwischen Tür und Angel, denn sie ist ein immens wichtiges Werkzeug, um herauszufinden, was in deinem Leben noch kommen kann, und gleichzeitig der Schlüssel, um zur nächsten Reisestation zu gelangen. Du klärst anhand der folgenden Übungen ganz eindeutig, wer du sein kannst!

ÜBUNG: Potenzial-Inventur

- Was sind deine Werte? Bitte wähle hier maximal 5 Werte aus.
  (zum Beispiel Abenteuer, Achtsamkeit, Aktivität, Akzeptanz, Anerkennung, Aufgeschlossenheit, Begeisterung, Beharrlichkeit, Bescheidenheit, Besonnenheit, Dankbarkeit, Demut, Disziplin, Effektivität, Ehrlichkeit, Empathie, Entscheidungsfreude, Fairness, Fantasie, Fleiß, Flexibilität, Freiheit, Freude, Freundlichkeit, Frieden, Geduld, Gelassenheit, Gemütlichkeit, Gesundheit, Glaubwürdigkeit, Großzügigkeit, Güte, Herzlichkeit, Hilfsbereitschaft, Hingabe, hoffnungsvoll sein, Höflichkeit, Humor, Idealismus, Klugheit, Kreativität, Kontrolle, Leichtigkeit, Leidenschaft, Loyalität, Mitgefühl, Motivation, Nachhaltigkeit, Nächstenliebe, Neutralität, Offenheit, Ordnung, Pflichtgefühl, Pünktlichkeit, Realismus, Redlichkeit, Respekt, Rücksichtnahme, Sanftmut, Sauberkeit, Selbstdisziplin, Sicherheit, Sorgfalt, Sparsamkeit, Spaß, Standhaftigkeit, Tapferkeit, Teilen, Toleranz, Tradition, Transparenz, Treue, Unabhängigkeit, Unbestechlichkeit, Verantwortung, Vertrauen, Weisheit, Würde, Zuverlässigkeit, Zuversicht)

_____

_____

- Was motiviert bzw. begeistert dich?
  (zum Beispiel Nähe, Handlungsspielraum, Wertschätzung, Selbstständigkeit, Freiheit, viel Geld zu verdienen, Verantwortung zu tragen, im Team zu arbeiten, Führung zu übernehmen …)

_____

_____

- Was erfüllt dich mit Sinn?
  (zum Beispiel neue Ideen in die Welt zu bringen, Traditionen zu pflegen, Liebe zu leben, dich mit Menschen zu verbinden, Teil eines großen Ganzen zu sein, autonom zu arbeiten, Familie zu leben etc.)

  _____

  _____

- Was ist für dich in einer Beziehung existenziell?

  _____

  _____

- In welchen beruflichen Tätigkeiten bist du genial, und welche davon liebst du, gleichzeitig auszuführen?

  _____

  _____

- Welche Hobbys liebst du? Welchen Freizeitaktivitäten gehst du am liebsten nach?

  _____

  _____

- Was hast du als Kind, im Alter zwischen drei und sechs Jahren, geliebt zu tun?

  _____

  _____

- Bei welchen Tätigkeiten fühlst du dich pudelwohl? (zum Beispiel organisieren, unterrichten, planen, im Team arbeiten, Menschen unterstützen/helfen, ein schönes Umfeld erschaffen etc.)

  _____

  _____

Herzlichen Glückwunsch! Du bist dir wieder ein Stück nähergekommen. Du hast bereits eine erhebliche Wegstrecke auf deiner Reise zurückgelegt. Du hast eine Inventur deiner aktuellen Werte vollzogen, eine IST-Aufnahme, eine Bestandsaufnahme deiner Talente, deiner Kompetenzen durchgeführt. Damit ist eine neue, bunt schimmernde Sammlung an Potenzialstückchen, die superindividuell sind, zusammengekommen. Ähnlich wie bei einer Inventur in einem Warenlager kann nur nach der Inventur, anhand der vorliegenden Daten, festgestellt werden, was aufgefüllt werden muss, was sich gut verkauft hat und was ein Ladenhüter ist. Dieses Prinzip nutzen wir nun auch für dein Potenzial. Du hast eine Inventur durchgeführt. Jetzt gehst du den nächsten Schritt und schaust, was anhand der Ergebnisse der Inventur verändert werden kann. Was benötigt ein Update? Was kann genauso bleiben wie bisher? Was benötigt mehr oder weniger Raum? All diese Fragen darfst du nun mit der folgenden Übung Schritt für Schritt beantworten. Bitte führe das Update in aller Ruhe durch. Nimm dir Zeit dafür. Die Beantwortung dieser Frage könnte dein Leben phänomenal verbessern!

ÜBUNG: Potenzial-Update

Reflektiere bitte ...

- Taucht in deinen Antworten das auf, womit du dich aktuell und hauptsächlich beruflich beschäftigst? Lautet deine Antwort NEIN, hast du hier ein erstes Ungleichgewicht entlarvt!

_____

_____

- Wie sehr sind deine Werte in allen Lebensbereichen, deinem kompletten Leben – in all deinen Beziehungen (romantische Beziehungen, Freunde und Familie, Chef und Kollegen, Mitarbeiter, im Umgang mit deiner Gesundheit und in deiner beruflichen Tätigkeit) – integriert?

_____

_____

- Wie viele (berufliche) Tätigkeiten hast du entdeckt, in denen du genial bist und die du gleichzeitig auszuführen liebst?

_____

_____

- Lebst du deine Werte in allen wichtigen Lebensbereichen? In welchen Lebensbereichen gibt es die größte Diskrepanz?

_____

_____

- Gibt es einen roten Faden, der sich durch deine Reflexion zieht?

_____

_____

- Gibt es eine Differenz zwischen dem, was du zu tun liebst, worin du richtig gut bist, und dem, was du tatsächlich täglich machst?

_____

_____

Du hast nun die IST-Situation herausgefunden. Hast du eine Diskrepanz zwischen deinen Vorlieben und deiner aktuellen Situation festgestellt, bedeutet das, dass eventuell etwas in deinem Leben angeglichen, weiter ausgebaut oder verändert werden kann. Was das betrifft, wirst du hier weiterhin an die Hand genommen. Wir sind noch nicht am Ende angelangt. Lass dich weiterhin inspirieren, um das, was dir hier bewusst geworden ist, zu verändern.

Wenn etwas anderes drinsteckt als draufsteht – Meine »Nichts ist umsonst«-Geschichte

Ich möchte dich in diesem Kapitel mit einem weiteren Perspektivwechsel vertraut machen: Erfolg kann total unterschiedlich aussehen, und es gibt entsprechend viele Wege, Menschen in ihren individuellen Erfolg zu führen. Manchmal können sich sogar der Erfolg an sich und der Weg dorthin ganz anders gestalten als gedacht. Genau dieser Perspektivwechsel steckt in der Überschrift dieses Kapitels: »Wenn etwas anderes drinsteckt als draufsteht«.

Häufig fällen wir eine Entscheidung, indem wir das Ziel vorwegnehmen. Wir beschließen beispielsweise, ein Studium zu absolvieren, mit dem Ziel, nach dem Abschluss einen ganz bestimmten Beruf zu ergreifen. Wir haben also ein ganz klares und eindeutiges Bild davon im Kopf, was wir mit dem Studium anfangen wollen. Welche Motivation dahinterstecken kann und was am Ende dabei rauskommt, ist eine spannende Sache.

Nach meiner geplatzten Hochzeit und der Trennung von meinem damaligen Lebensgefährten fühlte ich mich unendlich befreit. Ich hatte festgestellt, was ich *nicht* muss. Ich musste mich nicht abrackern und verbiegen, um geliebt zu werden. Ich beschloss, mich komplett neu zu orientieren und das zu tun, wofür mein Herz schlug. Ich ließ die Betriebswirtschaft fallen und begann, Schauspiel zu studieren. Schon als Kind wollte ich Schauspielerin werden, und 1996 spürte ich, dass die darstellende Kunst genau die Tätigkeit war, die mich am meisten erfüllte. Ich ergatterte einen begehrten Platz an einer Berliner Schauspielschule, schloss das Studium ab und erhielt sofort im Anschluss ein Engagement am Theater. Dort spielte ich zwei Jahre. Doch bereits nach dem ersten Jahr fühlte ich mich nicht genügend ausgelastet und gefordert. Auch der Erfolg, eine Hauptrolle zu spielen und dafür das lang ersehnte Lob meines Adoptivvaters zu bekommen, erfüllte mich nicht. Ich war schon wieder unzufrieden und beschloss, auch die Schauspielerei an den Nagel zu hängen.

Mein Umfeld konnte das absolut nicht verstehen. Wie konnte ich denn so leichtsinnig sein, meinen Erfolg einfach wegzuwerfen? Ich würde doch super Kritiken erhalten. Andere wären froh für die Chance, die ich vertun würde! Da hätte ich mir das Studium auch sparen können, was für eine Verschwendung. Kopfschütteln allerorten. Diese schweren Bewertungen ließen mich ins Wanken geraten, und dennoch blieb ich dabei. Das Schauspiel war nicht mein Ziel. Mein Intendant war ein sehr offener und warmherziger Mensch und bot mir eine Regieassistenz an, die sich sogar in eine Co-Regie entwickelte. Das stillte ein wenig meinen Hunger nach neuem Input, die Sättigung hielt aber nicht lange an. Dann erinnerte ich mich wieder an etwas, das mich im vorletzten Studienjahr immens glücklich gemacht und erfüllt hatte. Damals hatte ich meine Kommilitonen bei der Prüfungsvorbereitung unterstützt. Genau das wiederholte ich im Jahr 2000 mit Kollegen am Theater. Ich arbeitete mit ihnen einzeln an ihrem Rollenrepertoire, und wir überarbeiteten oder inszenierten Vorsprechrollen. Die Ergebnisse waren wunderbar, und ich hatte unglaublich viel Freude daran. Genau damit legte ich – ich war mir dessen damals allerdings nicht bewusst – die Basis für meine Coachingtätigkeit. Es war der Anfang meiner Arbeit in der Persönlichkeitsentwicklung. Ohne das Schauspielstudium wäre ich also nie Coach und Potenzialentfalterin geworden. Ohne die Tätigkeit am Theater hätte ich diesen inneren Schatz nie komplex heben können. Wenn ich heute mit Menschen arbeite, ihnen dabei helfe, ihre Bullshitstorys zu überwinden und ihr unbekanntes Potenzial ans Licht zu holen, ist das Erfüllung pur für mich. Das Schauspielstudium hat mich zu dieser Erkenntnis geführt. Das habe ich rückblickend erkannt.

Ich möchte dich anhand dieses Beispiels für einen neuen Blick auf deine Vergangenheit sensibilisieren und dir eine neue Möglichkeit der Reflexion bieten.

Bedenke: Nichts, was du tust, ist umsonst.

Ich habe die Betriebswirtschaft hinter mir gelassen, um Schauspielerin zu werden, und die Bühne verlassen, weil mich das Schauspiel nicht erfüllte. Heute profitiere ich von allem, was ich zuvor gelernt und getan habe. Als ich zum Beispiel 2004 begann, mit Führungskräften zu arbeiten, und diese auf Vorträge vorbereitete, mit ihnen an ihrer Ausstrahlung, Bühnenpräsenz und an ihrer Kommunikation arbeitete, erhielt ich diese Aufträge auch deshalb, weil ich verstand, in welchem Bereich diese Menschen arbeiteten (meine Erfahrungen in der Wirtschaft), aber auch, weil ich Bühnenerfahrung vorzuweisen hatte.

Für dich bedeutet das, dass du, egal was du bisher gemacht hast, dies wahrscheinlich nicht ohne Grund gemacht hast. Diese Erfahrung nimmt dir keiner weg, du musst deine bisherigen Tätigkeiten aber auch nicht zwingend weiterverfolgen. Auch das ist eine Bullshitstory. Nichts geschieht umsonst im Leben. Du kannst das, was du gelernt hast, auch für komplett andere Dinge nutzen.

Ich wünsche dir, dass du einen flexibleren Blick auf die Dinge erlernst. Du musst nichts bis zum Sankt-Nimmerleins-Tag machen, nur weil du studiert hast, nur weil du etwas Bestimmtes gelernt hast bzw. so viel Zeit (und Geld!) in eine Ausbildung, Weiterbildung oder Beziehung investiert hast, nur weil du mal geheiratet hast, nur weil du mal versprochen hast, dass … Das alles ist Bullshit. Mein Lebensweg verlief bisher im Zickzack, weil ich immer wieder, wenn es anstand, eine Kehrtwende hingelegt habe. So sieht MEIN Weg aus, und auch wenn die Zeit vor einem Kurswechsel nicht immer angenehm verlief, hat es sich immer gelohnt, die Unzufriedenheit als Indikator für eine Neuorientierung zu sehen. Mich hat diese Vorgehensweise immer wieder aufs Neue an meinen nächsten Erfüllungsort gebracht. Und was mir gelingt, ist auch für dich möglich!

Daher nun die folgenden Fragen an dich:
- Wo in deinem Leben machst du nach wie vor etwas, das du vielleicht unbewusst gar nicht mehr willst?

- Wie sehr lebst du unbewusst das Konzept »Für immer und ewig«? – im beruflichen und privaten Kontext?

- Wie sehr erfüllt dich das, was du tust, nach wie vor auf einer Skala von 1 bis 10 (wenn 1 der niedrigste und 10 der höchste Wert ist)?

Im folgenden Kapitel möchte ich dir anhand von Klientengeschichten verdeutlichen, welche kurzfristigen, mittelfristigen und langfristigen Auswirkungen es haben kann, wenn du herausfindest, wer du wirklich sein kannst und welche unterschiedlichen Wendungen das Leben dann nehmen kann.

PRAXISBEISPIELE:
Wer kann ich sein? –
Mir selbst auf der Spur

Du wirst gleich wieder in die Lebenssituationen von verschiedenen Menschen eintauchen und reflektieren bzw. spüren, ob es da einen Zusammenhang zu deinem eigenen Leben gibt. Die magische Frage in diesem Kapitel lautet: »Wer kann ich sein?« Im Fall von Heike könnte sie auch lauten: »Wer kann ich im Job sein?«

1. Es geht immer noch besser!

Heike hatte Germanistik und Politik studiert und war anschließend lange Zeit erfolgreich als Seniorberaterin in einer PR-Agentur tätig gewesen. Nach der Geburt ihrer zwei Söhne, die im Abstand von vier Jahren auf die Welt kamen, blieb sie im PR-Bereich in Teilzeit tätig. Ich begann mit Heike zu arbeiten, als sie an einem Punkt war, an dem sie nicht mehr wusste, wie es für sie beruflich weitergehen sollte. Heike war permanent unzufrieden, konnte sich ihre Unzufriedenheit jedoch nicht so richtig erklären. Sie war sehr glücklich verheiratet. Ihr Partner und sie trugen sich gegenseitig auf Händen. Sie hatte zwei wunderbare Söhne, die sich auch untereinander sehr gut verstanden. Das Familienleben war also absolut harmonisch. Sie hatte einen Job, der prima bezahlt wurde. Finanziell ging es der vierköpfigen Familie hervorragend. Heike war es in unserer ersten Session sehr unangenehm, mir mitzuteilen, dass sie unzufrieden sei. Sie fühlte sich dafür fast schon schuldig. Ihr ging es doch so gut, wie konnte sie da überhaupt unzufrieden sein? Und doch war sie es, weshalb sie sich entschlossen hatte, sich neu zu orientieren. Da ihr Job als PR-Beraterin sie nicht mehr komplett ausfüllte, trug sie sich mit dem Gedanken, eine akademische Weiterbildung im Bereich »Deutsch als Fremdsprache« zu absolvieren. Damit wäre sie in der Lage, Ausländern deutsche Sprachkenntnisse zu vermitteln. Diese Weiterbildung wurde vor allem Personen empfohlen, die ein Studium der Germanistik vorzuweisen hatten, und galt als Job in einem boomenden Markt. Rein rational betrachtet eine super Chance, Heike die perfekte Bewerberin und die Zukunftsaussichten rosig. Aber irgendwie kam Heike, die nie etwas aufschob und immer relativ schnell Entscheidungen fällen konnte, mit der Umsetzung der Weiterbildung nicht wirklich in die Gänge. Sie konnte sich absolut nicht erklären, warum sie sich immer noch nicht angemeldet hatte. Nachdem sie die Übungen und das Journaling rund um die zweite magische Frage »Wer kann ich sein?« getätigt hatte, fiel es ihr wie Schuppen von den Augen.

Heike realisierte, dass sie gar keine Lust darauf hatte, zu unterrichten. Diese Tätigkeit, Menschen zu trainieren oder ihnen etwas beizubringen, tauchte bei ihrem »Potenzial-Update« gar nicht auf. Das Unterrichten war nichts, was ihr Sinn, Liebe, Spaß oder Freude schenkte. Ihr wurde bewusst, dass sie das weder sehr gerne machte noch, dass sie diese Tätigkeit jemals vermissen würde. Anhand ihrer Antworten wurde ihr allerdings auch klar, wohin die Reise für sie gehen könnte. Sie hatte erkannt, dass sie Menschen helfen und ihnen Mut machen möchte, sich neuen Herausforderungen zu stellen. Sie wollte etwas viel Sinnerfüllenderes machen. Natürlich ist das Vermitteln der deutschen Sprache eine enorm sinnerfüllende Tätigkeit, aber nur wenn man auch das Unterrichten liebt.

So erhielt sie die Gewissheit, dass weder die Weiterbildung noch ein Job im Bereich »Deutsch als Fremdsprache« für sie als neue berufliche Perspektive infrage kamen. Und nun wurde ihr auch klar, dass dies der Grund war, warum sie sich noch nicht für diese

Weiterbildung angemeldet hatte. Wie häufig bewerten wir uns schwer dafür, wenn wir uns nicht schnell entscheiden können? Wir haben nicht gelernt, dass es unsere Intuition ist, die uns, wenn wir nur ein bisschen Gespür haben, zurückhält. Heike jedenfalls konnte dem Ungleichgewicht endlich ein Ende setzen und das Thema ad acta legen.

Es ist ein immens wichtiger Prozess, das, was uns keine Ruhe lässt, zunächst einmal zu identifizieren. Wenn du selbst durch den Prozess gehst, dann wirst du spüren, wie klärend und heilsam die Beantwortung dieser magischen Frage auch in deiner aktuellen Lebenssituation sein kann.

Heike spürte ganz deutlich, dass die Sinnerfülltheit für sich selbst UND andere an die erste Stelle gerückt war. In der reinen PR-Arbeit hatte sie diese # nicht mehr umfassend genug finden können. Ihr wurde klar, dass sie sich gerne Herausforderungen stellte. Sie realisierte, wie häufig sie schon in der Vergangenheit »ins kalte Wasser gesprungen war« und wie viel Freude ihr das bereitet hatte. Genau diese Erkenntnisse machten ihr dann auch deutlich, dass ein eher routinierter Jobablauf nicht erfüllen konnte, wonach sie sich unbewusst sehnte und was sie bewusst begeisterte. Heike hatte durch die Beantwortung der »Wer kann ich sein?«-Frage genau herausgefunden, dass sie der Sinnhaftigkeit in wirklich allen Bereichen ihres Lebens viel mehr Raum schenken durfte. In ihrer Rolle als Mutter, Ehefrau, Tochter, Schwester und Freundin war diese Sinnhaftigkeit bereits etabliert – jedoch fehlte sie in Heikes beruflichem Erfüllungskontext. Heute hat Heike eine Teilzeittätigkeit bei einem Bildungsträger. Dort unterstützt und coacht sie Menschen, sich neuen beruflichen Herausforderungen zu stellen. Heike liebt diese Tätigkeit über alles und möchte sie um nichts in der Welt mehr missen!

Daher nun die folgenden Fragen an dich:

- In welchen Bereichen deines Lebens stoppst du dich automatisch, indem du sagst »Ach, mir geht es doch schon so gut!«?

_____

_____

- Wo in deinem Leben kannst du das, was sinnerfüllt ist, noch weiter ausbauen?

_____

_____

- Wie würde sich dein Leben durch noch mehr Erfüllung verändern?

_____

_____

Der nächste Fall schildert dir, wie meine Klientin Alexandra herausgefunden hat, wer sie in ihrer Beziehung wirklich sein konnte.

2. Should I stay or should I go?

Als mir Alexandra zum ersten Mal begegnete, stand sie genau an dem Wendepunkt in ihrem Leben, den der Titel dieses Kapitels absolut auf den Punkt bringt. Soll ich bleiben, oder soll ich gehen? Soll ich bei meinem Mann bleiben, oder soll ich ihn verlassen? Alexandra stand vor einer Entscheidung, die viele Mütter erwachsener Kinder kennen. Gerade war die zweite Tochter, das Nesthäkchen, ausgezogen, um ihr Studium in einer weit entfernten Stadt anzutreten. Die ältere Schwester studierte bereits seit zwei Jahren und kam nur noch unregelmäßig in den Semesterferien nach Hause. Alexandra war in der Erziehung und in ihrer Mutter-rolle komplett aufgegangen. Es gab für sie nichts Schöneres, als ihre Mädchen aufs Leben vorzubereiten und sie liebevoll beim Erwachsenwerden zu unterstützen. Alexandra liebte es generell, für andere zu sorgen. Die Beziehung zu ihrem Mann war jedoch durch ihre sehr intensiv gelebte Mutterrolle, durch die Begleitung der Töchter durchs Abitur, ihre Unterstützung bei Liebes-kummer etc. in den Hintergrund gerückt. Sie und ihr Ehemann hatten sich in den letzten Jahren komplett auseinandergelebt. Sie verbrachten kaum noch Zeit miteinander. Er hatte sich vor Jahren schon ein Hobby zugelegt und war viel außer Haus. Alexandra wurde bewusst, dass sie und ihr Mann sich kaum noch etwas zu sagen hatten. Alexandra zog eine Trennung in Erwägung, da sie in der Beziehung keinen Sinn mehr sah und ihren Mann nicht weiter belasten wollte. Sie verstand sehr gut, dass er sich nicht mehr für sie interessierte, weil sie zur »Supermutti« mutiert war.

Die Erkenntnis, dass in der Beziehung Flaute herrschte, konnte erst in dem Moment aufkommen, als der Raum für das Bewusst-sein da war, nämlich nach Auszug des letzten Kindes. Ab diesem Zeitpunkt begann ich, mit Alexandra zu arbeiten. Schnell begriff sie, dass sie selbst auch einen erheblichen Anteil an der Situation hatte, es aber nichts mit Schuld zu tun hatte, dass es in ihrer Ehe so weit gekommen war.

> Schuld ist ein destruktives Konzept und
> entspricht einer schweren Bewertung!

Solange wir uns noch mit Schuldzuweisungen herumplagen, ver-passen wir etwas ganz Entschiedenes – wir vergessen, uns selbst zu reflektieren. Wir vergessen, dass auch unser eigenes Verhalten Ein-fluss auf alles hat, was uns jemals widerfahren ist.

Alexandra war sehr offen für neue Sichtweisen und begann an sich zu arbeiten. Wir klärten unzählige ihrer Bullshitstorys, und sie stellte bei der Beantwortung der zweiten magischen Frage fest, dass sie eine Aufgabe benötigte, etwas, was sie zutiefst mit Sinn erfüllte. Sie sehnte sich danach, weiterhin für andere Menschen da zu sein und sie zu versorgen. Als sie die Gefühle ihrem Mann gegenüber überprüfte, stellte sie fest, dass ihre Gefühle für ihn noch da waren. Einiges war unter Bullshitstorys und schweren Bewertungen begraben worden. Sie erkannte, dass ihr gluckenhafter Töchterfokus ihren Mann mehr und mehr aus dem Haus und in sein neues Hobby getrieben hatte. Dann setzte die Phase unzähliger Gespräche mit ihrem Mann ein. Wir arbeiteten intensiv daran, dass Alexandra bei sich bleiben und ihrem Mann in einem bewertungsfreien Raum begegnen konnte, dass sie ihm ohne Vorwürfe (die auch einer schweren Bewertung entsprechen) begegnen und ihm die Chance geben konnte, auch seine Werte zu aktualisieren. Genau das war hier die Chance der beiden. Alexandra fand heraus, dass sie eine selbstbewusste Frau sein konnte, die ihr Bedürfnis nach Verbindung und Fürsorge nicht unterdrücken oder verstecken muss.

Bei dieser Werteinventur stellte sich heraus, dass sich ihrer beider wichtigste Werte nicht verändert hatten, sondern sogar noch gewachsen waren. Beiden war Beständigkeit, Tradition und Treue immens wichtig. Beide sehnten sich insgeheim danach, wieder zueinanderzufinden. Er wünschte sich schon lange insgeheim, von ihr versorgt und umsorgt zu werden. Er hatte sich sogar ertappt, fast eifersüchtig auf seine Töchter gewesen zu sein, als er realisierte, dass die ganze Liebe und Fürsorge seiner Frau seinen beiden Lieblingen zukam. Beide sprachen sich nicht nur aus, sie stellen neue Kommunikationsregeln und einen komplett neuen Kommunikationsstandard auf. Alexandra und ihr Mann haben die Chance erspürt und ergriffen und sind heute bewusster und glücklicher denn je! Auch ihre Töchter profitieren von dem reflektierten Verhalten und dem neuen, offenen Umgang der Eltern. Sie haben gleich mitgelernt, dass man über alles reden kann. Das ist immer noch keine Selbstverständlichkeit in unserer Gesellschaft. Immer noch sind viele Themen tabu. Immer noch greifen viel zu wenig Menschen auf die Unterstützung von Coaches, Therapeuten oder Experten zurück. Mein innigster Wunsch ist, dass sich das ändert! Es gibt so viel, was wir in puncto Beziehungsfähigkeit noch lernen dürfen, und es ist dafür nie zu spät. Genau das können wir nachholen, gesetzt den Fall, dass beide Partner das wollen und beide offen für Reflexion und bewussteres Verhalten sind. Wenn wir diesen erfüllteren Weg einschlagen, ist es häufig sogar so, dass wir uns gleichzeitig von ganz viel »alter Identität« verabschieden dürfen. Wir alle sehnen uns danach, noch bessere und erfülltere Beziehungen zu leben. Und genau das kann man lernen. Man kann so viel an der eigenen Beziehungskompetenz drehen und unendlich viel mehr Erfüllung erreichen, indem man bei sich selbst beginnt, nach schweren Bewertungen und nach Bullshitstorys Ausschau zu halten. Genau das ist der Weg zu viel mehr Beziehungserfüllung unter Partnern, Eltern, Kindern, Freunden, Kollegen, Vorgesetzten und Mitarbeitern.

Jetzt geht's wieder um dich! Wie schaut es in deinen Beziehungen aus?

Daher nun die folgenden Fragen an dich:
- Wirfst du schnell die Flinte ins Korn?

_____

_____

- Hältst du zu lange etwas aus, das dir nicht mehr guttut?

_____

_____

- Wie klar kommunizierst du deine Bedürfnisse bzw. deine Werte an dein Umfeld (Partner, Eltern, Kinder, Freunde, Bekannte, Verwandte, Kollegen, Geschäftspartner, Vorgesetzte, Mitarbeiter)?

  _____

  _____

- Was würde sich verändern, wenn du klar und liebevoll deinen Standard kommunizierst?

  _____

  _____

Und nun möchte ich dir am Beispiel von Jan zeigen, dass Erfolg ganz unterschiedlich definiert werden kann und manchmal auch innere Werte einer Inventur bedürfen.

3. Erfolg versus Erfüllung

Jan war sehr erfolgreich. Er war CEO eines bedeutenden Unternehmens. Bereits seit Jahren ritt er siegessicher auf der Erfolgswelle. Nach seinem BWL-Studium hatte er die klassische Karriereleiter erklommen. Immer höher, immer mehr Verantwortung, immer mehr Budget, immer mehr Gehalt. Mit dreißig kaufte er sein erstes Einfamilienhaus, in dem er alleine wohnte. Mit vierzig besaß er das erste Mehrfamilienhaus. Jan hatte sich ein luxuriöses Leben aufgebaut. Er war kein Familienmensch und wollte nie einer werden. Am liebsten verbrachte er Zeit mit Freunden. Früher war er Skateboard gefahren, heute liebte er es, im Winter Snowboardurlaub zu machen und im Sommer auf Hawaii wellenreiten zu gehen. Jan war sportlich und attraktiv, hielt sich fit und legte viel Wert auf ein gepflegtes Äußeres und entsprechende Umgangsformen, was seinem Erfolg nie geschadet hatte – im Gegenteil. Er wusste, wie er wirkte, und setzte das stets zu seinem Vorteil ein. Jans Leben lief bis zu einem gewissen Punkt perfekt. Er hatte wechselnde Partnerinnen und Beziehungen eher oberflächlicher Natur, was er bevorzugte. Er machte den Frauen nie etwas vor, sagte von vornherein, dass er nichts Festes wolle. In jeder Beziehung kam der Punkt, an dem sich die Frauen doch mehr von ihm und der Beziehung, nämlich eine Zukunft wünschten. An diesem Punkt stieg Jan regelmäßig aus. Das war ihm zu viel und zu eng. Er suchte die nächste Partnerin und hoffte insgeheim, dass es diesmal nicht wieder so schnell zu dem Punkt käme.

Eines Tages erhielt Jan einen Anruf. Seine Mutter teilte ihm weinend mit, dass sein Vater unerwartet mit 72 Jahren an einem Herzinfarkt verstorben sei. Jan war geschockt. Schlagartig wurde ihm seine eigene Vergänglichkeit bewusst. Jan war damals 42 Jahre jung. Der Tod seines Vaters brachte ihn zum Nachdenken. Er begann die letzten Jahre seines Lebens Revue passieren zu lassen, nahm die Beziehung seiner Eltern genauer unter die Lupe und erkannte Verschiedenes: Zum einen wurde ihm klar, dass er sein Leben lang im Schatten seines Vaters gestanden hatte. Jan hatte seine ganze Karriere darauf ausgerichtet, besser als sein Vater zu sein. Er reflektierte die Beziehung der Eltern und stellte fest, dass er das, was seine Eltern gelebt hatten, verachtete. Er wollte nie das klassische Modell des Mannes als Alleinverdiener mit der Hausfrau, die sich um die Kinder kümmert und bereits am frühen Abend mit dem Essen wartet. Seine Eltern hatten kaum miteinander gelacht. Seine Mutter hatte seinem Vater in allem gehorcht, da sie von ihm abhängig war. Glücklich erschien sie selten. Und genau diese Form der unglücklichen Abhängigkeit wollte Jan unbewusst tunlichst vermeiden, wusste aber noch nicht, wie er seinen absolut perfektionistischen Anspruch an sich selbst loslassen konnte.

Jan lebte unbewusst genau das Gegenteil von dem, was ihm zu Hause von den Eltern als Beziehungskultur vorgelebt wurde. Das ist keine Seltenheit. Das Problem daran ist, dass wir häufig in genau die entgegengesetzte Richtung, in genau das andere Extrem, fliehen, da wir überhaupt keine Referenzpunkte haben. Häufig kennen wir auch unbewusst nur Extreme, Graustufen, etwas, was dazwischenliegt; eine Wahlmöglichkeit bleibt uns häufig verschlossen. Es gibt Beispiele von Kindern, die in sehr freizügigen Familien aufgewachsen sind, selbst aber einen total traditionellen und strukturierten Weg eingeschlagen haben. Und Kinder aus sehr konservativen Familien, die wiederum vermehrt das Abenteuer suchen. Aber all das sind mehr oder minder unbewusste Prozesse und Handlungen. Dieses Verhalten wird an den Tag gelegt, um sich ganz klar abzugrenzen. Um etwas ganz anderes zu leben. Die Werte, die mit dem jeweiligen Verhalten und den entsprechenden Lebensweisen zusammenhängen, werden dabei überhaupt nicht betrachtet oder reflektiert.

Als Jan mit mir zu arbeiten begann, war er zum ersten Mal in seinem Leben komplett aus der Balance geraten und wusste nach eigener Aussage nicht mehr, was er tun oder lassen sollte. Er war total verunsichert, da er spürte, dass er vieles in seinem Leben, vor allem seine Beziehungen, nur aus einem unbewussten Protest und Trotz gegenüber seinem Vater gelebt hatte. Jetzt war der Vater nicht mehr da, und der Protest und Trotz verpufften in der Luft. Stattdessen klaffte an ihrer Stelle eine unglaubliche Leere. Nachdem wir Jans Bullshitstorys (»Erfolg ist alles!«, »Der Mann ist der Versorger«, »Frauen sind abhängig, und das macht alle nur unglücklich«) eliminiert und ihn aus diversen Schubladen befreit hatten, widmete er sich der zweiten magischen Frage. Das Ergebnis erstaunte ihn über alle Maßen und erfüllte ihn gleichzeitig immens. Jan stellte fest, dass er sich insgesamt an einen komplett anderen Punkt entwickelt hatte und dass er sich das nun, nach dem Tod seines Vaters, in dessen Schatten er unbewusst sein Leben lang gestanden hatte, eingestehen durfte. Jan vollzog eine 180-Grad-Wende in seinem Leben. Er begriff, dass er aufgrund seiner Bullshitstorys immer nur einen ganz bestimmten Typ Frau angezogen hatte – Frauen, die von ihm versorgt werden wollten. Die ihn nur auswählten, weil sie in ihm den Ernährer sahen. Diesen Typ Frau hatte er nie wirklich respektieren können, weshalb die Beziehungen auch nie in die Tiefe gegangen waren. Auch das Muster, mit seinem Vater konkurrieren zu müssen und mehr zu verdienen als er, konnte er nun durchbrechen. Ihm wurde bewusst, dass er mehr wollte als die Macht und die Verantwortung seiner CEO-Position. Er wollte etwas Bleibendes hinterlassen. Er wollte seine Talente für etwas einsetzen, das die Welt im positiven Sinne veränderte, und er wollte einen ganz anderen Typ Frau kennenlernen. Eine Frau, die selbst Visionen hatte, ihr Leben für eine größere Sache lebte und ebenfalls die Unabhängigkeit liebte, statt sich selbst total über die Beziehung hinweg zu vergessen. Je mehr alte Identität Jan losließ, je mehr er bereit war, seinen ganz individuellen Weg zu gehen, seinem Potenzial und seinen Werten ein Update zu verpassen, desto mehr realisierte er, wer er wirklich sein konnte. Er realisierte, dass er ein komplett anderer, tiefsinnigerer und feinfühligerer Mensch sein konnte, der innere Erfüllung äußerem Erfolgsdruck absolut vorzog.

Heute setzt Jan sein komplettes Know-how und Potenzial für die Beratung von Hilfsorganisationen ein, und diese Tätigkeit füllt ihn ungemein aus. Er hat sich noch nie so geborgen und aufgehoben gefühlt. Jan steht des Weiteren kurz davor, mit Mitte vierzig das erste Mal zu heiraten. Für beide ist es die erste Ehe, und seine Zukünftige ist ein komplett anderer Typ Frau als der, den er bisher angezogen hat. Sie engagiert sich seit sie 18 Jahre alt ist im Bereich der internationalen Flüchtlingshilfe und hat schon auf der ganzen Welt gearbeitet. Sie ist mutig und selbstständig und unterscheidet sich komplett von den Frauen, denen Jan zuvor immer wieder und wieder begegnet ist. Jan hat es geschafft, aus vielen ungesunden Mustern auszusteigen, aus Mustern, die noch ziemlich schmerzhaft auch im physischen Sinne hätten werden können. Die zweite magische Frage hat es ihm ermöglicht, sich komplett upzudaten. Bei ihm ist dieses Update auf eine Vollkorrektur hinausgelaufen. Jan bezeichnet sich selbst als erfülltesten Mann des Planeten. Der sichtbare und oberflächliche Erfolg ist ihm mittlerweile egal. Er setzt sich nun dafür ein, die Welt zu einem besseren Ort zu machen. Und wie sieht es bei dir aus?

Daher nun die folgenden Fragen an dich:

- Was passiert, wenn du ein komplettes Update vollziehst?

  _____

  _____

- Landest du auch an einem komplett anderen Punkt?

  _____

  _____

Zweite Station: DAS kann ich sein!

Wow! Großartig. Du bist wieder eine Station weitergereist. Du hast dich gefunden und gehst deinen Weg zu deinem individuellen Erfüllungsort. Die abschließende Übung wird dir noch mehr Klarheit darüber bringen, wer du sein kannst. Bitte trage die wichtigsten Informationen aus den Übungen dieses Kapitels an dieser Stelle zusammen.

Notiere alles auf dieser Seite:

- Welche deiner Talente haben sich (unbewusst) vermehrt?

  _____

  _____

- Welches Know-how ist unbewusst in dir angewachsen?

  _____

  _____

- Welche deiner Werte benötigen ein Update?

  _____

  _____

- Welche deiner Werte benötigen mehr Ausdehnung und Raum?

  _____

  _____

- Was erfüllt dich heute? Was macht heute für dich Sinn?

  _____

  _____

Bist du jetzt, wo du weißt, wer du heute bist und wer du in Zukunft sein kannst, bereit, die nächste Reisestation in Angriff zu nehmen? Im nächsten Kapitel klären wir, welche deiner Möglichkeiten du realisieren kannst und wie du deine wunderbaren Potenzialstückchen ins Gesamtbild deines Kaleidoskops integrieren kannst, um erfüllt du selbst zu sein. Ich werde dir zeigen, woran du merkst, welche Sache etwas für dich ist, indem wir klären, wann es bei dir »kribbelt«.

»Was wäre, wenn jenseits von Träumen und
Vorstellungen etwas unvorstellbar Magisches
darauf wartet, von dir entdeckt zu werden?«
Theresa Röschmann

Die dritte magische Frage:
»Wann kribbelt es?«

Im zweiten Kapitel hast du dich upgedatet und neu erfunden. Du
hast festgestellt, wer du heute sein kannst, dein aktuelles Potenzial
ans Licht gebracht und deine Lebenswerte aktualisiert – ohne Bullshitstorys, dafür inklusive deiner Learnings. Du weißt nun, wo du
stehst und wohin du willst. Um deinen Erfüllungsort zu erreichen,
gibt es nun verschiedene Möglichkeiten und Wege. Du kannst auswählen. Aber wie wählst du am besten? Welchen Hinweisen folgst
du, um zu eruieren, was dich am meisten erfüllt? Dieses Kapitel,
genauer gesagt die dritte magische Frage »Wann kribbelt es?«,
liefert alle Antworten auf deine Frage.

Was ist Kribbeln?

Kribbeln ist *der* Seinszustand, der ganz deutlich darauf hinweist,
dass du in einer Sache, Situation oder Konstellation total aufgehst.
Das Kribbeln weist dich darauf hin, dass du deinem Erfüllungsort
schon sehr nah bist, ihn vielleicht sogar schon erreicht hast. Einfach
ausgedrückt ist Kribbeln GENIAL! Kribbeln kann Begeisterung,

Glückseligkeit, Freude, Spaß, Liebe, Losprusten, Schweben, Tollen und noch vieles mehr sein. Es ist dieser Zustand, in dem du alles um dich herum vergisst, komplett im Moment, im Tun und oder im Sein aufgehst. Der Moment, in dem die Zeit stillzustehen scheint. Egal wie sich das Kribbeln bei dir äußert, jedes Gefühl des Kribbelns hat einen gemeinsamen Nenner, einen Indikator, der nie lügt – die Leichtigkeit.

> Der treffsichere Indikator fürs Kribbeln ist die Leichtigkeit.

Wenn es bei dir kribbelt, wenn du erfüllt bist, fühlt sich alles leicht und richtig an. Damit ist das Kribbeln das genaue Gegenteil von den Bullshitstorys, den Sorgen, dem Festhängen in der Vergangenheit und den schweren Bewertungen. Das Kribbeln ist die antreibende Dynamik, die wir benötigen, um die nächste Station auf der Reise zu deinem Erfüllungsort zu erreichen.

Gerade sind wir wie eine Art Wanderer zwischen den Welten. Wir bewegen uns zwischen dem Ort, den du kennst (der Schublade, die dir so vertraut ist), deinem upgedateten Selbst und dem Erfüllungsort. Daher steht nun der nächste Schritt an. Du darfst nun dem Kribbeln auf die Spur kommen. Jetzt geht es darum, zu verstehen, was überhaupt mit Kribbeln gemeint ist, und zu erkennen, zu fühlen und zu spüren, was *dein* Kribbeln ist und wann und wo es sich bei dir zeigt. Du erfährst, wie du das Kribbeln orten und somit viel besser nutzen kannst.

Wann entsteht Kribbeln?

Im Moment des Kribbelns stimmt alles. Alles passt, alles greift ineinander, und genau das führt zu Übereinstimmung und Stimmigkeit. Im Englischen spricht man in diesem Zusammenhang auch von Alignment.

> Wenn du in absoluter (seelischer) Übereinstimmung
> mit einer Tätigkeit (etwas) oder mit jemandem
> (einer oder mehreren Personen) bist, fängt es an zu
> kribbeln. Und frag nicht, wie!

Welche Tätigkeiten können es sein, bei denen es permanent kribbelt? Genau genommen kann das alles sein. Es gibt Menschen, die mit Hingabe die Straße kehren. Bei anderen kribbelt es nur, wenn sie sich von morgens bis abends in der Natur, unter freiem Himmel, aufhalten. Wieder andere empfinden nur dann ein Kribbeln, wenn sie sich komplett abgeschottet, fern von anderen Menschen, mit der Lösung eines Problems beschäftigen, und es gibt solche, die es nur dann empfinden, wenn sie einer Tätigkeit nachgehen, die sie in irgendeiner Form mit anderen Menschen verbindet. Es gibt Menschen, die sind ständig unterfordert, bei ihnen kribbelt es nur, wenn sie parallel verschiedene Projekte gleichzeitig managen. Und es gibt jene, bei denen es nur kribbelt, wenn sie sich auf eine einzige Sache, ein Detail fokussieren. Bei manchen Menschen kribbelt es, wenn sie sich um ihre Kinder, um ihre Partner oder um ihre Eltern kümmern, und es gibt solche, die ausschließlich beim Kochen ein Kribbeln empfinden. Wieder andere empfinden dieses phänomenale Gefühl, wenn sie aufräumen, sauber machen, strukturieren und ordnen. Es gibt Menschen, bei denen kribbelt es sofort, wenn sie sich mit Zahlen auseinandersetzen. Es gibt andere, bei denen kribbelt es nur, wenn sie sich mit Worten, Grammatik und Sprache beschäftigen. Wieder andere gehen ausschließlich in den Naturwissenschaften auf. Es gibt Menschen, bei denen kribbelt es, wenn sie auf der Bühne stehen, wenn sie singen, schauspielern oder etwas darbieten. Bei anderen kribbelt es, wenn sie etwas mit ihren Händen erschaffen, etwas formen, etwas auf Papier oder Leinwand bringen.

Situationen, Menschen, Orte, Themen – all das kann ein
Kribbeln bei dir auslösen. Was das Kribbeln auslöst,
ist bei jedem Menschen anders.

Es können auch Menschen sein, die bei dir ein Kribbeln auslösen.
Menschen, mit denen du zusammenlebst oder -arbeitest, mit denen
du befreundet oder bekannt bist. Menschen, mit denen du kurz-,
mittel- oder langfristig zu tun hast. Genau diese Menschen oder
auch nur eine Person können ein unglaubliches Kribbeln bei dir
auslösen. Und das meine ich nicht nur in erotischer Hinsicht.

Im vorherigen Kapitel hast du bereits die Tätigkeiten aufgelistet,
welche du liebst und in welchen du gleichzeitig richtig gut, also genial, bist. Genau diese werden wir uns nun noch einmal vorknöpfen.

Weitere Komponenten,
die das Kribbeln beeinflussen

Wenn es kribbelt, vergeht die Zeit wie im Flug – oder sie scheint
absolut stillzustehen. Dieses Phänomen tritt auf, wenn man mit bestimmten Menschen zusammen ist oder eine bestimmte Tätigkeit
ausführt. Es kann auch sein, dass die Zeit gar keine Rolle mehr
spielt. Du kennst sicherlich den Ausdruck, dass etwas außerhalb
von Zeit und Raum passiert. Genau so fühlt es sich an, wenn es
kribbelt.

Kribbeln ist Magie, denn Kribbeln hat die Macht, die Zeit
außer Kraft zu setzen.

Je nachdem wie du so tickst, gibt es auch bestimmte Tageszeiten
oder auch Jahreszeiten, die sehr heftig kribbeln können. Orte können kribbeln. Gerade sitze ich in der Morgendämmerung in Van-

couver, circa zehn Minuten vom Strand in Kitsilano entfernt auf der wunderbaren Terrasse eines schönen Apartments, und schreibe diese Zeilen. Morgens kribbelt es bei mir wesentlich stärker als abends, und Vancouver ist zudem eine Stadt, die bei mir totales Kribbeln auslöst. Wenn dir bewusst ist, wann dieses phänomenale Gefühl einsetzt, kannst du deinen Tagesablauf und auch deine Arbeitsweise viel besser darauf abstimmen. Auch Unternehmen realisieren mehr und mehr, dass Menschen unterschiedlich sind und einen unterschiedlichen Zeitrhythmus haben. Sehr fortschrittliche Unternehmen berücksichtigen das bereits in ihrer Arbeitsplanung, und ich bin mir sicher, dass sich das im Laufe der nächsten Jahre noch viel stärker verändern wird.

Für dich ist es also existenziell, zu realisieren, zu welcher Uhrzeit es bei dir am heftigsten kribbelt.

Die Kribbel-Inventur

Der Kribbelmoment schlechthin ist, wenn alle Komponenten aufeinandertreffen: die Menschen, der Ort, die Zeit und die Tätigkeit. Das ist das Beste überhaupt. Wer bereits davon gekostet hat, kann gar nicht genug davon bekommen. Wenn sich das Kribbeln potenziert, dann gibt es kein Halten mehr. Dann fließt Energie in einer Form, die du noch nie zuvor gespürt hast.

Wenn es kribbelt, fließt Energie.
Jede Menge Energie!

Dieser Seinszustand ist absolut einmalig und wunderschön. Schauen wir uns einmal an, wie du diesen Zustand erzeugen kannst.

Jetzt geht es wieder um dich. Bitte erstelle deine Kribbel-Inventur!

Bei welchen Tätigkeiten bist du absolut begeistert?

* (Bitte schau dir dazu noch einmal die Zusammenfassung deiner Erkenntnisse der zweiten magischen Frage an.)

_____

_____

* Gibt es einen Ort (oder mehrere Orte), an denen dein Kribbeln zuverlässig einsetzt?

_____

_____

* Gibt es bestimmte Menschen, die ein Kribbeln bei dir erzeugen?

_____

_____

* Gibt es bestimmte Tageszeiten, zu denen dein Kribbeln am intensivsten ist?

_____

_____

* Wenn du hier noch nicht fündig geworden bist, wenn du noch keine Tätigkeit oder Situation entdeckt hast, die dein Herz schneller schlagen lässt und das Kribbeln freisetzt, dann gibt es noch eine weitere, sehr effektive Möglichkeit, wie du dem Kribbeln auf die Spur kommen kannst. Setz den Kribbel-Kompass ein!

_____

_____

Ein Kompass, wie du ihn kennst, zeigt dir die vier Himmelsrichtungen an, damit du weißt, in welche Richtung du gehen musst, um dein Ziel zu erreichen. Damit bietet dir ein Kompass Orientierung und Sicherheit. Auf dem Kribbel-Kompass sind statt der Himmelsrichtungen verschiedene »Treiber« verzeichnet. Treiber sind vergleichbar mit Benzin, und genau wie Benzin für einen Motor sind sie nötig, um dich in Bewegung zu bringen. Jedes Mal wenn diese Treiber eingesetzt werden, kommst du daher auch viel schneller voran. Und je bewusster dir dein Treiber ist, desto besser kannst du dich auf ihn fokussieren und von seiner Schubkraft profitieren.

Sobald deine Treiber aktiviert sind, kribbelt es.
Anders gesagt: Die Treiber sind für
dein Kribbeln verantwortlich.

Mit dem Kribbel-Kompass stellst du dir nicht die Frage nach der Richtung, sondern suchst deinen Haupttreiber, denn er verrät dir den Bereich, an dem es am intensivsten kribbelt. Deinen Treiber zu identifizieren hilft dir, dich (vom Kribbeln geleitet) viel besser in die für dich richtige Richtung zu bewegen, denn hinter jedem der vier Treiber steckt eine starke transformierende Kraft, die dir ermöglicht, dich energiegeladen in Bewegung zu setzen.

ÜBUNG: Der Kribbel-Kompass

Der Kribbel-Kompass beinhaltet vier Treiber. Ich möchte dir an dieser Stelle noch nicht verraten, wie sie heißen und welche Eigenschaften sie beinhalten, da dich das beeinflussen würde. Manchmal haben wir ein klares Bild davon, wie wir sind oder wie wir gerne wären. Würde einer der Treiber den Namen »Clown« tragen (das tut aber keiner der vier ...), hättest du sicherlich eine genaue Vorstellung, welche Eigenschaften ein Clown hat. Je nachdem ob du dich als Clown empfindest oder auf keinen Fall für einen gehalten werden möchtest, fallen deine Antworten aus. Blättere deshalb auch nicht zur Auswertung vor, sondern gib dir die Chance, wertneutral an die gleich folgenden Fragen heranzugehen. Wenn wir ein Bild hinter uns lassen, kann etwas ganz anderes entstehen oder sich noch etwas viel Erfüllenderes zeigen. Nur so hilft dir diese Übung, neue Erkenntnisse über dich ans Licht zu bringen.

Anhand der folgenden Übung werden wir eruieren, welches dein Haupttreiber ist. Bitte beantworte dazu die folgenden Fragen. Die Punkte vergibst du, indem du intuitiv bewertest, wie stark du einer Aussage zustimmst.

Auf einer Skala von 0 bis 2 bedeutet
0 = Nein, nie!
1 = Manchmal
2 = Ja, absolut!

Treiber 1

- Liebst du es, Veränderungen zu initiieren? _2_ Punkte
- Fällt es dir leicht, ständig neue Ideen zu produzieren? _2_ Punkte
- Inspirieren dich andere Perspektiven ungemein? _2_ Punkte
- Findest du immer einen Ausweg aus hoffnungslosen Situationen? _1_ Punkte
- Bist du sehr kreativ? _2_ Punkte
- Glaubst du an Magie? _2_ Punkte
- Gibst du nicht so viel auf die Meinung anderer? _1_ Punkte
- Überschreitest du auch mal Grenzen? _1_ Punkte
Addiere bitte die vergebenen Punkte: _13_ Punkte

Treiber 2

- Ist es dir wichtig, andere zu beschützen? _2_ Punkte
- Glaubst du an zweite Chancen? _2_ Punkte
- Stehen Menschen für dich stets an erster Stelle? _2_ Punkte
- Siehst du in Menschen stets das Gute? _2_ Punkte
- Besitzt du einen unbeugsamen Optimismus? _1_ Punkte
- Egal wo du bist, gelingt es dir immer, Verbindungen zu anderen zu knüpfen? _1_ Punkte
- Bist du sehr offenherzig? _2_ Punkte
- Sind Beziehungen dein Leben? _2_ Punkte

Addiere bitte die vergebenen Punkte: _14_ **Punkte**

Treiber 3

- Bist du gern der Wahrheit auf der Spur? _2_ Punkte
- Bereitet es dir Freude, dein Wissen zu teilen? _1_ Punkte
- Hast du immer wieder den immensen Drang, etwas Neues zu lernen und Neues auszuprobieren? _2_ Punkte
- Bist du gewillt, Risiken auf dich zu nehmen? _1_ Punkte
- Ist es dir wichtig, generell die tiefere Bedeutung zu ergründen? _2_ Punkte
- Liebst du Komplexität? _1_ Punkte
- Du gehst darin auf, Probleme kreativ zu lösen? _2_ Punkte
- Kannst du in einem neuen Lernprozess komplett versinken? _2_ Punkte

Addiere bitte die vergebenen Punkte: _13_ **Punkte**

Treiber 4

- Liebst du es, klare Grenzen zu setzen? *1* Punkte
- Stellst du Integrität über alles? *1* Punkte
- Schätzt du Verlässlichkeit über alle Maßen? *1* Punkte
- Gelingt es dir mit Leichtigkeit, Ordnung und Struktur ins Chaos zu bringen? *1* Punkte
- Liegen dir Gleichberechtigung oder/und Diversity am Herzen? *2* Punkte
- Wie sehr liegt es dir, Verantwortung zu übernehmen? *2* Punkte
- Sind dir Menschlichkeit und Einfachheit wichtig? *2* Punkte
- Ist für dich Transparenz das A und O? *1* Punkte

Addiere bitte die vergebenen Punkte: *11* Punkte

Der Treiber, bei dem du die meisten Punkte erhalten hast, ist dein Haupttreiber. Im Folgenden findest du die Beschreibungen zu den Treibern. Lies bitte zuerst den Text zu deinem Haupttreiber und achte dabei genau auf deine Gefühle. Solltest du zwei gleich starke Treiber haben, lies bitte beide Beschreibungen.

Treiber 1 = Treiber »Transformation«

Der Treiber »Transformation« steht bei Menschen im Mittelpunkt, die Veränderung lieben. Frische Ideen, Innovation, andere Blickwinkel, Kreativität und neue Perspektiven erzeugen hier das Kribbeln. Die Transformation ist dafür verantwortlich, dass Träume auf die Erde gebracht werden. Die Transformation kann durch Spaß und große Freude, Revolte und herzgetriebenen Aufstand oder durch pure Magie geschehen. Transformation bedeutet auch, dass sich alles zum Besseren verändern kann, dass wir mit dem Finger schnipsen und endlich das Leben leben können, nach dem wir uns zutiefst sehnen. All das bringt die wunderschöne Kraft und Energie der Transformation mit sich.

Treiber 2 = Treiber »Verbundenheit«

Der Treiber »Verbundenheit« steht bei Menschen im Mittelpunkt, die es lieben, Verbindungen zu anderen zu kreieren. Bei ihnen kribbelt es, wenn sie sich selbst oder andere glücklicher, gesünder und zufriedener machen können, indem sie zum Beispiel hingebungsvoll für sich oder andere sorgen, ein wunderschönes Zuhause gestalten, tiefe Freundschaften führen und mehr Wertschätzung und Intimität erfahren und geben. Die romantische Liebe kann ihnen ebenso wichtig sein wie der Aufbau generell friedvoller und wertschätzender Beziehungen oder eine tiefe innere Einkehr. All das entspringt der wunderschönen Energie und Kraft der Verbundenheit.

Treiber 3 = Treiber »Entdeckung«

Der Treiber »Entdeckung« steht bei Menschen im Mittelpunkt, bei denen es kribbelt, wenn sie etwas Neues entdecken, etwas aufdecken, erfinden, eine Innovation entdecken und/oder etwas erforschen. Freiheit, Unabhängigkeit und Authentizität spielen für diese Menschen eine äußerst wichtige Rolle. Es kann um die Entdeckung und Entwicklung des Selbst, um die inneren Schätze oder die Entdeckung der Wahrheit oder Entdeckungen und Innovationen im Außen, in der Welt, in allen Wissenschaften gehen. Diese Menschen gehen total darin auf, ganz neue Wege, die tiefe Erfüllung im Physischen und Spirituellen bedeuten, als Vorreiter zu beschreiten.

Treiber 4 = Treiber »Leadership«

Der Treiber »Leadership« steht bei Menschen im Mittelpunkt, bei denen es kribbelt, wenn sie andere führen oder sich für eine Sache einsetzen und enorm engagieren können. Das kann auf souveräne, heroische oder humanitäre Weise erfolgen. Diese Menschen setzen sich für diejenigen ein, die nicht für sich selbst einstehen können. Darüber hinaus lieben sie den Wettbewerb und gehen darin auf, Strukturen zu errichten, zu delegieren und natürliche Autorität walten zu lassen oder soziale Gerechtigkeit zu implementieren. Für sie ist es selbstverständlich, Verantwortung auf eine ganz natürliche Art und Weise, auch für andere, zu tragen.

Wie geht es dir nun mit deinem Ergebnis? Sind diese Erkenntnisse für dich neu, oder hattest du bereits vorher eine Idee, was da in dir schlummert?

Nutzung der Treiber im Alltag

Wie kannst du jetzt damit umgehen? Was gibt es für dich im Alltag mit den Treibern zu berücksichtigen? Achte verstärkt auf die Bereiche, in denen sich deine Treiber am liebsten tummeln. Suchst oder meidest du diese Bereiche? Wenn dein Haupttreiber zum Beispiel der Leadership-Treiber ist, du aber Führungssituationen bislang gekonnt links liegen lässt, könnte es sein, dass eine Bullshitstory wie: »Wer führt, steht alleine auf weiter Flur da!« dahintersteckt und dich davon abhält, diese Kompetenz voll zu leben. Was würde passieren, wenn du beginnen würdest, die Leader-Rolle in deinem Leben noch viel stärker zu übernehmen?

Ist dein Haupttreiber die Entdeckung? Du träumst schon lange davon, die Welt zu bereisen und besser zu verstehen, oder sehnst dich danach, dein spezielles Ding in die Welt zu bringen und etwas ganz Neues zu erfinden, doch du setzt dich nicht in Bewegung. Du bist nach wie vor in ein und demselben Job, arbeitest vor dich hin und träumst nur von den inneren und äußeren Reisen. Grund dafür könnte eine Bullshitstory sein, welche ständig durch deinen Kopf geistert: »Ich habe zu große Angst zu scheitern und lasse es lieber sein!« Dazu solltest du etwas Wichtiges erfahren: Alle – oder sagen wir zumindest die meisten – erfolgreichen Menschen sind schon (mehrfach) gescheitert, und große Innovationen wie das Penizillin sind gar durch Zufall entdeckt worden. Eines haben jedoch alle diese Menschen, die diese Entdeckungen gemacht haben, gemeinsam: Sie waren auf einem Weg. Sie haben sich aufgemacht, etwas zu suchen, etwas zu erforschen. Sie haben etwas *getan,* und das Tun bringt früher oder später immer Resultate. Wenn dein Treiber der Entdecker ist, geht es immer darum, überhaupt in Bewegung zu kommen. Lebst du ihn nicht und bewegst dich nicht, entsteht ein Ungleichgewicht.

Falls dein Haupttreiber die Transformation ist und du beispielsweise einen Job ausübst, der mit ganz viel Routine und starren Strukturen zu tun hat, liegt hier ebenfalls eine mögliche Ursache für Unzufriedenheit. Wenn du diese große Veränderungsenergie nicht lebst, dich nicht vom Fleck wegrührst oder dich immer nur in einem Lebensbereich veränderst und beispielsweise nach wie vor in einer unglücklichen Beziehung gefangen bist, dann lebst du eine große Gabe, etwas, was dich prägt und ausmacht, nicht vollends. Und das kann immer wieder zur Unzufriedenheit oder gar Unglück führen.

Sollte dein Haupttreiber die Verbundenheit sein, und solltest du feststellen, dass du ihn in jedem Lebensbereich berücksichtigt hast, kann man dir von Herzen gratulieren. Manchmal passiert es jedoch, dass gerade ein wunderbarer Mensch wie du, der diesen

Haupttreiber hat, entweder Single ist oder einen Beruf ausübt, der gar nichts mit Menschen, Wärme und Zuneigung zu tun hat. Der ganz weit entfernt davon ist, vielleicht aufregend und intellektuell anspruchsvoll ist, jedoch nicht den Haupttreiber bedient. Zumindest in einem Lebensbereich, wie einer Familie oder Partnerschaft, sollte sich dieser Treiber ausdehnen und dich in eine viel größere Glückseligkeit bringen können.

Bitte überprüfe ab jetzt Situationen, in denen bei dir ein Unwohlsein aufkommt. Erinnere dich dann an deinen Treiber und überlege, ob dein Handeln ihm gerecht wird. Der Kribbel-Kompass kann dir ganz genau die Richtung anzeigen. Er zeigt dir Situationen und Bereiche, in denen du dein Kribbeln findest.

Was ist, wenn du zwei gleich starke Treiber hast?

Niemand ist einseitig, und genauso wenig sind es die Treiber. Dennoch bergen zwei absolut gleich starke Treiber die Gefahr, nicht zielführend zu sein. Überprüfe deshalb, ob du *beide* Treiber lebst. Das bedeutet, dass du bei beiden Treibern nachspürst, ob sie in allen Lebensbereichen ausreichend vorkommen. Um Unzufriedenheit in Zufriedenheit umzuwandeln, ist das Ziel immer die Balance.

Auch ein Treiber kann sich im Laufe der Zeit verändern. Hast du irgendwann einmal das Gefühl, dass sich in einem Bereich deines Lebens die Motivation oder der Antrieb verringert, und kannst du an dieser Stelle keinen Hinweis auf eine Bullshitstory finden, mach die Übung »Kribbel-Kompass« noch einmal.

Wo kribbelt es?

Schauen wir uns jetzt konkret an, wo und wie du das Kribbeln wahrnehmen kannst. Dabei unterscheiden wir zwischen dem Ort, an dem es kribbelt, also wo genau im Körper sich dein Kribbeln zeigt, und wie sich das Kribbeln anfühlt, denn es gibt nicht das *eine* Gefühl, *das* prickelnde Feeling, diese *eine* Leichtigkeit.

Es gibt nicht DAS Kribbeln.
Kribbeln kann sich total unterschiedlich anfühlen.

Ich werde dir gleich ein paar Beispiele geben, damit du ein Gefühl dafür bekommst, wie sich dein Kribbeln anfühlen kann. Es kann sein, dass ich hier weder die Körperstelle aufzähle, an der es bei dir prickelt, noch dein spezifisches Kribbelgefühl erläutere. Das macht aber nichts, denn es ist DEIN Gefühl, und jeder Mensch fühlt anders. Wir Menschen sind einfach zu unterschiedlich, als dass etwas so Existenzielles wie das Kribbeln für jeden von uns gleich sein könnte. Du kannst dennoch das Kribbeln genau für dich definieren.

Wo genau in deinem Körper spürst du es?

Jetzt geht es wieder um dich! Denk am besten an eine Situation, in der du total begeistert warst, positiv aufgeregt oder absolut im Flow. Das kann erst kürzlich gewesen sein, vor längerer Zeit oder in deiner Kindheit. Wo kribbelt es bei dir?

Spürst du dein Kribbeln im Bereich deines Herzens? Oder kribbeln dir eher deine Füße? Spürst du das Kribbeln in deinem Brustkorb? Es kann auch sein, dass du das Kribbeln in deinem Bauch oder in deinen Beinen wahrnehmen kannst. Dein unterer Rumpf kann kribbeln. Ja sogar dein ganzer Kopf kann kribbeln. Und weißt du was? Auch Gesichter können kribbeln oder nur die Nase oder die Stirn. Hände können kribbeln. Du kannst das Kribbeln auch nur in deinen Fingern oder Fingerspitzen wahrnehmen.

Kribbeln kann in ganz unterschiedlichem Gewand daherkommen. Da jeder Mensch ein absolutes Individuum ist, fühlt sich auch Kribbeln immer wieder anders an. Ich habe bei meinen jahrelangen Befragungen selten ein und dieselbe Antwort erhalten! Kribbeln kann heiß oder kalt sein, es kann sich anfühlen wie etwas, was sich langsam ausbreitet. Kribbeln kann sich wie Ameisenkrabbeln anfühlen oder in deinen Gliedern summen. Kribbeln kann in sanften Wellen kommen, es kann dich aber auch punktuell piksen. Es kann von einer auf die andere Sekunde auftreten oder sich langsam und gemächlich aufbauen. Kribbeln kann ein leises Anklopfen sein. Es kann aber auch sein, dass das Kribbeln mit der Türe ins Haus fällt und mit einer unglaublichen Heftigkeit über dich hereinbricht.

Fest steht jedoch – egal wo und wie du dieses Kribbeln spürst –, dass das, was du da gerade machst, bzw. der oder die Personen, mit denen du gerade zusammen bist, bzw. der Ort, an dem du dich zu genau der Zeit aufhältst, dir enorm guttut.

Du weißt noch immer nicht genau, wo in deinem Körper das Kribbeln verortet ist und wie es sich anfühlt? Dann mach doch mal den Kribbel-Körper-Scan!

ÜBUNG: Kribbel-Körper-Scan

1. Leg dich ganz bequem hin, mach es dir gemütlich und schließ deine Augen.
2. Nutze das Ergebnis der »Kribbel-Kompass«-Übung. Was ist dein Treiber? Fühl dich bitte komplett in diesen Treiber ein. Spüre, was es mit dir macht, wenn du dich mit dem, was dich am meisten erfüllt, auseinandersetzen kannst. Oder nutze die Ergebnisse der Potenzial-Inventur. Was macht dir am meisten Spaß?
3. Spüre in deinem Herzen, wie dich dieser Treiber berührt. Spüre, was der Treiber mit dir macht.
4. Scanne nun deinen Körper, beginne bei deinem Kopf und wandere über deinen Hals, über deinen Oberkörper, spüre in deine Arme und Hände hinein, in deinen unteren Rumpf, deine Oberschenkel, Knie, Unterschenkel und Füße.
5. Wenn du an den Treiber oder an die eine Sache, die du liebst, denkst, wo spürst du dann dein Kribbeln?
6. Komme langsam in die Realität zurück. Wie fühlt sich dein Kribbeln an? Bitte beschreibe dies ganz genau.

Versuche von nun an jeden Tag, das Gefühl des Kribbelns für dich wiederholbar zu machen. Lege eine Tageszeit fest. Übe. Geh immer wieder die Schritte durch. Denk an deinen Treiber und geh nun direkt zu der Körperstelle, die bei dir kribbelt. Dein Kribbeln hilft dir, komplett über deine Vorstellungen und deinen Verstand hinaus zu fühlen, wahrzunehmen und dich darauf auszurichten. Es ist damit ein immens wichtiger Indikator, um noch viel mehr Leichtigkeit und Glück in dein Leben zu integrieren.

Es dauert manchmal eine Weile, dem Kribbeln auf die Spur zu kommen. Das liegt daran, dass uns unsere Vorstellungen dabei gerne einmal im Weg stehen.

Hinter deinen kühnsten Träumen

Wie oft haben wir eine genaue Vorstellung, ein absolut klares Bild von einem erfolgreichen Business, dem Traumjob, der Wunschbeziehung, dem Traumpartner, Gesundheit oder Frieden in unserer Ursprungsfamilie, finden aber nicht an diesen wunderbaren Erfüllungsort, weil wir den falschen Hinweisen folgen.

Bis vor nicht allzu langer Zeit galt unser Verstand als unser sicherster Richtungsweiser. Vielleicht bist auch du bisher eher deinem Verstand gefolgt und hast logische bzw. »vernünftige« Entscheidungen gefällt. Daran ist auch nichts verkehrt. Wenn du jedoch parallel dazu auch noch deine Gefühle mit einbeziehen würdest, wäre das noch viel produktiver. Im ersten Kapitel haben wir über den Unterschied von sinnvoll (vernünftig und eine Verstandesentscheidung) und sinnerfüllt (emotionale Entscheidung, die die inneren Bedürfnisse und das Kribbeln berücksichtigt) gesprochen. Es ist immens wichtig, den Verstand zunächst einmal vom Gefühl zu trennen, also die Vorstellung von etwas vom Gefühl, das uns das Erwünschte bescheren kann. Ich werde dir jetzt auch erklären, warum diese Trennung so wichtig ist.

Was wäre, wenn das Beste, was du dir vorstellen kannst, bereits durch den Akt der Vorstellung und das daraus resultierende Bild eine emotionale und gedankliche Begrenzung erhielte? Alle Bilder, die wir entstehen lassen können, basieren auf persönlichen Erfahrungen, Glaubenssätzen, Lernerfahrungen und unserem Weltbild.

Was wäre jedoch, wenn diese Vorstellungen den Verbleib in einer vermeintlich vertrauten, jedoch absolut begrenzenden Schublade begünstigten? Wie könnte dein Leben aussehen, wenn du über diese Begrenzungen hinausgingst und diese »Verkleidungen« Schicht für Schicht liebevoll ablegen würdest?

Meist haben wir eine ganz konkrete Vorstellung oder einen Traum, wie etwas aussehen und sein soll. Genau das können wir auch hervorragend visualisieren, uns also bildlich vorstellen. Allerdings verbinden wir mit diesem Endergebnis selten auch erfüllende Gefühle. Die wichtige Frage, die sich die meisten Menschen in dieser Situation nicht stellen, lautet: Wie möchte ich mich fühlen, wenn ich XY habe? Welches Gefühl habe ich, wenn sich der Plan, der Traum oder der Wunsch erfüllt hat?

Wenn es um Wünsche geht, nicht nur denken,
sondern intensiv fühlen!

Wenn du dir diese Frage stellst, spürst und fühlst du dich komplett in den Moment der Erfüllung ein. Das hat zwei riesige Vorteile: Zum einen programmierst du so deine Energie genau auf die Frequenz, auf welcher dieser Wunsch auch Realität werden kann. Zum anderen lässt du dem Universum die Möglichkeit offen, dir noch etwas viel Besseres zu liefern, was jenseits deiner Vorstellungskraft liegt. Ich habe schon sehr häufig festgestellt, dass das, was uns blockiert, Vorstellungen sind. Wir können durch diese Vorstellungen, die häufig durch Bullshitstorys bedingt werden und sich wie ein Filter über unsere Wahrnehmung, also auch über unsere Optik legen, bestimmte Dinge gar nicht sehen. Oder wir sehen sie nur in der Art und Weise bzw. der Farbe, die uns die Bullshitstory erlaubt. Wenn du beispielsweise die unbewusste Vorstellung hast, dass du nur mit einem großen Mann mit dunklem Haar glücklich werden kannst, wirst du unbewusst nur nach einem solchen Mann Ausschau halten. Die Bullshitstory verengt dadurch deine Wahrnehmung. Du wirst automatisch alle Männer, die für das Bild in deiner Vorstellung zu klein sind oder eine andere Haarfarbe haben, ausblenden. Sie sind für dich quasi nicht existent, da du aufgrund der Bullshitstory nur auf diesen einen Typ Mann programmiert bist. Dieses Beispiel lässt sich auch auf alle anderen Lebensbereiche, auf Berufswahl, Business, Familiengründung, Umgang mit Kindern, Kollegen, Chef, Mitarbeitern etc., übertragen.

VORstellungen sind ebenfalls Bullshitstorys und färben unsere Welt einfarbig. Wenn du beginnst, VORstellungen zu eliminieren, beginnt deine Welt viel reichhaltiger, bunter und schöner zu werden!

Wie häufig hast du dir schon vorgestellt und ausgemalt, was das Richtige für dich wäre? Für deine Gesundheit, im Job, in deinem Business? Der richtige Partner, das perfekte Verhältnis zu deiner Familie? Hattest du schon immer ein ganz bestimmtes Bild davon, wie dein Traumleben aussehen muss? Wie der Traummann oder die Traumfrau auszusehen hat? Und? Hattest du Erfolg damit? Häufig ist genau das eben nicht der Fall. Und das liegt in der Tat an unseren Vorstellungen. Um dir das näher zu erläutern, lade ich dich ein, das Wort Vorstellung etwas genauer unter die Lupe zu nehmen:

Eine Vorstellung ist zum einen ein Bild von etwas. Du stellst dir etwas, bildlich gesehen, vor. Darüber hinaus passiert aber noch etwas Spannendes. Hast du eine Vorstellung, STELLST du dein Bild VOR das, was dahinterliegt. So kannst du jedoch leider nicht mehr wahrnehmen, was noch alles da ist, was hinter dieser VORstellung liegt! Das Bild in deinem Kopf von dem, wie es sein soll, verstellt den Blick darauf. Dieses Prinzip findet sich auch in der Wissenschaft wieder. Fortschritt und Innovationen können nur entstehen, wenn nicht immer die gleichen Lösungswege oder Gedankengänge genutzt werden.

Hast du eine feste Vorstellung, wie etwas zu sein hat, stellt sich dein Bild wie eine Plakatwand vor die (unendlichen) Möglichkeiten, die dahinterliegen.

Erst wenn du dieses Bild, eben besagte Vorstellung, beiseiteschieben würdest, könntest du sehen, was dahinter ist. Das bedeutet im Klartext, dass wir unsere Vorstellungen beiseiteschieben müssen, wenn wir etwas unvorstellbar Genialem begegnen wollen. Was wäre, wenn ich dir jetzt verraten würde, dass genau dies das Geheimnis schlechthin ist? Wie würdest du dich fühlen, wenn du genau das bereits hättest, was du dir so sehnlichst wünschst?

Häufig lassen wir uns von den Bildern, die wir teils schon vor Ewigkeiten in unseren Köpfen kreiert haben, total blenden. Wir vergessen über diesen Bildern, die von unserem Verstand auf Basis unserer Erfahrung entstanden sind von dem, wie ein Job, eine Familie, ein Mann, eine Frau, ein Kind, ein Hobby oder eine Berufung auszuschauen hat, völlig etwas sehr Existenzielles. Wir ignorieren unser Gefühl zu dem, was wir uns wünschen und ersehnen. Wir vergessen, uns emotional in das Endergebnis der Situation einzufühlen. Wie fühlt es sich an, wenn ich den Job habe? Wie fühlt es sich an, wenn ich endlich nicht mehr Single bin, sondern eine wunderbare Beziehung lebe? Wie fühlt es sich an, wenn ich das Buch, das ich schon immer schreiben wollte, geschrieben habe und es sogar veröffentlicht wird? Wie fühlt es sich an, immer mehr Geld, als ich brauche, zur Verfügung zu haben? Wenn du deinem Gefühl folgst, wirst du es herausfinden.

Hinter meinen Träumen –
Meine Kribbel-Geschichte

Auch ich hatte sehr lange eine ganz klare Vorstellung davon, wie der Mann, den ich einmal heiraten möchte, auszusehen hat. Groß, dunkel und schlank sollte er sein. Diese eher unbewusste Vorstellung vereinfachte nicht unbedingt den Prozess, jemandem zu begegnen, der wirklich zu mir passte. Seien wir doch einmal ganz ehrlich: Was eine gute Partnerschaft ausmacht, sind Verständnis, Respekt, Toleranz und Harmonie; Einigkeit, Aufregung, Spaß, Lachen, gute Sexualität und Frieden, genau diese Attribute machen Liebe aus. Da mir das jedoch nicht bewusst war, suchte ich »oberflächlich« lange Zeit nach jemandem, der in mein sogenanntes Beuteschema passte. Und genau das ging nie gut. Diese Beziehungen hielten nie wirklich lange. Entweder verließ ich die Männer recht bald, oder ich wurde verlassen. Ich funktionierte eine lange Zeit nach der Bullshitstory: »Was ich haben will, das krieg ich nicht, und was ich kriegen kann, das gefällt mir nicht.« Das war auch der Grund, warum ich viele Jahre allein war. Und dieses Alleinsein war nicht immer einfach, das kannst du mir glauben. Ich wollte jedoch auch keinen Kompromiss leben. Das hatte ich zwar auch ausprobiert, aber das gelang mir noch viel weniger. Die wahrhaftige und seelisch tiefe Beziehung, nach der ich mich sehnte, ließ zunächst noch auf sich warten.

Neben meinen Aus- und Weiterbildungen als Coach, während deren enorme Selbstreflexionsprozesse angestoßen wurden, arbeitete ich auch intensiv mithilfe von Experten und Coaches an meinen Beziehungsthemen. Mir wurden immer mehr Bullshitstorys bewusst, zum Beispiel mein unbewusstes Beuteschema, warum ich immer wieder einen bestimmten Typ Mann ausgewählt hatte, mit dem ich eh nie glücklich werden würde. Da mir auch klar wurde, wie wichtig es ist, mich von den Vorstellungen (also der Optik, wie jemand auszusehen hat) komplett zu verabschieden, schlug ich im Jahr 2010 auch in der Liebe den Weg ein, den ich beruflich schon seit Langem gehe. Ich folgte nun auch in diesem Bereich ausschließlich meinem Gefühl und ließ die Vorstellungen und die Optik links liegen. Ich spürte in mich hinein und machte mir klar, welche Gefühle ich mit einem Lebenspartner verbinden möchte. Ich überprüfte, wie ich mich fühlen wollte, wenn ich mit diesem Partner zusammen war. Ich begab mich komplett auf die Gefühlsebene und trug Schritt für Schritt die mir wichtigsten Attribute zusammen. So entstand das energetische Profil eines Partners, dem ich zwar noch nicht begegnet war, der sich aber für mich optimal anfühlte. Nachdem dieses energetische Profil erstellt war, hatte ich einige Dates. Das Großartige war, dass ich superschnell spüren konnte, ob jemand in das Profil passte oder nicht. Ich machte keine Kompromisse, folgte wieder und wieder meinem Gefühl, und das führte mich zu dem Mann, den ich 2012 geheiratet habe.

Wir lernten uns über ein etabliertes Onlinedating-Portal kennen und tauschten gleich zu Beginn Fotos aus. Er wirkte auf den Bildern sehr sympathisch. Er hatte zwar helle Haare, aber ich wollte ja nicht mehr auf die Optik gucken. Wir telefonierten fleißig und waren uns gleich supersympathisch. Da wir beide jedoch beruflich sehr eingespannt waren und uns obendrein 160 km Distanz trennten, die es erschwerten, sich mal kurz auf einen Kaffee zu treffen, kam es innerhalb der ersten vier Wochen zu keinem Date. Trotzdem intensivierte sich unser Kontakt in dieser Zeit enorm. Wir telefonierten fast täglich, tauschten uns auf der persönlichen und seelischen Ebene aus, erzählten uns alles – Tiefsinniges und absolut spaßig Schwachsinniges –, und das fühlte sich megagut an! Ich spürte zutiefst, dass dies eine ganz besondere Begegnung war. Es fühlte sich so unglaublich stimmig, vertraut und schön an. Es kribbelte total. Es fühlte sich wie Ankommen, Aufbruch, Zuhause,

Wunscherfüllung und Erfüllungsort zusammen an. Das energetische Profil stimmte komplett überein. Daher waren die Anspannung und Aufregung auch wahnsinnig groß, als wir uns dann tatsächlich auf halber Strecke – ich wohnte zum damaligen Zeitpunkt in Bonn, er in Wiesbaden – zum ersten Mal persönlich, live und in Farbe begegneten.

Und als ich ihn dann zum ersten Mal live sah, hätte ich im ersten Moment am liebsten auf dem Absatz kehrtgemacht und wäre davongelaufen. Zwischen dem Foto, das er auf dem Dating-Portal eingestellt hatte, und seinem Aussehen zum damaligen Zeitpunkt lagen nicht nur 20 Kilo mehr und einige Haare weniger. Ich erfuhr, dass das Foto bereits 10 Jahre alt war, und so stand ich plötzlich vor einem komplett anderen Mann. Das war nicht die Person, die ich mir anhand der Fotos vorgestellt hatte. Und das war nicht die Person, in die ich mich schon am Telefon mehr und mehr verknallt hatte. Das Ganze wurde auch noch davon getoppt, dass er leicht humpelte, da er in seiner Jugend Leistungssportler gewesen war und seine Gelenke enorm beansprucht worden waren. Mit fortschreitendem Alter breitete sich nun eine Arthrose aus, weshalb ihm das Laufen nicht immer leichtfiel. Das war das, was ich sah, und das war das, was total weit entfernt von meiner Vorstellung war. Wir gingen in ein nahe gelegenes Lokal, um dort eine Kleinigkeit zu essen – es war Mittag. Dort kippte ich mir erst einmal zwei Gläser Sekt hinter die Binde und führte innerlich einen der heftigsten Monologe, die ich je in meinem Leben geführt habe. Auf der einen Seite sagte ich mir, der Typ gehe, so wie er aussah, gar nicht. Auf der anderen Seite fühlte ich jedoch, dass mir da der Mann gegenübersaß, den ich mir schon immer energetisch und emotional gewünscht hatte. Es war der Mann, mit dem ich die letzten vier Wochen permanent telefoniert hatte und zu dem ich ein unglaubliches Vertrauen aufgebaut hatte. Er war derjenige, bei dem ich mich unfassbar wohlfühlte und eine noch nie verspürte Ruhe und

Geborgenheit empfand. Er war der, mit dem ich superviel lachte, mit dem ich mich blind verstand, der mir in vielerlei Hinsicht ungemein ähnlich war. Genau diese beiden Stimmen diskutierten in meinem Inneren heftig. Als wir in ein Eiscafé übersiedelten und dort über eine ernste Sache aus meiner Vergangenheit sprachen, die uns beide sehr berührte, nahm er auf einmal meine Hand und begann, sie zu halten. Das Gefühl, das Kribbeln, das sich sofort auf Höhe meines Brustbeins ausbreitete, war unbeschreiblich. So erfüllt hatte ich mich ewig nicht mehr gefühlt. In diesem Moment war alles sternenklar. Ich fällte schnurstracks eine der wichtigsten Entscheidungen meines Lebens. Ich traf die Wahl, ihn wahrhaft, emotional, energetisch und jenseits jeder Vorstellung, jenseits all meiner Oberflächlichkeit und meiner »So muss es sein«-Konzepte wahrzunehmen. Und was soll ich dir sagen? Ab diesem Moment verschob sich etwas in meiner Wahrnehmung. Meine ganze Sichtweise veränderte sich, da ich durch diese Wahl alle Bullshitstory-Filter entfernte. Von diesem Moment an war dieser Mann für mich wunderschön. Seit dem Zeitpunkt dieser Wahl sah ich, was diesen Menschen wirklich ausmachte. Ich sah und spürte seine unglaubliche pure Ausstrahlung, seine unvergängliche Güte und Souveränität, seine reine Schönheit, die Schönheit seiner Seele, die Schönheit seines Seins, seine unglaubliche Größe. Und dieser Moment, dieses Ereignis berührte mich zutiefst. Diese Erfahrung prägte mich nachdrücklich. Und das Großartigste ist, dass ich, wenn ich ihn heute anschaue, immer noch genau dasselbe empfinde.

Wenn du deinem Kribbeln erlaubst,
dich an der Hand zu nehmen, kann es dich in den Raum
hinter deinen Vorstellungen führen.

Der Weg, den du dabei ab heute einschlagen darfst, ist, dem Kribbeln zu folgen. »Behind your wildest dreams«, hinter deine kühnsten Träume und Vorstellungen zu gehen, alle Bilder und Imaginationen zurückzulassen entfesselt pure Magie.

Und damit kennst du jetzt auch das dritte Element der YOUR WAY Philosophy:

**Das dritte YOUR WAY Element:
Dem Kribbeln folgen**

Du kennst sicherlich den Spruch, dass wahre Schönheit von innen kommt. Ich habe mich lange Zeit gefragt, wie man diese Weisheit leben kann. Jetzt weiß ich es. Wenn du den Übungen folgst, kannst auch du an genau diesen Punkt kommen. Auch du kannst beginnen, dem Kribbeln, dem Wohlfühlen, dem Frieden, der Sicherheit, dem Spaß, der Glückseligkeit und der Erfüllung zu folgen – in der Liebe, im Job, in Bezug auf deine Berufung, bei der Wahl neuer Freunde, was deine Kinder und deine Ursprungsfamilie betrifft.

Schauen wir uns einmal an, wie du diesen Zustand erzeugen kannst.

ÜBUNG: Energy-Floating

Kennst du diese Floating-Tanks, die es manchmal in der Therme oder im Wellnessbad gibt? Dort wird in speziellen Becken oder Tanks mithilfe von konzentriertem Salzwasser die Möglichkeit schwerelosen Treibens, regelrechten Schwebens auf der Wasseroberfläche erzeugt. Der Schwebezustand führt zu einer totalen

Entspannung. Und genau darum geht es jetzt. Du lernst jetzt, wie du regelmäßig in deiner Wunschenergie schweben kannst.

Überlege dir dafür, welchen tiefen Wunsch du hegst. Wähle einen konkreten, einzelnen Wunsch aus.

1. Mach dir bewusst, wie du dich fühlen möchtest, wenn dein Wunsch Realität geworden ist! Notiere alle Gefühle, die mit dem Eintreffen deines Traums, mit der Erfüllung deines Wunsches einhergehen. Das kann zum Beispiel Dankbarkeit, Frieden, Erfüllung, Leichtigkeit oder etwas anderes Großartiges sein. Wichtig ist, dass du komplett bei dir bleibst. Beschreibe dich. Gehe in dein Gefühl und nicht zu einer anderen Person. Beschreibe nicht, wie etwas außerhalb deiner Person sein soll.

2. Stell dir vor, du schwebst auf Energie. Und die Energie besteht aus den Gefühlen, den Zuständen, die du zuvor in Schritt 1 definiert hast.

3. Lass dich komplett von diesen Gefühlen tragen. Füll mit dieser Energie nun auch deinen Körper. Lass sie ganz langsam und sachte in dich hineinfließen. Atme sie ein oder lass sie durch deine Haut sickern, bis diese Energie deinen ganzen Körper ausfüllt. Je häufiger du diese Übung durchführst, desto mehr wirst du zum Anziehungspunkt für diese Energie, desto anziehender wirst du im Allgemeinen.

Eine Vorstellung ist ein Bild, das in dir entsteht, jedoch nach außen projiziert wird. Das Energy-Floating ist etwas, was ausschließlich in deinem Inneren geschieht und Kribbeln erzeugt.

Im nächsten Kapitel stelle ich dir anhand konkreter Beispiele vor, welche unterschiedlichen Formen das Kribbeln annehmen kann und was passiert, wenn man ihm folgt.

PRAXISBEISPIELE: Wann kribbelt es? –
Der Magie auf der Spur

Du wirst jetzt erneut in die Lebenssituationen von verschiedenen Menschen eintauchen und reflektieren bzw. spüren, ob es da einen Zusammenhang zu deinem eigenen Leben gibt. Die magische Frage in diesem Kapitel lautet: »Wann kribbelt es?« Bei Lara kribbelt es gleich für etwas ganz Neues.

1. Kribbeln kreiert Magie!

Als sich meine Klientin Lara mit ihrem »Kribbeln« auseinanderzusetzen begann, widerfuhr ihr ein echtes Wunder. Lara war knapp unter 30 Jahre alt, Diplom-Psychologin und hatte darüber hinaus noch einen Haufen erstklassiger Weiterbildungen im Coachingsegment absolviert. Seit zwei Jahren war sie im Coachingbusiness selbstständig, ihr Job lief jedoch nicht richtig an. Obwohl sich Lara ungemein bemühte und unzählige Maßnahmen wie klassische Werbung, Podcasts, Blogartikel und Posts in diversen sozialen Medien anschob, wollte ihre Praxis nicht so richtig florieren. Durch die Beantwortung der ersten magischen Frage kam Lara zu einer wichtigen Erkenntnis. Sie erkannte, dass sie nach der Trennung ihrer Eltern – sie war damals im Teenageralter gewesen – unbewusst die komplette Verantwortung für ihren mittlerweile erwachsenen, jüngeren Bruder auf sich genommen hatte. Sie hatte ihn seit der Scheidung der Eltern unbewusst behütet, beschützt, kümmerte sich nach wie vor um ihn und war immer wieder immens besorgt um sein Wohlergehen.

Lara hatte bereits (anhand der zweiten magischen Frage) in einer der Übungen festgestellt, dass das »Spielen« in ihrem Leben immer schon eine wichtige Rolle gespielt hatte, dass sie das Spiel/Spielen jedoch aktuell in keinem wicnhtigen Lebensbereich oder ihrem Business lebte. Sie hatte unbewusst alles Spielerische, Alberne und Leichte aus ihrem Business verbannt. Sie war lange der Bullshitstory gefolgt, für ihren Bruder sorgen zu müssen. Aufgrund dieser Verantwortung gab es für das Spiel keinen Platz in ihrem Leben. Die Verantwortung, die sie unbewusst für ihren Bruder in ihrem Leben übernommen hatte, wog schwer in Laras Leben, und es kam für sie einer Erlösung gleich, das bewusst zu erkennen, zu akzeptieren, dass sie das *nicht* musste, und sich von diesem Ballast zu befreien.

Bei der Beantwortung der zweiten magischen Frage hatte Lara folgende Wortschöpfung kreiert: Ich kann »Erlösung, Befreiung und Ganzwerdung« sein. Das waren die Gefühle und Zustände, die sie (und das auch nach wie vor!) in ein absolutes Glücksgefühl versetzten. Sie schrieb mir dazu: »Es fühlt sich so an, als wäre ich eine verpuppte Raupe gewesen, die sich befreit und sich nun endlich als Schmetterling zeigt.« Und weißt du was? Dieses Gefühl hat Lara an einen komplett neuen Wendepunkt in ihrem Leben geführt. Sie beschloss, Schauspielerin zu werden. Das Spielen war durch die magischen Fragen an die erste Stelle und in ihr Bewusstsein gerückt. Sie erkannte, wie existenziell Spielen für sie ist. Sobald sie ans Spielen dachte, sich in dieser Situation sah, kribbelte es wie verrückt. Und noch etwas Zauberhaftes ereignete sich. Lara traute sich, trotz fehlender Schauspielerfahrung, an einem Casting teilzunehmen. Ohne zu zaudern, völlig überzeugt und voller Vorfreude und Kribbeln trat sie an, und man war auf Anhieb so begeistert von ihr, dass das Seriendrehbuch umgeschrieben und eine eigens für sie passende Figur erfunden und etabliert wurde.

Ja, an unserem Erfüllungsort anzukommen kann wahrhaft magisch sein. Es können sich da Möglichkeiten auftun, die zuvor undenkbar waren. Und das hat eindeutig mit unserer Energie, mit der hohen positiven Schwingung zu tun, die am Erfüllungsort vorherrscht. In dem Gefühl der Erfüllung schwingen wir uns empor. Glück, Dankbarkeit, Freude und Spaß sind enorm positive Gefühle. Wir sind in diesem Zustand ein Erfüllungsmagnet, der Erfüllendes magisch anzieht. Lara ist nicht die einzige meiner Klientinnen und Klienten, die diese unbeschreibliche Erfahrung gemacht hat.

Auch wenn Lara ihren Erfüllungsort gefunden hat, weiß sie jetzt, dass sie genauso gut irgendwann wieder als Psychologin oder Coach arbeiten kann. Sie weiß, dass sie bis an ihr Lebensende Schauspielerin bleiben kann, aber nicht Schauspielerin bleiben muss. Sie hat erkannt und gefühlt, dass sie immer wieder neu starten und sich neu erfinden und neu definieren darf. Sie weiß, dass sie jederzeit aufs Neue die vier magischen Fragen nutzen kann. Sie weiß, dass sie in dem Moment, in dem sie keine Erfüllung mehr verspürt, in dem sich ein Ungleichgewicht breitmacht, in dem Moment, in dem die Unzufriedenheit wieder zuschlägt, keine Angst haben muss. Sie weiß, dass sie die absolute Wahl hat und dass dann etwas Neues und Beglückendes nur darauf wartet, von ihr aufgedeckt zu werden.

Egal an welcher Stelle deines Lebens du gerade stehst, was du beruflich machst oder was deine Planung bisher war: Auch du kannst mithilfe deines Kribbelns etwas Magisches auslösen.

Daher nun die folgenden Fragen an dich:

* Glaubst du, dass du das, was du derzeit machst, immer weiter machen musst?

  _____

  _____

* Wie sehr kribbelt diese Tätigkeit?

  _____

  _____

- Was würde passieren, wenn du das hinter dir ließest?

  _____

  _____

- Denkst du, dass etwas in deinem Leben umsonst war?

  _____

  _____

Lara hat über das Kribbeln eine neue Passion entdeckt. Es ist aber nicht immer nur der Job, in dem wir Erfüllung finden. Manchmal sind es auch wir selbst.

2. Über Grenzen zum Kribbeln!

Eine andere existenzielle Erfahrung machte meine beruflich sehr erfolgreiche Klientin Claudia. Sie fand ihr Kribbeln, nachdem sie große persönliche Herausforderungen, Hindernisse und Krankheiten überwunden hatte. Claudia war Single und in ihrem Job viel unterwegs. Sie liebte das Reisen, zu Hause war sie eher rastlos. Claudia titulierte sich selbst als »moderne Nomadin«. Auf einer ihrer zahlreichen Geschäftsreisen bemerkte sie auf einmal, dass sie nicht mehr gut sehen konnte, und ihre Augen schmerzten phasenweise stark. Sie ließ alles schulmedizinisch checken, erhielt jedoch keinen Befund. Ihr Arzt konnte sich weder die Schmerzen noch die von Zeit zu Zeit auftretende Sehschwäche erklären. Die Probleme traten immer häufiger auf, sodass sie auch Claudias freiberufliche Tätigkeit mehr und mehr beeinflussten und sie sogar Aufträge absagen und, was sie hasste, zu Hause bleiben musste. Claudia konsultierte weitere Ärzte, doch keiner von ihnen konnte eine eindeutige Diagnose stellen.

Als Claudia begann, mit den magischen Vier zu arbeiten, stellte sie recht bald fest, dass es neben der Erkrankung ihrer Augen eine heftige Bullshitstory in ihrem Leben gab, die in Zusammenhang mit ihrem 28-jährigen Sohn Martin stand, der nach wie vor bei ihr wohnte. Claudia war es als alleinerziehende Mutter so sehr gewohnt, Verantwortung für alles und jeden zu übernehmen und zu tragen, dass sie gar nicht realisiert hatte, wie sehr dieses Zusammenleben mittlerweile ihren Gemütszustand beeinflusste. Ihr Sohn beteiligte sich weder am Haushaltsgeld noch an der Hausarbeit. Claudia kaufte ein, wusch und kochte vor für ihn. Sie war eben eine verantwortungsbewusste, alleinerziehende Mutter, die ihren Mann stehen musste. Ihr wurde klar, wie sehr sie das bereits die letzten Jahre unbewusst belastet hatte. Des Weiteren realisierte sie, dass sie es nie vermocht hatte, ihm gegenüber klare Grenzen zu formulieren. Sie hatte von ihrem Sohn nie eingefordert, sich an der Hausarbeit zu beteiligen, sondern stillschweigend darauf gehofft, dass er von sich aus auf die Idee käme, ihr zu helfen. Sie hatte ihm nie ihren persönlichen Standard, was ihr Zusammenleben betraf, kommuniziert, auch weil sie ein schlechtes Gewissen hatte, dass er ohne »heile« Familie aufwachsen musste. Ihr wurde klar, dass sie ihm alle Entscheidungen und Lasten abgenommen hatte, ihm aber dadurch auch nie die Möglichkeit gegeben hatte, Verantwortung im gemeinsamen Haushalt und auch darüber hinaus in seinem Leben zu übernehmen und zu tragen. Sie erkannte, dass sie eine endgültige liebevolle Grenze ziehen musste, um ihren Sohn in die Selbstverantwortung zu entlassen. Allein bei diesem Gedanken kribbelte es bei Claudia. Sie hielt dieses Kribbeln anfangs für Nervosität, lernte aber, dass es Vorbote ihrer Transformation war. Es war nicht leicht für sie, das Ganze ihrem Sohn gegenüber anzusprechen, ohne ihm Vorwürfe zu machen, und die Phase der Wohnungssuche und sein Auszug waren für Claudia eine totale Herausforderung. Jedoch spürte sie durch ein nun verlässlicheres Kribbeln, dass dieser existenzielle Schritt wirklich anstand und

Martin nun lernen durfte, die komplette Verantwortung für sein Leben selbst zu übernehmen. Claudia musste *nicht* lebenslang verantwortlich sein. Sie konnte eine eigenständige Frau mit Bedürfnissen und Wünschen sein.

Nachdem ihr Sohn glücklich in der eigenen Wohnung angekommen war, begann bei Claudia ein immer stärker werdendes Gefühl des Kribbelns einzusetzen. Dieses Kribbeln, die Glückseligkeit, das Gefühl des Angekommenseins erfüllte sie total. Sie tanzte in ihrer Wohnung zu lauter Musik, strich die Wände farbig, kaufte sich ein neues Sofa und rosafarbene Vorhänge, was sie ihrem Sohn zuliebe niemals getan hätte. Das erste Mal fühlte sie sich angekommen und zu Hause, und kurz darauf stellte sich ihre Sehfähigkeit wieder vollends ein, und auch die Schmerzen vergingen.

Claudia war zum ersten Mal in ihrem Leben in totaler Balance mit sich. Sie hatte klare Grenzen definiert, hatte ihrem Sohn endlich die Chance gegeben, auf eigenen Füßen zu stehen, und das fühlte sich für Claudia himmlisch an. Und noch etwas anderes Magisches hatte sich ereignet. Durch Martins Auszug hatte Claudia, die lange Zeit ohne Partner gelebt hatte, den Raum für neue Beziehungen geschaffen. Indem sie sich komplett von der Verantwortung befreit hatte, entstand Platz für die Liebe. Und was soll ich dir sagen? Die Magie des Kribbelns dehnte sich recht rasch noch weiter aus. Nicht lange nach Martins Auszug begegnete Claudia ihrem heutigen Lebensgefährten. Heute lebt sie glücklich verliebt in einer wunderbar gleichwertigen Beziehung, in der gegenseitiger Respekt, absolute Selbstverantwortung und gesunde Grenzen das Fundament bilden. So eine Beziehung hatte sie noch nie zuvor gehabt. Aufgrund ihrer Verhaltensänderung, auf Basis der gesunden Grenzen, konnte sie endlich einem Partner begegnen, der liebevoll mit ihr umgeht und auch ihre Grenzen nicht überschreitet.

Anhand dieses Beispiels möchte ich dir deutlich machen, wie existenziell das Setzen von gesunden Grenzen ist. Claudia hat ihre Grenzen durch das Kribbeln erspürt, und ohne diese Grenzen kann sich bei den meisten Menschen das Kribbeln gar nicht erst einstellen. Ohne das Artikulieren deiner Standards, deiner Werte, kann dein Gegenüber oft gar nicht nachvollziehen, wie es dir geht. Andere Menschen ticken eben anders. Und auch wenn wir uns immer wieder denken und sagen, dass etwas selbstverständlich ist, und uns dann darüber aufregen, dass es der andere nicht als ebenso selbstverständlich ansieht – es liegt in unserer Macht, genau diese Situation zu verändern. Es liegt in unserer Macht, einen viel besseren Kommunikationsstandard zu implementieren, der von Wahrhaftigkeit und liebevollen Grenzen geprägt ist. Das ist nicht leicht. Aber was wir uns an dieser Stelle auch fragen sollten, ist: Was ist die Alternative? Einen Streit zu beginnen? Immer wieder frustriert zu sein? Auf etwas zu warten, das von allein nicht eintreten wird?

Meiner Erfahrung nach sind das jedoch keine Alternativen. Wir wollen keine Mogelpackung leben. Wir wollen gesehen und gehört werden, so wie wir wahrhaft sind. Unser Ziel sollte immer die Leichtigkeit sein, und um Leichtigkeit auf Dauer zu etablieren und permanent leben zu können, müssen wir die Schwere Stück für Stück entfernen. Daher kann dir dieses Beispiel auch noch einmal verdeutlichen, wie immens wichtig der reinigende Faktor der ersten magischen Frage ist. Ohne den Dingen auf den Grund zu gehen, ohne zu eruieren, was du definitiv *nicht* musst, wird sich die Tür zum Kribbeln nur schwer öffnen lassen.

Claudia musste begreifen, dass sie *nicht* alles geben muss. Sie durfte sich selbst durch gesunde Grenzen schützen. Claudias Beispiel ist auf jedes andere Szenario (privat und geschäftlich) als auch auf alle anderen Personen in deinem Umfeld übertragbar. Liebevolle Grenzen sind wichtig.

Daher nun die folgenden Fragen an dich:

- Gibt es auch in deinem Leben Menschen, die ständig deine Grenzen überschreiten? Wer sind sie?

_____

_____

- Welche Grenzen und Standards könntest du ab sofort liebevoll kommunizieren?

_____

_____

- Wie kannst du nun die Situation beeinflussen, um dein Kribbeln zu aktivieren?

_____

_____

- Welche Grenzen kannst du nun in Respekt und Liebe tätigen, um wieder in deine volle Kraft zu gelangen?

_____

_____

Claudia hat über ihr Kribbeln ihre eigenen Grenzen gefunden.
Im nächsten Beispiel möchte ich dir zeigen, was passiert, wenn man sein Kribbeln verdrängt, ignoriert und nicht lebt.

3. Frühe Pflicht – spätes Kribbeln

Als ich meinen Klienten Dieter das erste Mal traf, war er Anfang 50 und unterrichtete seit fast 25 Jahren als Lehrer an verschiedenen Gymnasien. Seit langer Zeit bereits ging es Dieter nicht gut, und mit der Zeit fühlte er sich immer geschwächter und kränker. Es fiel ihm zunehmend schwerer, den täglichen Weg in die Schule anzutreten. Auch das Verhältnis zu seinen Schülern gestaltete sich ungemein schwierig. Häufig schlug ihm absolute Respektlosigkeit entgegen. Dieter kämpfte permanent. Er kämpfte um Anerkennung, darum, akzeptiert zu werden, und dafür, von seinen Kollegen toleriert zu werden. All das stand Dieter allein durch, da er nie eine Familie gegründet hatte. Es erschien ihm seit jeher viel zu anstrengend, eine Frau kennenzulernen, Kinder in die Welt zu setzen und sich wirklich um sie zu kümmern, da er spürte, dass er dafür gar nicht die Kraft hatte. Seine eh schon geringe Kraft schwand in seiner Tätigkeit als Lehrer täglich mehr. Er übte einen Job aus, der ihn kein Stück erfüllte, sondern nur belastete. Sein Leben war bleischwer.

In unseren Gesprächen wurde schnell deutlich, dass Dieters Jugendtraum darin bestanden hatte, Künstler zu werden. Schon als Kind hatte er begonnen, sich kreativ auszudrücken, zu malen und zu zeichnen. Er konnte in diesem Tun absolut versinken, die Zeit vergessen und einfach nur glücklich sein. Seine Kunstlehrer auf dem Gymnasium attestierten ihm zudem ein außergewöhnliches künstlerisches Talent und empfahlen Dieter, Kunst zu studieren. Genau das war auch von frühester Jugend an Dieters großer Traum. Seine Eltern hatten jedoch andere Pläne für den einzigen Sohn. Ihrer Meinung nach war Kunst brotlos (eine klassische Bullshitstory!), und sie befürchteten, dass man als Künstler weder sich, geschweige denn eine Familie ernähren könne, dabei wünschten sie sich doch so sehr Enkelkinder! Dieter wurde also Lehrer, und trotz eines guten

Gehalts versetzte ihn der Gedanke an eine eigene Familie in Angst und Schrecken. Wenn er schon den Job nicht schaffte, wie sollte er da eine Familie versorgen?

Was Dieters Eltern artikulierten, war in ihrer Liebe und in ihren Sorgen begründet. Eltern dieser Generation, meine Eltern, die Eltern eines Großteils meiner Klienten, jedoch auch die Eltern eines Großteils der Studierenden, mit denen ich seit Jahren an diversen Universitäten und Hochschulen arbeiten darf, wünschen sich für ihre Kinder Sicherheit. Und dieser Wunsch ist keineswegs abwegig, sondern aus Elternsicht nachvollziehbar und selbstverständlich. Allerdings sollten wir generell das Konzept der Sicherheit unter die Lupe nehmen. Die Sicherheit im Außen, in einer unbefristeten Anstellung, in einer Ehe zu finden galt lange Zeit als einzige Möglichkeit, ein solides Leben zu leben. Heute leben wir jedoch in einer Zeit, in der Transformation unser tägliches Leben bestimmt. Die Komplexität wächst täglich an. Fast wöchentlich müssen wir uns mit neuen Technologien auseinandersetzen. Zukunftsforscher prognostizieren, dass Studienabsolventen von heute in ihrer beruflichen Karriere mindestens 7-mal nicht nur die Stelle, sondern gar die komplette Branche wechseln. Geradlinige Lebensläufe sind schon heute häufig nicht mehr gefragt. Somit rückt auch eine andere Kompetenz in den Mittelpunkt. Und diese Kompetenz ist die Selbstsicherheit.

> Wer aus dem Innern heraus endlos Sicherheit
> schöpfen kann, wird dieser Sicherheit immer auch
> im Außen begegnen!

Ohne die innere Übereinstimmung, ohne kongruente Selbstsicherheit wird es daher immer schwerer, Sicherheit im Außen, in Form einer langjährigen Anstellung, einer Beziehung etc. zu finden. Dessen waren sich jedoch weder Dieters Eltern noch Dieter selbst bewusst. Seine Eltern wünschten sich von Herzen, dass ihr Sohn etwas »Vernünftiges« lerne. Etwas, womit er sein Leben lang Geld verdienen könne.

Was Dieters Eltern und auch viele andere Eltern nie gelernt haben, ist, zu verstehen, was passieren kann, wenn man dem Kribbeln nicht folgt. Das Kribbeln zu ignorieren bedeutet, sich komplett von der Leichtigkeit abzuschotten. Es bedeutet, wie bereits eingangs erwähnt, sich überwiegend in der Schwere aufzuhalten, in einer sehr niedrigen Energiefrequenz. Schwere bedeutet Stress. Stress wirkt sich auf Dauer belastend auf unseren seelischen und körperlichen Zustand aus. Dieter hat das in aller Härte erfahren. Sein Job kostete ihn seine ganze Kraft. Er war so bemüht, alles dafür zu tun, das zu erfüllen, was andere von ihm erwarteten, dass er nicht realisierte, dass sein Umfeld längst spürte, dass er kein Lehrer aus Leidenschaft war. Daher konnte ihm auch niemand den so sehr ersehnten Respekt zollen. Dadurch, dass Dieter nicht seinen eigenen Träumen, sondern dem Wunsch seiner Eltern nachkam, lebte er das, was *sie* wollten. Er lebte Lichtjahre von seinem (ihm eigentlich bekannten) Erfüllungsort entfernt, überging sich dabei komplett selbst und bezahlte dafür einen sehr hohen Preis. Seine Gesundheit ließ ihn mehr und mehr im Stich. Sein Körper rebellierte und signalisierte ihm schon sehr früh, dass er nicht mehr mitkam. Dieter überging jedoch auch diese Zeichen, da die Schwere und das Kämpfen ihm vertrauter waren als die Leichtigkeit. Also wurde es immer schlimmer, und es kam der Tag, an dem Dieter zusammenbrach. Diagnose: Burn-out, Einlieferung in die Klinik und anschließende Reha.

In der Reha fand Dieter durch einen Zufall eine Tür, die er unbewusst vor über 25 Jahren geschlossen hatte und die nun an einem Ort, an dem er heilen sollte, wieder geöffnet wurde. Dieter erkannte, dass er eigentlich immer nur eine Sache, dieses eine Ding, heiß und innig begehrt hatte: die Malerei – seiner kreativen Schaffenskraft Ausdruck zu verleihen. Erfüllt aus der Reha zurückgekehrt, stand Dieter nun vor der Herausforderung, weitere Entscheidungen hinsichtlich seiner Zukunft zu treffen. Er folgte seinem neu erwachten Kribbeln, kündigte seinen Job an der Schule und schrieb sich an einer Kunsthochschule ein. Er hatte Ersparnisse und konnte es sich leisten, zu lernen, zu studieren und wieder zu malen. Doch irgendetwas bremste ihn immer wieder aus, etwas, das er alleine nicht identifizieren konnte. Zu dem Zeitpunkt begann ich, mit Dieter zu arbeiten. Schnell wurde auch der Grund für sein Unwohlsein deutlich. Dieter verschwieg (mit seinen fast 53 Jahren) seinen Eltern, die beide gesundheitlich nicht mehr auf der Höhe waren, dass er seinen Job gekündigt hatte und sich nun nur noch mit Kunst beschäftigen wollte. Sie wussten davon nichts. Und das war auch der Grund, warum Dieter immer wieder sein Kribbeln abwürgte und sich somit in seinem künstlerischen Schaffen ausbremste.

Der künstlerische Flow, diese wunderbare, hohe Energie, die einen Raum und Zeit vergessen lässt, dieses Gefühl, das einem erlaubt, komplett eins mit der eigenen Kreativität und Schöpferkraft zu werden, dieses Gefühl hatte Dieter in der Reha zurückgelassen. Mit seiner Rückkehr in sein Leben hatte er zwar den Entschluss, jetzt Künstler zu sein, komplett durchgezogen, doch das, was für ihn unbewusst am wichtigsten war, fehlte ihm. Die Absolution, die Erlaubnis seiner Eltern. Nur noch diese Absolution trennte ihn gefühltermaßen von dem Leben voller Kribbeln, von dem er immer geträumt hatte. Was für eine Bullshitstory! Dieter begann an dieser Bullshitstory zu arbeiten. Er begann, seine Ängste in den Griff zu bekommen. Er begann zu begreifen, welcher Komplex an Bullshitstorys, schweren Bewertungen und Selbstverleugnungen ihn in den Burn-out geführt hatte. Er begriff, dass er nicht der Sorge seiner Eltern ausgeliefert sein musste, und er lernte neue Wege der Selbstverwirklichung kennen, die ihm erlaubten, in Liebe und Respekt Grenzen zu setzen. Dieter führte das Gespräch mit seinen Eltern.

Und weißt du was? Das Gespräch lief absolut friedlich und liebevoll ab. Seine Eltern waren glücklich, dass es ihrem einzigen Sohn wieder besser ging. Ihnen war überhaupt nicht bewusst gewesen, und das war auch Dieter mit der Zeit klar geworden, welche Auswirkungen ihr damaliger Wunsch nach Sicherheit auf Dieters Leben gehabt hatte.

Heute beschäftigt sich Dieter nach wie vor ausschließlich mit Kunst und plant gerade seine nächste Ausstellung. Dieter muss sich *nicht* unterordnen und die Bedürfnisse anderer erfüllen. Er kann Künstler sein. Dieter dauerkribbelt heute. Er ist angekommen. Dafür ist es nie zu spät. Wie Dieter geht es vielen anderen Menschen in den unterschiedlichsten Tätigkeiten.

Daher nun die folgenden Fragen an dich:

- Bist du beruflich dem Kribbeln deiner Jugend gefolgt?

  _____

  _____

- Lebst du etwas, was dein Kribbeln jeden Tag aufs Neue entstehen lässt?

  _____

  _____

- Hast du deine Beziehung/deine Ehe/deinen Beruf auf Basis der Sicherheit ausgewählt?

  _____

  _____

- Was kannst du noch heute daran verändern, um deinem Kribbeln zu folgen?

  _____

  _____

Dritte Station: HIER kribbelt es bei mir!

Schon wieder hast du eine weitere große Wegstrecke der Reise zu deinem Erfüllungsort zurückgelegt. Du weißt jetzt, wann es bei dir kribbelt!

Fasse deine Erkenntnisse hier noch einmal für dich zusammen:

- Wenn du Single bist: Welche Gefühle möchtest du in einer Beziehung spüren? Wie möchtest du dich fühlen, wenn du mit deinem Partner/deiner Partnerin zusammen bist?

  _____

  _____

- Wenn du in einer Beziehung lebst: Wie möchtest du dich in dieser Beziehung fühlen?

  _____

  _____

- Bei folgenden (kreativen) Tätigkeiten kribbelt es bei mir:

  _____

  _____

- Folgende Werte kribbeln immens:

  _____

  _____

- Folgender Job/folgendes Business kribbelt bei mir am heftigsten:

  _____

  _____

- Das Ergebnis meines Kribbel-Kompasses, mein Haupttreiber, ist:

_____

_____

Bist du jetzt, wo du ein Gefühl dafür bekommen hast, bei welchen Themen es bei dir kribbelt, bereit, den nächsten Schritt zu gehen und herauszufinden, wie du dauerhaft an deinen Erfüllungsort kommst? Im nächsten Kapitel klären wir, was du konkret tun kannst, um wirklich dort zu landen und zu bleiben. Auf geht's!

»Wenn du ohne Sicherung springst und
das Gefühl hast, gleich zu zerschellen,
dann fängt dich die Magie auf. Immer!«
Theresa Röschmann

Die vierte magische Frage:
»Wie komme ich dahin?«

Herzlichen Glückwunsch! Es gibt einen Grund zum Feiern, denn
wieder hast du die Entfernung zwischen deinem momentanen
Status quo und deinem Erfüllungsort verringert. Dich trennt nur
noch eine geringe Wegstrecke davon, endlich bei dir, an deinem
Erfüllungsort, anzukommen. Die vierte magische Frage hilft dir,
diese letzte wichtige Wegstrecke auf deine Art und in deinem
Tempo zurückzulegen.

Die vierte und letzte magische Frage zielt ganz klar darauf ab, dass
du ins Tun kommst. Du lernst hier verschiedene Handlungsoptio-
nen kennen, die dir helfen, die Unzufriedenheit vollends in Frieden
und Glückseligkeit zu transformieren. Diese letzte Verwandlung
findet an deinem individuellen Erfüllungsort statt.

Durch die erste Reisestation hast du erkannt, was du alles *nicht*
musst, du hast Bullshitstorys, schwere Bewertungen, Sorgen und
Ängste identifiziert und gelernt, diese mehr und mehr hinter dir zu
lassen. Du hast dich aus den Schubladen erhoben, hast die Ketten
gesprengt und hast damit den Weg zur zweiten Station zurückgelegt. Hier hast du erkannt, wer du sein kannst. Du hast erkannt,

dass du eine Wahl hast. Du hast erkannt, dass du viel mehr Potenzial besitzt, als du gedacht hast. Du hast dich gefunden. Dann hast du dich erneut auf die Reise begeben, bist dem Kribbeln auf die Spur gekommen, bist dem Kribbel-Kompass gefolgt und hast deutlich gespürt, was, wann und wie es bei dir kribbelt. All das ist entscheidend dafür gewesen, um nun den letzten Streckenabschnitt zu erobern, an dessen Ende der Erfüllungsort auf dich wartet.

Ankommen ist AKTION

Alles, was du bis dato erarbeitet hast, war die Basis, die Grundlage für diese letzte Wegstrecke. Was jetzt ansteht, ist wie jeder der anderen Punkte existenziell für deinen Frieden und deine Glückseligkeit, gleichzeitig aber eine der größten Herausforderungen für dich. Denn hier darfst du nun unter Beweis stellen, was du alles gelernt hast, und zeigen, dass du das, was du gelernt hast, auch umsetzen wirst.

Wenn du beispielsweise realisiert hast, dass du gesünder leben möchtest, dann muss auch im Alltag, in deiner täglichen Ernährung und im Umgang mit deinem Körper etwas komplett anderes als bisher getan werden. Du könntest den Tag mit einem Spaziergang beginnen. Du könntest eine deiner drei Mahlzeiten gegen eine supergesunde Mahlzeit oder einen Smoothie austauschen. Mit irgendetwas, zumindest aber einer kleinen Änderung, darfst du JETZT loslegen. Das ist immens wichtig, um dir selbst das Gefühl zu vermitteln, dass du etwas ändern kannst.

Auch kleine Verhaltensänderungen sind Gold wert.
Aus ihnen können sich größere Schritte entwickeln.

In der Küche meiner Omi hing ein Schild, auf dem stand: »Ab morgen wird gespart!« Ich sah dieses Schild beim Abendessen, und wenn ich am nächsten Morgen darauf schaute, stand da immer noch dieselbe Botschaft. Habe ich als Kind viel gespart? Nein! Ich hatte ja Zeit, es am nächsten Tag anzugehen. Das hatte ich schließlich schriftlich! Diese Bullshitstory durfte ich irgendwann hinter mir lassen. Dieser Satz, der für mich zu einer Bullshitstory wurde, ist ein hervorragendes Beispiel – er spiegelt das Prinzip der Prokrastination, der Aufschieberitis, exzellent wider. Und wer kennt das nicht? Wer erledigt alles immer am ersten Tag? Gewiss gibt es Menschen, die das tun. Aber die meisten fallen zunächst in den Modus des Aufschiebens und reden sich selbst ein, dass ja morgen auch noch ein Tag sei, mit der Veränderung zu starten. Das ist absolut normal. Bitte verurteile und bewerte dich selbst nicht schwer, wenn du spürst, dass du deinen Allerwertesten doch nicht in Bewegung setzen kannst, obwohl du weißt, wie wichtig das jetzt wäre.

Die Verhaltensänderung ist oft die größte Herausforderung für uns. Hier zeigt sich, wie gut und ehrlich wir wirklich mit den Bullshitstorys aufgeräumt haben. Eines kann ich dir versichern, da ich die Stationen immer wieder selbst durchschritten habe: Wenn du das, was dich bis dato aufgehalten hast, identifiziert hast, wenn du deine Potenzialstückchen integriert hat, wenn du dem Kribbeln folgst, wenn du also komplett auf deinem Weg bist, dann kann dich nichts mehr aufhalten. Dann hast du jeden Tag aufs Neue die Energie, das, was du dir ersehnst, in deine Welt zu bringen. Dann fällt dir jede Aktion leicht. Dann gibt es keinen inneren Schweinehund, der immer wieder überwunden werden muss. Dann gibt es auch keine Komfortzone, aus der du dich herausbewegen musst. All diese Konzepte sind dann hinfällig.

Wenn wir nicht in die Gänge kommen, liegt es daran, dass wir nicht unseren Weg gehen.

Falls du in diesem Kapitel also bemerkst, dass du nicht wirklich vorankommst, darfst du noch einmal zurückgehen. Dann darfst du dich erneut mit den vorherigen Fragen auseinandersetzen. Auch das ist übrigens total normal, denn schließlich müssen wir erst einmal lernen, wie wichtig es ist, uns nicht selbst zu täuschen. Selbsttäuschung ist schnell geschehen. Wir sind Meister darin, uns einzureden, dass es so schlimm ja gar nicht ist, dass es anderen noch viel schlechter geht als uns, dass wir uns glücklich schätzen können, dass wir das haben, was wir haben. Bullshit. Bullshit. Bullshit.

Vergleiche sind entweder schwere Bewertungen oder Bullshitstorys. Hinter Vergleichen versteckt sich immer ein Minderwert bzw. ein unreflektiertes und noch gering ausgebildetes Selbstbewusstsein. Selbstbewusstsein bedeutet, sich seiner selbst bewusst zu sein, seine Potenzialstückchen zu kennen. Es bedeutet, die eigenen Bullshitstorys zu entlarven. Es bedeutet, sich selbst wirklich zu kennen. Nur wenn du dich hinterfragst, kannst du dir auch adäquat vertrauen. Oder würdest du der Meinung eines Fremden folgen? Ganz sicher würdest du auf dessen Meinung nicht so viel geben wie auf die eines guten Freundes. Wenn du dich jedoch intensiv mit den ersten beiden magischen Fragen beschäftigst, lernst du dich viel besser kennen und wirst somit auch mehr Selbstbewusstsein integrieren. Je häufiger du das daher tust, desto besser wirst du auch mit dieser letzten Frage arbeiten können.

Alles, was dich davon abhalten könnte, jetzt wirklich in Aktion zu treten und alles dafür zu tun, um an deinem Erfüllungsort anzukommen, hast du durch die Beantwortung der magischen Fragen hinter dir gelassen. Alles, was dazu führt, dass Frieden und Glückseligkeit zu deinen ständigen Begleitern werden, hast du durch die intensive Ergründung deiner selbst ausgesät. Wenn du nun die letzte Wegstrecke zurücklegst und die Geheimnisse des »In-Aktion-Gehens« kennenlernst und umsetzt, wirst du an deinem Erfüllungsort landen. Da du jedoch an einen Erfüllungsort möchtest, an dem du nie zuvor warst, darfst du nun auch komplett andere Handlungen kennenlernen, um diesen zu erreichen. Das ist die Magie dieser Frage.

Das klingt anstrengend? Das mag sein. Aber wenn du nicht gefordert wirst, wo, denkst du, bleibst du dann? Du wirst dort bleiben, wo du dich sicher fühlst. Du wirst in deinem gewohnten Rahmen weitermachen wie bisher. Weil du aber jetzt viel bewusster bist, wird dir das sehr schwerfallen. Du hast die Büchse der Pandora geöffnet. Du hast Zusammenhänge erkannt, die dir zuvor nicht bewusst waren. Du hast komplett neue Perspektiven einnehmen können. Du weißt, was es bedeutet, durch eine bewertungsfreie Brille auf eine Situation, auf eine Sache, ein Ding oder einen Menschen zu schauen. Nur vereinfacht all das die Situation für dich nicht, denn du stehst mittlerweile an einer anderen Station und somit auch schon an einem anderen Ort als zuvor. Daher ist es umso wichtiger, dass du nun wirklich in tatsächliche Aktion trittst, handelst und dein süßes Hinterteil in Bewegung setzt!

Was die Aktion ausbremst

Im letzten Kapitel wird dir vieles klar geworden sein. Es kann nun gut sein, dass du sofort loslegen möchtest, beispielsweise damit, dich auf eine neue Stelle zu bewerben oder ein Gespräch mit deinem Chef zu führen, um dein Entwicklungspotenzial im aktuellen Unternehmen zu erweitern. Oder du nimmst dir vor, dich neu zu verlieben oder eine alte Liebe zu beenden, um wieder frei zu sein. Es ist genial, zu wissen, was du konkret tun kannst, um an deinen Erfüllungsort zu gelangen. Es gibt jedoch etwas, das dir auf den letzten Metern noch einen dicken Strich durch die Rechnung machen kann: alte Geschichten. Ich habe im Laufe der letzten Jahre unendlich viele Menschen kennengelernt, die sich zwar selbst gut kannten und reflektierten, im Außen jedoch nicht so richtig in die Gänge kamen. Sehr häufig sind unaufgelöste Bullshitstorys der Grund dafür, denn sie erscheinen dann, wenn wir wirklich ins Tun kommen wollen, noch einmal in einem anderen Gewand. Damit du weißt, was auf dich zukommen könnte, und lernst, was dich bis dato davon abgehalten hat, in die Gänge zu kommen und auch in Gang zu bleiben, schauen wir uns diese Bremsen etwas genauer an:

Es bremst,
… wenn wir es anderen recht machen müssen.
… wenn wir uns selbst schlechtmachen.
… wenn wir trotzig sind, uns nicht verstanden fühlen.
… wenn wir anderen die Schuld an unserer Situation geben.

Diese Dynamiken verhindern, dass du ins Tun kommst, und damit, dass du weiter und weiter die für dich stimmigen Schritte zu deinem Erfüllungsort gehst. Du kannst hier jedoch ganz leicht Abhilfe schaffen. Wenn du spürst, dass dich eine dieser Dynamiken überkommt, kannst du einen Bremsenlöser einsetzen.

Bremsenlöser

Wir sind es nicht gewohnt, uns ständig zu reflektieren und zu verändern. Da wir häufig Angst vor Veränderung haben, haben wir viele Strategien entwickelt, dies unbewusst zu verhindern. Wir bremsen uns selbst aus, doch genau diesen Mechanismus gilt es jedoch JETZT zu überlisten, und zwar mithilfe der Bremsenlöser. Bevor ich dir eine Gebrauchsanweisung gebe, lass uns die Dynamiken und was dahintersteckt noch einmal genauer betrachten.

Wenn du es anderen
recht machen musst

Wenn du dich ständig für andere verbiegst und alles dafür tust, dass es ihnen gut geht, wenn du also permanent den Fokus auf andere legst, vergisst du darüber total, es dir selbst recht zu machen und für dich zu sorgen. Du vergisst, dir etwas Gutes zu tun. Und genau das ist der Schlüssel für dich, wieder in dein Tun, in deine Handlung, in deine Aktion zu gelangen. Wenn du immer wieder in dieses Verhaltensmuster zurückfällst, dann bewerte dich bitte nicht schwer dafür. Du darfst dich sogar dafür feiern, da du erkannt hast, dass das eine Bremse ist. Alles, was wir reflektieren, können wir ändern.

Du kannst die Bremsen lösen, indem du dir selbst etwas Gutes tust. Was kann das sein? Du könntest dir Blumen kaufen oder dir selbst Aufmerksamkeit geben und einen schönen Spaziergang machen. Du könntest beginnen, dir selbst zuzuhören, auf deine Bedürfnisse viel mehr zu achten als auf die Bedürfnisse der anderen. Du könntest eine Meditation beginnen, könntest mit Yoga oder einer anderen körperlichen Betätigung loslegen.

Du tust damit nicht nur dir etwas Gutes, sondern auch den anderen. Indem wir alles für sie tun, lernen es die anderen nicht, genau diese Dinge in ihrem Leben selbst zu realisieren. Sie lernen auch nicht, wie wichtig es ist, für sich selbst zu sorgen. Du siehst, es gibt hier gleich zwei Parteien, die ähnliche Erfahrungen machen und die du mit einer Verhaltensänderung, die ausschließlich bei dir liegt, bereichern kannst.

Wenn du es immer allen recht machst,
lernen weder du noch die anderen,
für sich selbst zu sorgen!

Die nun folgenden Übungen helfen dir, im jeweiligen Treiber die Bremse aus deinem Leben zu eliminieren. Je häufiger du dich damit auseinandersetzt, desto schneller wirst du an deinem Erfüllungsort ankommen.

ÜBUNGEN: Die vier Bremsenlöser

A) Wenn du erst an andere und dann an dich denkst – ÜBUNG: Verbundenheit integrieren

Wenn du jemand bist, der sich immer zuerst um andere sorgt und kümmert, dann kann es für dich immens heilsam sein, zunächst die Verbindung zu dir selbst zu stärken. Beginne erst einmal, komplett für dich selbst zu sorgen und mit dir selbst in Verbindung zu treten. Das ist das Beste, was du tun kannst. So kannst du auch andere inspirieren, sich zu verändern. Das ist das Geheimnis und gleichzeitig der Schlüssel zur Verbundenheit.

1. Überlege dir eine fiktive Figur, einen Menschen, ein Tier, eine Fantasiefigur, die für dich Verbindung, diese nährende, liebevolle Energie, ausstrahlt. Z. B. kann das der Dalai Lama sein.
2. Notiere nun die Eigenschaften, die du in dieser Verbundenheit ausstrahlen möchtest. Z. B. kann das Liebe, Nähe, Raum oder Einigung sein. Verwandle diese Eigenschaften in eine Energie. Du kannst dieser Energie auch eine Farbe deiner Wahl zuordnen.
3. Du kannst (das steht dir offen) auch ein Lied auswählen, welches genau diese Eigenschaften transportiert.
4. Stell dir vor, dass sich in deinem Kopf eine Öffnung, eine Art Kanal befindet.
5. Jetzt lässt du durch diesen Kanal die farbige Energie (welche gefüllt ist mit den positiven Eigenschaften) oder das Lied, welches ebenfalls damit belegt ist, mit den positiven Eigenschaften fließen.

6. Nun lass die Energie oder das Lied deinen kompletten Körper durchfluten. Dein Körper ist das Gefäß, und die Energie der Verbindung durchdringt jetzt jede Pore.

7. Sie fließt in deine Brust, in deine Arme und Hände. Sie fließt in deinen unteren Rumpf und in deine Oberschenkel, Knie und Füße. Die Energie der Verbindung füllt dich nun komplett aus.

Je häufiger du hier die Verbindung dir selbst gegenüber aktivierst, desto mehr wirst du diese Bremse aus deinem Leben eliminieren, und desto schneller wirst du an deinem Erfüllungsort ankommen. Die Verbindung ist für dich der Schlüssel, welcher dir das Tun ermöglicht.

B) Wenn wir uns selbst ständig schlechtmachen – ÜBUNG: Leadership integrieren

Wenn du dir einredest, dass zwar alle anderen etwas können, du jedoch nicht, und du dir immer wieder weismachst, dass du es eh nicht wert bist, sind das Anzeichen dafür, dass sich in dir das Gegenteil danach sehnt, zum Ausdruck gebracht zu werden. Das Gegenteil dieser destruktiven und selbstsabotierenden Verhaltensmuster ist Leadership. Das Gegenteil bedeutet, die Führung zu übernehmen. Bis dato hast du das unbewusst, vielleicht auch nur partiell verhindert. Deine Aufgabe besteht nun konkret darin, Situationen zu finden, bzw. auch Menschen in deinem Umfeld zu finden, wo du dich als Anführer bzw. als Initiator der Situation betrachten und die Führung übernehmen kannst.

1. Überlege dir eine fiktive Figur, einen Menschen, ein Tier, eine Fantasie, die für dich Leadership, diese Anführerqualität ausstrahlt, zum Beispiel kann das ein Löwe sein.

2. Notiere nun die Eigenschaften, die du als Leader/Anführer ausstrahlen möchtest, zum Beispiel kann das Stolz, Würde, Kraft und Energie sein. Verwandle diese Eigenschaften in eine Energie. Du kannst dieser Energie auch eine Farbe zuordnen.

3. Du kannst (das steht dir offen) ein Lied auswählen, das genau diese Eigenschaften transportiert.

4. Stell dir vor, dass sich in deinem Kopf eine Öffnung, eine Art Kanal befindet.

5. Jetzt lässt du durch diesen Kanal die farbige Energie (die gefüllt ist mit den positiven Eigenschaften) oder das Lied, das ebenso belegt ist, mit den positiven Eigenschaften fließen.

6. Nun lass die Energie oder das Lied deinen kompletten Körper durchfluten. Dein Körper ist das Gefäß, und die Anführerenergie durchdringt jetzt jede Pore.

7. Sie fließt in deine Brust, in deine Arme und Hände. Sie fließt in deinen unteren Rumpf und in deine Oberschenkel, Knie und Füße. Die Energie des Leaders füllt dich nun komplett aus.

Je häufiger du die Energie des Leaders, die Energie, die DU mit einem Leader verbindest, aktivierst, desto mehr wirst du diese Bremse aus deinem Leben eliminieren. Desto schneller wirst du an deinem Erfüllungsort ankommen. Die individuelle Leaderenergie ist für dich der Schlüssel, der dir das Tun ermöglicht!

C) Wenn wir trotzig sind und uns nicht verstanden fühlen – ÜBUNG: Entdeckerkraft integrieren

Genau dieses Gefühl, das Unverständnis darüber, allein auf weiter Flur zu sein, und der Trotz deswegen bremsen dich total aus. Es ist so, als würdest du mit dem Fuß aufstampfen, die Hände verschränken und in der Ecke sitzen bleiben. Genau diese Bremse darf sich auflösen. Die Gefühle von Einsamkeit, Nicht-verstanden-Werden, Wut und Trotz dürfen sich transformieren. Dieses Gefühl, nicht von der Stelle zu kommen, weil keiner nachvollziehen kann, wie du dich fühlst, kannst du wunderbar in den Griff bekommen. Was hilft dir dabei? Du darfst etwas Neues für dich entdecken. Du darfst in den spielerischen Flow kommen. Je mehr du dich mit neuen Ideen und mit Kreativität beschäftigst, je eher du spürst, dass das, was dein Ding ist, etwas Neues ist, was andere nicht sofort verstehen können, je mehr du genau das in deinem Alltag fokussierst, desto mehr Leichtigkeit wirst du haben, ins Tun zu kommen. Probiere die folgende Energie aus, um mehr und mehr in diese Kraft zu kommen:

1. Überlege dir eine Figur, einen Menschen, ein Tier, eine Fantasiefigur, die für dich einen Entdecker, diese Abenteurerenergie ausstrahlt. Das kann zum Beispiel Indiana Jones sein.

2. Notiere nun die Eigenschaften, die du als Entdecker/Abenteurer ausstrahlen möchtest. Das kann beispielsweise Neugierde, Spaß, Herausforderung, Schatzsuche etc. sein. Verwandle diese Eigenschaften in eine Energie. Du kannst dieser Energie auch eine Farbe deiner Wahl zuordnen.

3. Du kannst (das steht dir offen) ein Lied auswählen, das genau diese Eigenschaften transportiert.

4. Stell dir vor, dass sich in deinem Kopf eine Öffnung, eine Art Kanal befindet.

5. Jetzt lässt du durch diesen Kanal die farbige Energie (die gefüllt ist mit den positiven Eigenschaften) oder das Lied, das ebenso belegt ist, mit den positiven Eigenschaften fließen.

6. Nun lass die Energie oder das Lied deinen kompletten Körper durchfluten. Dein Körper ist das Gefäß, und die Entdecker-/Abenteurerenergie durchdringt jetzt jede Pore.

7. Sie fließt in deine Brust, in deine Arme und Hände. Sie fließt in deinen unteren Rumpf und in deine Oberschenkel, Knie und Füße. Die Energie des Entdeckers füllt dich nun komplett aus.

Je häufiger du die Energie des Entdeckers, die Energie, welche DU mit einem Entdecker und Abenteurer verbindest, aktivierst, desto mehr wirst du diese Bremse aus deinem Leben eliminieren, desto schneller wirst an deinem Erfüllungsort ankommen. Die individuelle Entdeckerenergie ist für dich der Schlüssel, der dir das Tun ermöglicht!

D) Wenn wir anderen die Schuld an unserer Situation geben – ÜBUNG: Veränderungskraft integrieren

Diese Übung wird dir guttun, wenn du dich immer im Nachteil siehst oder wenn du das Gefühl hast, das Opfer in einer bestimmten Situation zu sein. Wenn du den Eindruck hast, dass es allen anderen viel besser geht als dir, dass du immer wieder der Pechvogel bist. Diese Gefühle sind aufgrund diverser Bullshitstorys und Erfahrungen in deinem Leben entstanden. Aber du kannst da raus. Du kannst diese Dynamiken komplett und ein für alle Mal hinter dir lassen. Die Kraft, die dir dabei hilft, ist die Kraft der Transformation, der Veränderung. Du darfst realisieren, dass du selbst genau diese Kraft besitzt, um jederzeit diese Position des Pechvogels und des Opfers zu verlassen. Die folgende Übung hilft dir dabei.

1. Überlege dir eine Figur, einen Menschen, ein Tier, eine Fantasiefigur, die für dich eine unglaubliche Transformationskraft, Veränderungsenergie ausstrahlt. Das kann zum Beispiel Harry Potter sein!

2. Notiere nun die Eigenschaften, die du als Transformator ausstrahlen möchtest. Das können beispielsweise Magie, Wunder, Leichtigkeit, Wahlmöglichkeiten etc. sein. Verwandle diese Eigenschaften in eine Energie. Du kannst dieser Energie auch eine Farbe deiner Wahl zuordnen.

3. Du kannst (das steht dir offen) ein Lied auswählen, das genau diese Eigenschaften transportiert.

4. Stell dir vor, dass sich in deinem Kopf eine Öffnung, eine Art Kanal befindet.

5. Jetzt lässt du durch diesen Kanal die farbige Energie (die gefüllt ist mit den positiven Eigenschaften) oder das Lied, das ebenso belegt ist, mit den positiven Eigenschaften fließen.

6. Nun lass die Energie oder das Lied deinen kompletten Körper durchfluten. Dein Körper ist das Gefäß, und die Transformationsenergie durchdringt jetzt jede Pore.

7. Sie fließt in deine Brust, in deine Arme und Hände. Sie fließt in deinen unteren Rumpf und in deine Oberschenkel, Knie und Füße. Die Energie des Transformators füllt dich nun komplett aus.

Je häufiger du die Energie des Transformators, die Energie, welche DU mit einer Veränderung verbindest, aktivierst, desto mehr wirst du diese Bremse aus deinem Leben eliminieren, desto schneller wirst du an deinem Erfüllungsort ankommen. Die individuelle Entdecker-energie ist für dich der Schlüssel, der dir das Tun ermöglicht.

Jeder von uns kennt diese Dynamiken. Es gib kaum einen Menschen, der sich nicht schon in einer oder mehrerer dieser Dynamiken wiedergefunden hat. Du hast nun vier Übungen zur Auswahl, die das gleiche Grundprinzip verfolgen. Je besser du dich auf eventuelle Bremsattacken vorbereitest, desto souveräner und leichter wirst du in Zukunft ins Tun kommen. Du wirst die Bremsen sofort ausfindig machen und deine Übung anwenden können. Danach wirst du das, was du zuvor nicht tun konntest, auf alle Fälle besser handhaben können. Je häufiger du übst, und je häufiger du realisierst, dass du eine Wahl hast, desto besser wird das Ins-Tun-Kommen funktionieren.

Ohne Sicherung springen und sich von der Magie auffangen lassen

Dies ist ein magisches Prinzip, das ich im Laufe meines Lebens immer tiefer ergründet habe, indem ich Dinge einfach getan habe. Wenn du diesem Prinzip zu folgen lernst, werden sich Dinge ereignen, die du nie für möglich gehalten hättest. Wunder werden wahr. Unvorstellbares tritt ein. Ein Erfolg jenseits deiner Vorstellungskraft wird in dein Leben treten. Du denkst, das sei zu schön, um wahr zu sein? Genauso hätte ich damals auch argumentiert. Aber lass mich dich tiefer in dieses Konzept entführen. Überzeuge dich selbst, welche positive Macht dieses Prinzip entfalten kann. Zugegeben, das, wovon ich dir jetzt berichten werde, ist krass. Das, was du jetzt lernen wirst, ist gewiss auch neu, und es wird dich fordern. Aber genau das wünschst du dir ja insgeheim.

Dem Kribbeln zu folgen und ohne Sicherung zu springen ist nicht damit zu verwechseln, sich generell neuen Herausforderungen zu stellen. Auch ins kalte Wasser zu springen, wie man so sagt, ist nicht dasselbe. Es ist zwar Teil des Prinzips, jedoch nur die halbe Miete. Du weißt, dass der Moment des Eintauchens kurz unangenehm sein kann, gleichzeitig aber siehst du die Wasseroberfläche und weißt, dass man im Wasser schwimmen kann. Du weißt, dass du nicht untergehen wirst. Ein Sprung ins Ungewisse hingegen – und dann noch einer ohne Sicherungsseil – ist eine ganz andere Nummer.

> Ins kalte Wasser zu springen ist nicht dasselbe
> wie, ohne Sicherung zu springen.
> Ins kalte Wasser zu springen ist ein Sprichwort.
> Ohne Sicherung zu springen ist Magie.

Lass mich dir das Prinzip anhand von Beispielen genauer erläutern: Stell dir vor, du stehst an einem Abgrund. Deine Zehenspitzen berühren die Kante. Wenn du über den Rand schielst, erkennst du nur eine nicht enden wollende Schlucht. Du kannst keinen Boden, kein Wasser, kein Ende – eben NICHTS erkennen. Du spürst jedoch DEIN Kribbeln. Du spürst, dass du hier herunterspringen musst. Du spürst auch, dass das logisch betrachtet überhaupt keinen Sinn macht. Dein Verstand schlägt Purzelbäume. »Bist du bescheuert?«, ruft er. Er sagt dir klipp und klar, dass du, wenn du springst, mit absoluter Wahrscheinlichkeit zerschellen und sterben wirst.

Dein Verstand schlägt Alarm, weil er dich beschützen möchte. Genau genommen ist es dein Unterbewusstsein, das nichts anderes im Sinn hat, als dein Leben zu schützen. Der Verstand liefert nur die (absolut nachvollziehbaren) Argumente. Er berechnet die Wahrscheinlichkeit, mit der du zerschellst. Er greift auf dein Wissen zu. Aber bist du schon einmal in einen Abgrund gesprungen? Vermutlich nicht. Das bedeutet, dass dein Verstand auf das Wissen anderer zugreift. Das »Wissen«, das er aus Büchern, Filmen, Erzählungen und Warnungen anderer Personen hat. Auf dieser Basis werden dann Entscheidungen gefällt. Die meisten Menschen springen daher auch nicht. Warum sollten sie auch? Das macht doch überhaupt keinen Sinn!

Aber was passiert, wenn du dem Kribbeln folgst, diesem Gefühl, das du mittlerweile als sicheren Wegweiser integriert hast? Du weißt, dass dieses Gefühl nicht lügt. Jetzt steckst du in der Zwickmühle. Einerseits spürst du ganz tief und klar, wie genial sich das Springen anfühlen würde, da dein Kribbeln dir den Weg deutet. Auf der anderen Seite spürst du jedoch diese immense Todesangst. Diesen Schutzmechanismus, den dein Unterbewusstsein verständlicherweise installiert hat, damit du am Leben bleibst, damit du weiterlebst und dich fortpflanzt. Dieses Szenario müssen wir an dieser Stelle gar nicht weiter ausreizen. Mir war nur wichtig, dir deutlich zu machen, warum du bis dato wahrscheinlich noch nie oder nicht so häufig an deinem Erfüllungsort angelangt bist.

Einen Sprung ohne Sicherung zu wagen bedeutet, immens viel Mut aufzubringen, denn es fühlt sich haargenau so an, wie ich es zuvor beschrieben habe. Jetzt kommt aber die gute Nachricht: All das, was du spürst, wenn du am Abgrund stehst, ist eine totale Illusion! Denn du stehst ja nicht an einer Klippe. Du kannst nicht sterben. Dein Verstand spielt dir diese Situation nur unbewusst vor, damit du eben nicht springst. Auch wenn es nur ein Sprung im übertragenen Sinne ist. Da du genau diese Information nun hast, da du jetzt weißt, was da unbewusst abgeht, wird es dir ab sofort viel leichter fallen, diese Situationen zu identifizieren. Du wirst erkennen, dass es nicht um dein Leben, sondern um eine Entscheidung geht, die dich weiterbringt.

> Wenn du einen Sprung ohne Sicherung wagst,
> wirst du nicht sterben,
> sondern eine Entscheidung treffen,
> die dich weiterbringt.

Ohne Rettungsseil zu springen bedeutet, dass du das, was du derzeit machst oder lebst, beendest, und zwar ohne zu wissen, was der nächste Schritt ist, der nun ansteht. Ohne Sicherung zu springen bedeutet, dem Kribbeln zu folgen und diesem Gefühl mehr zu vertrauen als allem anderen. Du springst ins Ungewisse, und das ist häufig die größte Verhaltensänderung, die du erzeugen kannst. Das ist jedoch auch im positiven Sinne das Wunderbarste, was du kreieren kannst.

Ohne Sicherung zu springen bedeutet beispielsweise, einen Job zu kündigen, ohne bereits den nächsten in Aussicht zu haben. Es bedeutet, auf vermeintlichen Erfolg zu verzichten, um noch viel mehr Erfüllung (und somit auch Erfolg!) ins Leben zu ziehen. Es bedeutet, eine Beziehung zu beenden, auch wenn man das Gefühl hat, allein nicht leben zu können. Es bedeutet, sich mit aller Konsequenz auf den ureigenen Weg zu begeben. Ins Schweigekloster zu gehen, statt auf die Bahamas zu fliegen. Dem Kribbeln zu folgen bedeutet, jemanden zu heiraten, den man kaum kennt. Es bedeutet, einen Traumjob anzunehmen, auch wenn er schlecht bezahlt ist. Es bedeutet, eine größere Investition zu tätigen, ohne auf den Return of Investment zu schielen. Es bedeutet, eine Weiterbildung anzutreten, die niemand empfehlen würde. Es bedeutet, in eine andere

Wohnung, ein anderes Haus, eine andere Stadt, ein anderes Land zu ziehen. Es bedeutet, mit über sechzig Jahren ein Studium zu absolvieren, oder mit Mitte zwanzig ein Studium abzubrechen. Es bedeutet, egal wann, etwas total Neues und anderes zu machen, obwohl einem ALLE davon abraten. Und es bedeutet auch, etwas beizubehalten, obwohl einem alle davon abraten.

Ich rate dir hier nicht, das Gegenteil von dem zu machen, wozu man dir generell rät. Ich bin alles andere als eine Revoluzzerin. Ich bin keine Regelbrecherin oder Widerstandskämpferin. Ich bin Entdeckerin. Ich möchte dich ermuntern, komplett neue Wege und Perspektiven kennenzulernen. »Springen ohne Rettungsseil und von der Magie aufgefangen werden« ist eine komplett neue Perspektive.

Kommen wir jetzt zu dem Teil, der besser als all das ist, was du dir bisher vorstellen konntest. Lass mich dir von der Magie berichten, die sich zeigt, wenn du ohne Rettungsseil springst.

Die Magie fängt dich auf

Wenn du ohne Rettungsseil ins Ungewisse springst, fängt dich die Magie auf. Es ist so. So ging es mir vielfach, und so ging es vielen meiner Klienten: Eine viel bessere Beziehung, eine ganz neue Form der Liebe zeigte sich; ein viel erfüllenderer Job tat sich auf; die Freiberuflichkeit nahm auf einmal eine sehr erfolgreiche und lukrative Wende; die Investition vervielfachte sich auf magische Weise; dem abgebrochenen Studium folgte ein immens erfüllendes Jobangebot, für das das Studium nicht benötigt wurde; langjähriges Pech in der Liebe wandelte sich in absolute Beziehungsmagie; Singles kamen endlich bei ihrem Seelenpartner an. Die Liste könnte noch ewig fortgesetzt werden.

Ja, um an unseren individuellen Erfüllungsort zu gelangen, dürfen wir auch eine große Verhaltensveränderung tätigen. Je mehr wir es schaffen, destruktive Verhaltensmuster zu überwinden, desto mehr Erfüllung können wir auch auf der anderen Seite in unser Leben einladen. Bleiben wir jedoch, wie wir sind, ändern wir nichts an unserem Verhalten, tun wir nach wie vor alles für andere und prostituieren uns quasi, nur um von anderen anerkannt oder gemocht zu werden, wird sich nichts verändern. Wir sehen uns immer wieder als Opfer der Umstände, anstatt zu realisieren, dass wir es in der Hand haben, dass es *unsere* Bullshitstorys sind, die uns in der Situation festhalten. Sind wir immer wieder das trotzige Kind, wenn wir nicht das bekommen, was wir gerade unbedingt wollen, oder sabotieren wir uns immer wieder selbst, betrügen wir uns selbst, halten uns auf bzw. lassen uns von Ängsten und schweren Bewertungen aufhalten, DANN wird es schwer, zum einen die Unzufriedenheit loszuwerden, jedoch noch schwerer, wirklich am Erfüllungsort anzukommen und Wunder zu erleben. Folgen wir jedoch unserem Kribbeln und springen, wenn es uns den Weg ganz deutlich ins Unbekannte weist – ohne Rettungsseil –, dann geschieht Magie.

Was ist ein Wunder, und was zur Hölle ist Magie?

Ich habe die Begriffe *Magie* und *Wunder* nun schon mehrmals verwendet, ohne sie weiter zu erläutern. Nach meiner Definition haben sie nichts mit Hokuspokus zu tun – ich sehe Magie und Wunder praktisch und handfest:

MAGIE ist eine Möglichkeit, die du vorher nicht für möglich gehalten hättest.

Ein WUNDER ist etwas, das das Gewohnte, das Übliche so weit übersteigt, dass es dich in absolutes Staunen versetzt.

Betrachte die gleich folgenden Geschichten mal unter dieser Definition.

Auch wenn du schon einmal an deinem Erfüllungsort warst, auch wenn du schon einmal ohne Sicherung gesprungen bist, wenn dich die Magie schon einmal aufgefangen hat, dann erinnere dich, wie gut sich das angefühlt hat. Mach dir diesen Prozess noch viel bewusster. Je klarer du erkennst, dass allein du für dieses Wunder verantwortlich bist, desto mehr kannst du dir vertrauen, dich schätzen und feiern.

Gegen den Strom – Meine Springen-ohne-Seil-Geschichte

Nach meiner Zeit am Theater probierte ich beruflich einiges aus. Ich war für eine Filmproduktion als Produktionsleiterin tätig, arbeitete als PR-Beraterin und war dann 2002 für das Marketing eines Medienunternehmens verantwortlich. Diese letzte Festanstellung verlor ich von heute auf morgen, da das Unternehmen beschloss, sich zu verkleinern. Durch Kontakte erhielt ich unmittelbar danach ein anderes reizvolles Angebot. Es ging darum, ein Kulturprojekt in Berlin aufzubauen und zu leiten. Ich war von diesem Job, der zwar nicht gut bezahlt war, weil es sich um ein ambitioniertes Start-up-Projekt handelte, sofort begeistert, da ich unter anderem dafür verantwortlich war, ein komplett neues Konzept zu entwickeln, die PR zu handeln und auch Mitarbeiter zu führen. Des Weiteren bot mir der Job ein hohes Maß an Eigenständigkeit, und genau diese Freiheit und die Komplexität der Aufgaben übten einen ungemein großen Reiz auf mich aus. Der Haken an der Sache war, dass der Job fürs Erste auf ein Jahr befristet war und ich gerade mal seit einem Jahr in einer renovierten, schönen, bezahlbaren Wohnung in Bonn wohnte und der neue Job in Berlin auf mich wartete. So begeistert ich von dem Job auch war – meine Mutter, meine Großmutter und zwei meiner besten Freundinnen waren es nicht.

Kurzerhand wurde damals eine Krisensitzung einberufen. Ich erinnere mich noch sehr gut an den Nachmittag, an dem wir fünf über meine Zukunft beratschlagten. Das Ganze endete nämlich in einem ziemlichen Desaster, denn diese mir so wichtigen und lieben Menschen wollten mich partout davon abhalten, diesen Job anzunehmen. Ihre Argumente waren, dass ich dann wieder umziehen müsse und der Job nicht nur weit weg, sondern absolut unsicher sei. Sie hatten Angst, dass ich nicht nur unterdurchschnittlich, sondern womöglich auch unregelmäßig bezahlt werden würde und mir das Leben in Berlin nicht leisten könnte. Sie hatten Angst, dass ich einen Umzug antrete, ohne zu wissen, wie sich das alles für mich entwickeln würde, und sie hatten Angst, dass dieser Job in einem absoluten Fiasko enden könnte. Mir wurde an diesem Nachmittag prognostiziert, dass ich diesen Job in Kürze wieder verlieren würde. Am Ende des Nachmittags war ich auch am Ende mit meinen Nerven. Ich konnte nur noch heulen und brüllen. Ich war total verzweifelt, da mich augenscheinlich niemand verstehen wollte bzw. konnte. Für mich stand absolut fest, dass ich nach Berlin gehen musste. Nachdem ich das erste Mal von dem Projekt gehört hatte, hatte sich schon das Kribbeln bemerkbar gemacht. Je mehr ich mich mit Berlin, dem Job und dem Umzug beschäftigte, desto intensiver kribbelte es. So wusste ich intuitiv und überhaupt, dass ich diesen Weg gehen musste. Komme, was wolle! Natürlich sagte auch meine Vernunft, dass das Ganze mit einem dicken Risiko behaftet war, aber insgeheim hatte ich mir so etwas wie eine Absolution von meiner Familie und von meinen Freundinnen erhofft. Ich wünschte mir damals so sehr, dass zumindest eine von ihnen Verständnis für meine Lage aufbringen würde. Was ich damals noch nicht durchblickte, war, dass sie natürlich nur ihre Sorgen und somit Ängste auf mich projizierten. Sowohl meine Mutter, meine liebe Omi als auch meine Freundinnen sind allesamt wunderbare individuelle Menschen. Aber sie waren und sind überhaupt nicht so wie ich. Wir ähneln uns auch bezüglich unserer Werte, Treiber und dem Kribbel-

Kompass überhaupt nicht. Ich habe schon immer das Abenteuer, die Herausforderung, das Neue gesucht. Sie haben immer das Gegenteil gelebt. Und natürlich ist auch daran weder etwas richtig noch etwas falsch. Es ist nur ein anderer Lebensentwurf. Hinzu kam, dass alles, was sie zu mir sagten, ihrer Liebe für mich entsprang. Sie wollten alle nur mein Bestes. Sie wollten mich vor einem Fehler bewahren und mich beschützen. Damit erschwerten sie mir nur meine Entscheidung, aber ich ging trotzdem meinen Weg.

Auch wenn wir es uns noch so sehr wünschen, die Absolution können wir uns letztlich nur selbst geben. Solange wir sie uns noch von außen erhoffen, solange wir noch von anderen erwarten, dass sie Verständnis für unseren Weg aufbringen, so lange werden wir stehen bzw. stecken bleiben und nicht vorankommen. Können wir von Menschen, die ein komplett anderes Potenzial und andere Werte als wir besitzen, erwarten, dass sie ähnlich ticken, denken und fühlen wie wir? Nicht unbedingt, oder? Was wir da manchmal von anderen erwarten, ist daher leider ziemlich unmöglich.

DEIN Weg unterscheidet sich immer radikal
von dem Weg anderer – weil DU eben DU bist.

Trotz großer Familienkrise zog mich das Kribbeln nach Berlin. Keine zehn Pferde hätten mich davon abhalten können, diesen Job anzutreten. Ich stürzte mich mit vollem Eifer in das Projekt, leitete die ganze Sache, stellte Personal ein und kümmerte mich um die PR. Die erste Zeit war spannend und toll. Aber als auch in diesem Job eine gewisse Routine einkehrte und ich mich unbewusst wieder zu langweilen begann, brach ein heftiger Streit zwischen meinem damaligen Chef und mir aus. Dieser Disput hatte zur Folge, dass ich am darauffolgenden Tag die Kündigung im Briefkasten hatte – ich war noch in der Probezeit. Es war genau das eingetroffen, was meine Lieben mir prophezeit hatten: Ich hatte den Job verloren. Da stand ich nun mit 32 ohne Perspektive in Berlin. Meine Oma bezahlte mir damals den Umzug zurück nach Bonn – Rücklagen konnte ich in dieser Lebensphase keine bilden, und so landete ich mit gesenktem Haupt und voller Scham, dass ich es vermasselt hatte, wieder in meiner Heimatstadt. Aus der Traum von der abwechslungsreichen Tätigkeit. In den Augen meines Umfelds war ich auf der ganzen Linie gescheitert. Und das zu sehen und zu spüren war definitiv kein gutes Gefühl.

Ich war trotz Warnung ohne Seil gesprungen. Wo war jetzt die Magie, die mich hätte auffangen sollen? Hatte mein Kribbeln mich getäuscht? Nein, die Magie fing mich auf, und zwar besser, als ich es mir hätte träumen lassen. Nur eben nicht sofort, sondern zu dem Zeitpunkt, an dem es passte.

> Es gibt keine Maßeinheit für die Geschwindigkeit der Magie,
> nur das Vertrauen darin, dass sie kommt.
> Es kann eine Weile dauern, bis die Magie eintritt,
> der das Kribbeln die Tür geöffnet hat.

Rückblickend betrachtet stellte diese Lebensphase den Startschuss für meine Selbstständigkeit dar. Ich hatte Zeit, über mein Leben zu reflektieren, und verstand, dass das, was für andere gilt, nicht unbedingt für mich gelten muss. Der Gedanke, freiberuflich tätig zu werden, nahm immer mehr Form an. Auch hier lagen mir noch einige Hindernisse im Weg. Ich stamme aus einer Beamtenfamilie. Adoptivvater Feuerwehrbeamter, Großvater Postbeamter und Urgroßvater Beamter bei der Bundesbahn. Selbstständigkeit und Unternehmertum waren in meiner Familie Fremdwörter. Zwar hatte ich bereits mit meinem vorherigen Lebensgefährten mehrere Unternehmen aus- und aufgebaut und geführt, das wurde seitens der Familie jedoch nicht meinen Talenten, sondern seinen zugeschrieben. Alle Welt war der Ansicht, dass ich all das nur mit

Unterstützung meines damaligen Lebenspartners erreicht hatte. Aus diesen Schubladen musste ich erst einmal herauskrabbeln. Ich ließ viele Bullshitstorys und schwere Bewertungen hinter mir und begann, mein Ding in die Welt zu bringen. Langsam entstand in meinem Kopf der Plan, mich mit Schauspielunterricht und Coaching in Kommunikation und PR selbstständig zu machen. Ich ließ meine erste Visitenkarte drucken, begann Akquise zu machen, schaltete Anzeigen, baute mir langsam, aber sicher einen Kundenstamm auf und war total glücklich.

Und 2005 geschah dann das Wunder, auf das die ganze Berlin-Story hinausläuft. Ich erhielt eine E-Mail von Jenny, die in dem damaligen Kulturprojekt meine fantastische rechte Hand gewesen war. Mittlerweile studierte sie auf Master und war als studentische Mitarbeiterin am Career Service der Universität Potsdam tätig. Ihre E-Mail besitze ich übrigens noch heute, denn diese E-Mail sollte für meinen weiteren Weg eine entscheidende Wende mit sich bringen. Jenny fragte mich, ob ich mir vorstellen könnte, ein eintägiges Seminar für Studierende aller Fachbereiche zum Thema »Einführung in die PR« für den Career Service der Uni Potsdam durchzuführen. Ich hatte zwar noch keine großen Erfahrungen im Halten von Workshops, war jedoch von der Idee sofort angetan. Es kribbelte heftig! Aber noch etwas anderes Magisches geschah durch diese E-Mail. Alles, was damals passiert war, das Kulturprojekt, der Umzug nach Berlin und das vermeintliche Scheitern, rückten zwei Jahre später auf einmal in ein komplett neues Licht.

Der Job an der Uni Potsdam war mein Einstieg als Trainerin und Lehrbeauftragte in die Hochschulwelt. Seit 2006 habe ich an mittlerweile über 30 Universitäten und Hochschulen gelehrt, trainiert und unterrichtet. Diese Arbeit hat mich immens wachsen lassen, und ich durfte extrem viel lernen, was mich unendlich dankbar macht. Im Rahmen dieser Trainertätigkeit und den sich parallel entwickelnden Coachingtätigkeiten ist mein »Potenzialentfaltungsprozess« entstanden, von dem bereits viele Klienten profitiert haben. Über die Jahre hat sich aus meinen Learnings und Erfahrungen die YOUR WAY Philosophy entwickelt. Wäre ich damals nicht nach Berlin gegangen, hätte ich Jenny nie kennengelernt, und hätte ich den Job an der Uni Potsdam damals nicht angenommen, würde ich heute nicht dieses Buch schreiben.

All das hat sich nur entwickeln können, weil ich immer wieder alles dafür getan habe, dem Kribbeln zu folgen. Sobald ich das Kribbeln wahrgenommen habe, sobald sich eine Chance FÜR MICH genial anfühlte, habe ich auch prompt mit der Umsetzung begonnen und wirklich alles dafür getan, dass das Kribbeln sich weiter ausdehnen konnte. Egal wie es ausgesehen hat. Egal was andere dazu gesagt haben. Egal wie schwer es war. Die tollste Chance im Leben bringt dir nichts, wenn du das Kribbeln nicht spürst. Und kribbelt es, bringt dir die größte Chance auch nichts, wenn du sie nicht ergreifst. Ergreifen können wir Chancen häufig nur dann, wenn wir über die Bullshitstorys hinausgehen, die Schubladen verlassen, schwere Bewertungen und Sorgen hinter uns lassen, die Ketten wirklich sprengen, unser Potenzial updaten, das Kribbeln zulassen und ihm dann konsequent folgen. Das Kribbeln ist der Wegweiser überhaupt, denn es täuscht sich nie.

Die Illusion von Fehlern und vom Scheitern

Wie häufig bewerten wir etwas als Scheitern, wenn sich nicht sofort das erwartete Ergebnis einstellt? Wie oft haben wir schon etwas als Fehler abgetan, was uns den Erfolg nicht sofort und auf dem geradlinigen Weg eingebracht hat? Und wie oft haben wir oder andere uns für vermeintliche Fehler runtergemacht, geschämt und damit schwer bewertet? Solange wir noch am Konzept des Scheiterns festhalten, solange wir unser Augenmerk auf Fehler richten, so lange wird uns auch die Angst in Schach halten. Wenn du dein Leben reflektierst und zurückblickst: Wie häufig hast du dich für etwas verurteilt oder etwas als Scheitern bewertet, das im Nachhinein betrachtet ein großer Gewinn war? Wie häufig sind wir viel zu sehr auf das fokussiert, was herauskommt, anstatt den Weg als Ganzes zu betrachten und zu ehren? Wie viele Gelegenheiten sind uns somit schon durch die Lappen gegangen? Wie viele Chancen haben wir so nie nutzen können?

Solange du deinem Verstand und nicht dem Kribbeln folgst, besteht die Gefahr, dass du dich verirrst!

Daher sehe ich es heute als existenziell an, alles mit einer bewertungsfreien Brille zu betrachten. Für mich existiert Scheitern nicht mehr. Für mich ist jede Erfahrung ein großes wunderbares Learning, und mit dieser Ansicht stehe ich nicht allein da. Was wäre also, wenn wir den Begriff *Scheitern* durch den Begriff *Learning* ersetzen würden? Wie viel entspannter könnten wir dann auf unsere Vita schauen? Wie viel gelassener könnten wir generell mit Krisen umgehen, und wie viel schneller könnten wir auch wieder in eine erfüllte Stimmung und hohe Energie kommen? Solange wir versuchen, alles aus einer Kausalität und Logik heraus zu interpretieren, werden wir immer wieder scheitern. Solange wir nur auf das Ergebnis schauen, werden wir weiterhin Fehler stigmatisieren. Es gibt so vieles, was wir weder ermessen noch erahnen können. Und vielleicht hast du schon tausendmal gehört, dass der Weg das Ziel ist, aber vielleicht kannst du nun anhand meines Beispiels mit dieser Aussage weitaus mehr anfangen. Der Weg ist absolut entscheidend! Wenn wir dem Kribbeln folgen, kann es uns an einen ganz anderen Ort leiten. Eben an unseren Erfüllungsort, wo Frieden und Glückseligkeit zu Hause sind.

Wenn du den Begriff *Scheitern* durch *Learning* ersetzt,
wie viel dürftest du dann mitnehmen,
statt dich zu grämen?

Was wäre, wenn du realisieren könntest, dass ALLES irgendwann
IMMER einen Sinn macht? Ich spreche hier nicht von esoterischer
»Weichspülerei«! Diese gescheiterte Jobgeschichte, die noch dazu
sehr schlecht bezahlt war, hat mir letztendlich über Jahre hinweg
unzählige gut bezahlte Lehr- und Traineraufträge an den Hochschulen und Universitäten eingebracht. Einen Großauftrag abzugeben, der mir locker das nächste Jahr finanziert hätte, weil er mich
massiv unzufrieden machte, ermöglichte mir, mein Online-Business
aufzubauen. Auch das passiert, wenn man dem Kribbeln folgt und
nicht ausschließlich darauf abzielt, mit etwas Geld zu verdienen.

Wie gesagt, mit Esoterik hat das Ganze nichts zu tun. Dafür mit
Auseinandersetzung und Reflexion. Ich habe mich immer wieder
gefragt: »Was braucht das Kribbeln, damit es weiter kribbeln
kann?« Und dann bin ich meinen Weg gegangen.

Meine Freundinnen haben sich irgendwann für ihr Verhalten entschuldigt. Damit hatte ich überhaupt nicht gerechnet. Grund dafür
war, dass sie komplett unabhängig voneinander in ähnlichen Situationen gelandet waren, in denen jemand partout nicht verstehen
wollte, welchen Weg sie da einschlagen mussten. Sie haben gespürt,
wie tragisch es ist, wenn man nicht verstanden wird. Ich fand es
großartig, dass sie sich entschuldigt haben. Nicht wegen der Entschuldigung, sondern weil ich mich für sie gefreut habe, dass sie
etwas Existenzielles gelernt haben. Sie haben reflektiert und gespürt, was das mit uns macht, wenn wir so schwer bewertet werden, wenn uns die Ängste anderer in Form von Sorgen überge-
stülpt werden. Was wir lernen, können wir an unser Umfeld weitergeben. Was wir an unser Umfeld weitergeben, führt zu mehr

Bewusstsein. Und genau davon brauchen wir in unserer Welt noch viel mehr.

Bewusstsein und ein Blick durch
die bewertungsfreie Brille können in unserer Gesellschaft
wirklich etwas zum Positiven verändern.

Wir dürfen uns nicht gegenseitig verurteilen. Wir sollten uns gegenseitig ermutigen, zu lernen und darauf zu achten, anders mit unseren Mitmenschen umzugehen. Der Schlüssel ist Bewusstsein. Noch ist Reflexion kein Schulfach. Noch wird man in eine esoterische Schublade gesteckt, wann man Derartiges reflektiert. Ich wünsche mir von Herzen, dass genau diese Art von Bildung einmal selbstverständlich der klassischen Schulbildung hinzugefügt wird. Was könnten wir für ein Leben leben, wenn Fehler nicht stigmatisiert würden und uns nicht aufhalten würden? Was würden wir unternehmen, wenn es kein Scheitern geben würde? Wenn ALLES nur ein Learning wäre?

Daher nun die folgenden Fragen an dich:

- Wann hast du dich für vermeintliches Scheitern verurteilt?

_____

_____

- Welche vermeintlichen Fehler hast du gemacht?

_____

_____

- Bitte betrachte diese Situationen durch die bewertungsfreie Brille! Was könnte das Geschenk, der große Gewinn in diesen Situationen gewesen sein?

_____

_____

Erfüllende To-dos

Ohne die Aktion, ohne dein persönliches Tun, ohne Schritte, egal wie groß oder wie klein sie sind, in den jeweiligen Lebensbereichen zu tätigen, ohne Bewegung kommst du nicht an den Erfüllungsort. Ich weiß, dass darin immer die größte Herausforderung liegt. Aber je mehr Bullshitstorys du zur Seite räumst, desto mehr hilfst du dir, mehr Aktion, mehr Tatendrang und mehr Veränderungen zuzulassen.

Kommen wir nun zu den Dingen, zu den Aktionen, die du sofort, mittel- oder langfristig umsetzen kannst. Grundlage für diese Handlungen ist dein gewachsenes bzw. verändertes Potenzial. Spüre, wo es kribbelt. Lass dich von dem Kribbel-Kompass leiten. Lass die Dinge, die dich bis dato aufgehalten haben, hinter dir. Du weißt jetzt, was die Bremsen sein können, und kannst sie liebevoll lösen. Im Folgenden möchte ich dir Dinge und Tätigkeiten vorstellen, die du sofort umsetzen und angehen kannst. Je schneller du in kleinen Schritten voranschreitest, desto besser wird es dir mit der Zeit gehen. Aktion heilt. Etwas zu tun kann Berge versetzen. Allerdings solltest du immer dem Kribbeln folgen, denn nur dein Kribbeln vermag dir den richtigen Weg zu weisen.

Die Veränderung/-en, die du anstreben möchtest, können in verschiedenen Lebensbereichen stattfinden und hängen immer von deinem aktuellen Status quo ab. Ich möchte mich im Folgenden auf sechs grundlegende Lebensbereiche konzentrieren.

Romantische Beziehungen

Geht es um eine bestehende Liebesbeziehung, die für dich schon lange nicht mehr stimmig ist, prüfe gemeinsam mit deinem Partner oder deiner Partnerin, was ihr ändern könnt. Alles ist möglich, und nichts ist in Stein gemeißelt. Daher kann überall da, wo einst viel Liebe war, auch immer noch Liebe sein. Führt ein Beziehungsupdate durch. Orientiert euch dazu an den Übungen und Fragebögen der zweiten magischen Frage. Checkt, was sich bei euch beiden verändert hat. Schaut, ob ihr das gemeinsam bewältigen könnt. Wo könntet ihr aufeinander zugehen? Was könnt ihr voneinander lernen? Was habt ihr euch noch nie getraut zu sagen? Wo könnt oder müsst ihr euch professionelle Hilfe holen, um besser miteinander klarzukommen? Was gibt es darüber hinaus, was ihr tun könnt? An welcher Stelle könnt ihr komplett andere Wege als bisher *miteinander* einschlagen und wo für den anderen mehr Verständnis aufbringen?

A) Wenn die Beziehung nicht mehr funktioniert

Was könnt ihr beide dafür tun, dass die Beziehung/die Ehe in Frieden auseinandergeht? Wie viel Stress, Schmerz und Tränen kann man sich sparen, indem man sich bei einer Trennung auf Augenhöhe begegnet? Etwas kann, muss aber nicht für die Ewigkeit gemacht sein. So ist es auch mit romantischen Beziehungen. Wenn sich einer in der Beziehung rasend schnell weiterentwickelt und der andere nicht, dann ist das erst einmal kein Grund, zu streiten oder eine Trennung in Erwägung zu ziehen. Es kann jedoch ein Grund werden, wenn die Werte mit der Zeit zu sehr voneinander abweichen. Wenn beispielsweise für den einen Freiheit und Entfaltung das höchste Gut sind, der andere das jedoch nicht teilen kann, da er alles beibehalten möchte, wie es ist, weil er Tradition und Beständigkeit bevorzugt, dann kann eine sehr schwierige Situation entstehen. Manchmal entwickelt man sich nämlich trotz großer

Liebe auseinander. Manchmal ist Liebe einfach nicht genug. Und manchmal fehlt einfach auch die Toleranz, dem anderen die Freiheit, die er benötigen würde, zu geben. Es gibt aber immer eine Chance: Redet! Wenn ein Veränderungsbedarf nicht ehrlich eingestanden wird, hat die Veränderung auch kaum eine Chance. Also, ergreife die Initiative. Es ist NIE zu spät, etwas zu ändern. Jetzt ist Handeln angesagt. Wenn du laut Kribbel-Kompass eine Person bist, die gerne in Führung geht, jedoch in der Liebesbeziehung immer hinten anstehst, dann wird es auf Dauer immer mehr Konfliktpotenzial geben. Sprich das an! Tausche dich mit deinem Partner/deiner Partnerin aus. Du wirst überrascht sein, was sich an der Stelle tun kann. Wahrhaftigkeit ist eine großartige Beziehungsmedizin. Wenn die Beziehung keine Zukunft hat, könnt ihr auf diese Weise zumindest in Frieden auseinandergehen.

Viele Paare spüren zwar, dass es nicht mehr wirklich miteinander funktioniert, dennoch bleiben sie wegen der Kinder zusammen. Auch hier hilft nur Klarheit und Auseinandersetzung. Wenn Kinder permanent bewusst oder unbewusst Zeuge einer ungesunden Beziehungskultur sind, kann das dramatische Auswirkungen auf die Entwicklung und die Beziehungsfähigkeit der Kinder haben. Eltern sind Vorbilder, ob sie wollen oder nicht. Die Kinder lernen auch ungesundes Verhalten und werden in ihren Beziehungen ähnliche Situationen herbeiführen. Trägt das zur Erfüllung der Kinder bei? Definitiv nicht. Daher kann eine Trennung OHNE Zurschaustellung der Eitelkeiten, Machtkämpfe, Wut etc. der Eltern die viel bessere und heilsamere Erfahrung für das Kind sein. Auch das Argument, dass Kinder ja beide Eltern bräuchten, kann bei einer Trennung in Frieden entkräftet werden. Verläuft die Trennung fair, und wird nach der Trennung nicht über die Kinder hinweg weitergekämpft, um Schmerz und Enttäuschung zu vergelten, können die Kinder lernen, dass auch getrennte Eltern faire, klare und zuverlässige Partner sein können. Es gibt viele

Möglichkeiten, Lösungen zu eruieren, die für alle Beteiligten stimmig sind.

B) Wenn du Single bist und dir eine/-n Partner/-in wünschst

Du bist nach wie vor auf der Suche nach der großen Liebe? Nach der Person, die dich wunderbar ergänzt? Orientiere dich am Kribbeln, führe das Energy-Floating durch und dann zeige dich! Werde aktiv. Unternimm etwas und geh vor die Tür. Je nachdem was dir Spaß macht, gibt es unendlich viele Möglichkeiten, jemanden kennenzulernen. Du kannst einen Tanzkurs für Singles besuchen. Da kannst Clubs, Restaurants und Bars aufsuchen, um jemanden kennenzulernen. Du kannst (Single-)Reisen antreten. Du kannst dich auch bei einer der vielen Onlinedating-Börsen anmelden. Da gibt es von kostenlosen bis hin zu exklusiven teureren Varianten alles, was das individuelle Herz begehrt. Du kannst im Sommer ins Schwimmbad und im Winter auf die Eisbahn gehen. Du könntest auch beim Einkaufen jemanden kennenlernen. Du könntest eine originelle Anzeige in einer Tages- oder Wochenzeitung schalten. Wenn du dir etwas sehnlichst wünschst, dann darfst du auch Energie aufbringen, damit dieser Wunsch Realität werden kann! Du kannst deinen Freundeskreis bitten, dir Singles vorzustellen, die sie kennen. Alles ist möglich. Jedoch musst du dafür immer entweder etwas tun oder den Computer hochfahren und schreiben.

Es kribbelt bei dem Gedanken, eine Familie zu gründen, Kinder auf die Welt zu bringen? Wunderbar! Du möchtest lieber Kinder adoptieren? Klasse! Oder sind Kinder für dich nicht vorstellbar, weil es bei dir eher kribbelt, wenn du deine Freiheit genießen kannst? Auch wunderbar. Ich wiederhole mich, aber es ist so wichtig: Es gibt kein Richtig und kein Falsch. Es gibt nur DEINEN ureigenen Weg.

Persönliche Entwicklung

Jede Übung, jede Betrachtungsweise und nahezu alles, was du hier liest, entspringt einer modernen philosophisch-spirituellen Haltung. Wer bist du? Warum bist du hier? Wohin führt dein Leben? Das sind unter anderem DIE Fragen, die eng mit den vier magischen Fragen und deinen Antworten darauf verknüpft sind. Jetzt darfst du das, was du über dich herausgefunden hast, noch mehr im Außen leben – ganz wie es dir gefällt und wie es deinem persönlichen Lebensstil entspricht. Du könntest auf dem Jakobsweg wandern, einen Berg besteigen, in ein Schweigekloster in der Schweiz gehen oder dich in einen Ashram nach Indien begeben. Du kannst einfach nur spazieren gehen und die Natur betrachten. Du kannst tauchen. Du kannst die Einsamkeit und Stille suchen oder das Gespräch und die Geschäftigkeit. Alles ist möglich. Du kannst bewusster auf deinen Körper achten. Du kannst lernen zu meditieren. Du kannst jeden Tag deine Energy-Floating-Übung machen. All das sind Möglichkeiten, immer weiter bei dir, an deinem Erfüllungsort anzukommen.

Berufliche Erfüllung

Du wünschst dir mehr berufliche Erfüllung und spürst, dass der Job, den du momentan ausübst, nicht mehr wirklich passt? Das ist kein Grund, die Krise zu bekommen, sondern eine geniale Erkenntnis. Du weißt nun, was die Quelle deiner Unzufriedenheit ist. Nutze die Ergebnisse der Potenzial-Inventur und fühle noch einmal, welcher Treiber dich unterstützt. Und dann spüre in dich hinein, wofür und wann es kribbelt. Vielleicht brauchst du jetzt mehr oder weniger Herausforderung, ein Arbeitsumfeld, das dir mehr Freiheit lässt, oder eines, das dir mehr Struktur und mehr Rahmen bietet. Zunächst kannst du mit deinem Vorgesetzten oder Chef sprechen und ihm mitteilen, dass und wie du dich verändert hast. Es ergeben sich oft Zeichen und Wunder, wenn man den Mut hat, Dinge offen anzusprechen und sich mitzuteilen. Strukturen können häufig erweitert oder verändert werden. Das geht aber nur, wenn du andere an deinen Wünschen und an deiner Veränderungsbereitschaft teilhaben lässt. Mehr als Nein kann dein momentaner Chef nämlich nicht sagen. Entscheidest du dich, eine neue Herausforderung zu suchen, kannst du einen Headhunter wissen lassen, dass du etwas Neues suchst. Du kannst online oder in Tageszeitungen suchen oder dein Netzwerk aktivieren. Du kannst selbst Anzeigen schalten, Jobmessen besuchen oder den Einstieg über eine Zeitarbeitsfirma wählen. Du kannst in den sozialen Medien bekannt geben, dass du eine neue Herausforderung suchst. Genau das kannst du auch in deinem Freundes- und Bekanntenkreis publik machen. Alles ist möglich.

Du spürst, dass du dich selbstständig machen willst?
Wenn du komplett raus aus den Angestelltenstrukturen möchtest, ist das ein großer Schritt, der sowohl gut überlegt als auch gut vorbereitet werden sollte. Suche dir auf alle Fälle Unterstützung. Arbeite zu Beginn zum Beispiel weiterhin Teilzeit. Entwickle dein Konzept, etwas, was die Menschen da draußen händeringend benötigen. Verknüpfe das mit deiner upgedateten Lebensaufgabe, deinem upgedateten Potenzial. Aber Achtung! Gerade im Moment suggerieren einem Hunderte von Businessmentoren und Coaches weltweit, dass es ganz einfach sei, ein Business bzw. ein Online-Business aufzubauen, dass das jeder mit links könne, der nur den Rezepten und Strategien der Coaches folgt. Das kann eine Sackgasse sein, denn aus meiner Sicht ist nicht jeder Mensch Unternehmer. Man muss auf die größere Verantwortung, die Akquise, das Marketing, die Öffentlichkeitsarbeit, die mit einer Selbstständigkeit verbunden sind, nicht nur Lust haben, es sollte einem auch liegen. Wenn dem nicht so ist, benötigt man Mitarbeiter oder Dienstleister, die einem

diese Aufgaben abnehmen, und diese Menschen kosten etwas. Daher prüfe gut, ob genau dieser Schritt wirklich dem entspricht, was DU dir wünschst, ob das wirklich dein ureigener Weg ist.

Wenn du Unternehmer/-in bist, stehst du vor derselben Aufgabe. Entwickle dein Business weiter. Integriere das MEHR an upgedatetem Potenzial in dein Business. Verändere deine Strukturen, erweitere dein Portfolio, entwickle neue Produkte, transformiere deine Unternehmensphilosophie, kommuniziere deine Werte. Suche Mitarbeiter, die ähnliche Werte haben, jedoch komplett andere Kompetenzen als du mitbringen.

Kreativität

Was bedeutet es überhaupt, kreativ zu sein? Gemeinhin gelten Menschen als kreativ, die zeichnen, tanzen oder singen können oder in Werbeagenturen arbeiten. Hilft dir diese Definition? Ich möchte dir meine vorstellen.

> Kreativ zu sein bedeutet, etwas komplett Neues zu erschaffen. Kreativität ist die Fähigkeit, Probleme auf eine noch nicht da gewesene Art und Weise zu lösen.
> Dabei ist es ganz egal, ob diese Leistung
> im künstlerischen oder produktiven Bereich oder in der persönlichen Problemlösung Einsatz findet.[1]

Im Lauf meines Lebens habe ich mit vielen Menschen gesprochen, und viele von ihnen versicherten mir, dass es dieses eine Projekt gäbe, *das* Produkt, *das* Buch, das in die Welt gebracht werden müsse, *die* neue und geniale Dienstleistung, *diese* soziale Innovation, *jene* zukunftsorientierte Community. Die Ideen waren allesamt großartig, und dennoch blieben nahezu alle dieser genialen Ideen ein

Traum. Was brauchen diese Träume, um im Leben anzukommen? Nun, sie brauchen Erdkontakt. Wie entsteht ein wunderbar sortenreicher Bauerngarten in einem Neubaugebiet? Du hast eine Idee, wie dein Garten aussehen soll. Dann rupfst du erst einmal das ganze Unkraut (die Bullshitstorys) raus. Du gräbst den Boden um, düngst, und dann säst und pflanzt du. Im Frühjahr erblicken die ersten Pflanzen das Licht, und im Sommer sieht dein Garten schon viel bunter aus.

Von nun an muss dein Garten gepflegt, gedüngt und geliebt werden. Es benötigt Updates – neue Pflanzenarten oder einen Baum? –, um das Bild von deinem Traumgarten zu vervollständigen. Genau dieses Prinzip kannst du auch auf deinen kreativen Traum übertragen. Wenn du ihn nicht nährst, fütterst und liebst, kann nichts Großes daraus entstehen. Die beste Idee bleibt nur eine Idee, wenn sie nicht liebevoll aufgezogen wird. Und dieser Prozess, der braucht meist ein wenig Zeit – mit Ruhe, Struktur, Aktion und noch mehr Kreativität und Buntheit.

Friends & Family

Du hast festgestellt, dass du dich noch viel zu sehr nach anderen richtest, vor allem Menschen, die dir sehr nahestehen? Diese Erkenntnis ist im ersten Moment nicht so angenehm – das kann ich gut verstehen. Es braucht Zeit, neue Verhaltensweisen zu etablieren. Wenn du deinen Eltern noch nie Grenzen gesetzt hast, zum Beispiel deine Mutter von dir unbewusst erwartet, dass du dich jeden Tag bei ihr meldest, dich das aber total stresst und immer unzufriedener macht, dann weißt du mittlerweile, dass eine Bullshitstory dafür verantwortlich ist, nicht deine Mutter. Es kommt immer darauf an, was das, was andere dir »aufbürden«, mit dir macht. Denn du hast die Macht, die Bürde langsam zu entfernen. Dafür müssen Gespräche geführt werden, die du noch nie zuvor geführt hast. Du darfst in

Liebe Dinge ansprechen, die du noch nie zuvor kommuniziert hast. Da haben wir wieder unser »Springen ohne Rettungsseil und von der Magie aufgefangen werden«. Denn egal wie die anderen es aufnehmen, wenn du bereit bist, mehr für dein Wohlbefinden einzustehen, wird das etwas verändern. Versprochen! Genau das gleiche Prinzip gilt auch für Kinder, Freunde und Bekannte. Immer dann, wenn du spürst, dass dich eine Situation, eine Person oder ein Sachverhalt Kraft kostet, dir Energie nimmt, dann darfst du das ab heute untersuchen und dich selbst hinterfragen, was du dazu beitragen kannst, diese Situation zu verändern. Vielleicht schuldet dir noch jemand Geld und kommt nicht von sich aus auf dich zu. Dann könntest du den Hörer in die Hand nehmen und genau den wichtigen Anruf führen, den du schon so ewig lang vor dir herschiebst. Du regst dich immer wieder über dieselben Leute auf? Überleg bitte, wie viel Kraft dich das kostet. Ist dein Leben, dein Wohlbefinden es wert, Energie und Kraft an etwas zu verschwenden, was sich von sich aus sowieso nie ändern wird? Was kannst du jetzt sofort ändern, um damit deinen Frieden zu machen? Du hast so viel mehr Macht, als dir bewusst ist. Aber mehr Macht zu leben bedeutet auch, viel klarere Grenzen zu setzen, mehr den Leader in dir zu aktivieren.

Lifestyle

Die Frage ist hier, wie und wo du leben möchtest. Also bezüglich des Wohnens kannst du deinem Potenzial und Kribbel-Kompass entsprechend handeln. Bring dein Haus, deine Wohnung, den Ort, an dem du lebst, in Ordnung. Räume um, miste aus, verabschiede dich von Dingen, die nicht mehr zu dir passen. Wirf Ballast ab und befreie dich von den Dingen, die du schon ewig nicht mehr angefasst hast. Richte dich neu ein. Werde mutiger oder bring mehr Tradition und Ruhe in deinen Einrichtungsstil – je nachdem welche Werte, welches Gefühl im Kribbel-Kompass angezeigt wurde.

Wenn es dich an einen anderen Ort zieht, kannst du dir ein neues oder ein gebrauchtes Auto zulegen. Du kannst dein Auto auch komplett abstoßen und nur noch mit dem Rad und öffentlichen Verkehrsmitteln fahren. Wichtig ist, dass du, sobald du eine Diskrepanz festgestellt hast, an dieser Stelle auch eine Veränderung in deinem Leben vollziehst.

Das Kribbeln kann dich auch an einen komplett anderen Ort führen. Beginne zu reisen. Schau dir endlich die Welt an, mach das, was du schon ewig vor dir herschiebst. Oder höre auf, ständig in der Weltgeschichte herumzubummeln, wenn du dich eigentlich nach einem Nest und einem Wohlfühlort sehnst und zur Ruhe kommen willst. Lies mehr und auch mal ganz andere Bücher. Fang an, zu spielen! Tritt einer Laientheatergruppe, einem Lesekreis oder einer Improtheatergruppe bei. Beginne, dich im Tierschutz, für Frauen- oder Männerrechte oder für den Umweltschutz zu engagieren. Reduziere deine Hobbys, lege dir neue bzw. andere oder überhaupt welche zu. Reduziere deine Aktivitäten oder erhöhe sie.

Eine meiner wunderbaren Freundinnen und ihr Mann haben vor ungefähr anderthalb Jahren ihr Haus in der Nähe von Stuttgart verkauft und sind ausgewandert. Da beide Freiberufler sind, von überall arbeiten können, fiel die Entscheidung auf die Sonneninsel Zypern. Wohin zieht es dich? Du musst natürlich nicht gleich auswandern! Du könntest von dem Land in die Stadt ziehen, von der Stadt aufs Land, von einem Haus in eine Wohnung oder von einer Wohnung in ein Haus ziehen. Du könntest in eine andere Stadt, ein anderes Bundesland ziehen oder tatsächlich partiell oder für längere Zeit ins Ausland gehen. Ich liebe es zu reisen. Ich liebe es, von überall auf der Welt zu arbeiten. Diesen Luxus habe ich mir vor zweieinhalb Jahren gegönnt, als ich mein Business in ein On-line-Business transformiert habe. Ich unterrichte nur noch an einigen wenigen Universitäten und coache und trainiere überwiegend online in Kombination mit mehrtägigen Live-Erlebnis-Retreats.

Da ich die Termine selbst steuere, habe ich die Freiheit, viel zu reisen. Das war im Rahmen meiner Berater- und Dozententätigkeiten eine lange Zeit nicht möglich. Als Entdecker fehlte mir somit etwas. Der Entdecker muss immer wieder neue innere und innovative äußere Welten entdecken. Wenn dieses Kribbeln nicht unterstützt wird, wird der Mensch unzufrieden.

Physisches Wohlbefinden

Obwohl uns unsere Gesundheit heilig sein sollte, boykottieren wir sie unbewusst viel zu häufig. Wir essen zu viel Fast Food, statt auf eine ausreichende Nährstoffzufuhr zu achten, und liegen auf dem Sofa, statt abends eine entspannende Runde durch die frische Luft um den Block zu laufen. Unser physisches Wohlbefinden ist ein wichtiger Aspekt, gesund zu bleiben. Dazu gehören auch regelmäßige Check-ups beim Hausarzt und Fachärzten, alternative Heilmethoden und vor allem Bewegung. Frische Luft und Bewegung – vorzugsweise im Wald – sind für mich persönlich immer das allerbeste Kurzzeit-Regenerationsmittel! Wo fühlst du dich am wohlsten? Welche Sportarten bevorzugst du? Ich laufe am liebsten. Mein Mann fährt lieber Rad. Ist das ein Problem für uns? Überhaupt nicht! Ich überwinde manchmal meine Unlust und schwinge mich aufs Rad, und er läuft ab und zu eine Runde mit mir. Achte darauf, dass du dich auch bei Sportarten nicht in eine Bullshitstory einkaufst. Nur weil momentan alle Welt zum Beispiel Yoga praktiziert, musst du das nicht mitmachen. Ich habe meinen ersten Yoga-Kurs vor 14 Jahren besucht, damals noch an einer Volkshochschule. Da merkte ich schon, dass das keine Bewegungsart für meinen Körper ist. Mir liegt Pilates wesentlich mehr. Ich habe meinem Körper immer wieder die Chance gegeben, Yoga erneut auszuprobieren. Daher kann ich sagen, dass ich momentan nicht darauf stehe, sich das jedoch jederzeit noch einmal ändern kann. Du könntest mit einer Sportart anfangen, die du schon immer machen wolltest – egal wie alt du bist! Es gibt Kletterkurse, Eislaufunterricht, Reit-, Tanz- und Ballettstunden für Anfänger jeden Alters. Trainiere für den Marathon, den du schon immer laufen wolltest. Im Internet gibt es unzählige Trainingspläne für Anfänger bis zu routinierten Läufern. Geh jeden Tag spazieren. Geh jeden zweiten Tag spazieren oder walken. Es gibt unterschiedlichste Entspannungstechniken wie Tai-Chi und Qigong, aber es muss zum Entspannen kein Sport sein.

Beginne zu malen und schaue nicht auf den Stil oder das Ergebnis. Spiele Klavier oder lerne, Saxofon zu spielen. Tu es einfach!

Beginne, dich bewusster mit dem Thema Essen auseinanderzusetzen. Allein die Ernährung ist ein extrem breites Feld. Ich war, inspiriert durch meine liebe Freundin Stephanie, 2002 zum ersten Mal in Behandlung bei tibetischen Ärzten, die eine ganz eigene Philosophie haben, den Menschen und seine Gesundheit zu betrachten. Dort erhält man nach der Untersuchung passend zur Diagnose neben Naturmedikamenten zum Beispiel immer einen absolut individuellen Ernährungsplan und eine Liste mit den Lebensmitteln, die einem persönlich sehr guttun, nebst denen, die man eher seltener essen oder ganz meiden sollte. Mir und meiner Fitness hat das hervorragend geholfen. Nicht alles ist für jeden gut. Was passt für dich? Was ist dein Weg zur Gesundheit? Welche Art der Bewegung magst du, und was hasst du? Nicht jeder joggt gern. Ein kleines Trampolin, Schwimmen, Tanzen oder Wandern sind auch gut für die Kondition. Wenn du schon garstig reagierst, wenn du nur an Sport denkst, kannst du auch ohne einen Sportverein mehr Bewegung in dein Leben einladen. Geh einfach erst einmal mehr zu Fuß. Wie in allen anderen Bereichen deines Lebens gibt es auch für deine Gesundheit kein Patentrezept. Lass dir von niemandem sagen, was du tun oder lassen *musst*. Beobachte dich, spüre in dich hinein. Welche Nahrungsmittel sorgen dafür, dass du dich energiegeladen fühlst, und welche »ziehen dir den Stecker«? Zu welcher Tageszeit isst du gerne? Muss es ein ausladendes Frühstück sein? In Frankreich und Italien isst man meist abends ausgiebig. Manche Menschen bekommen aber nachts kein Auge zu, wenn sie zu spät essen. In asiatischen Ländern gibt es hingegen morgens ein warmes, herzhaftes Frühstück. Magst du das? Beobachte dich und frage dich, was dir guttut. Frage dich, ob du wirklich Hunger hast, wenn du etwas isst. Warum isst du Süßes? Oft naschen wir, um in stressigen Situationen Energie zu bekommen, eine Pause wäre jedoch meist viel hilfreicher, um die Akkus wieder zu laden. Essen »hilft« auch, unangenehme Gefühle zu betäuben, aber an dieser Stelle des Buchs hast du sicher längst begriffen, dass es gesünder ist, die Ursachen für Unzufriedenheit herauszufinden, als ein Schippchen Zucker obendrauf zu kippen. Letztendlich lautet auch im Bereich der Gesundheit die wichtigste Frage: Was macht dich unzufrieden? Unzufriedenheit ist Stress pur, und zu viel Stress macht auf Dauer krank.

Du hast jetzt eine Menge Anstöße erhalten, um ins Tun zu kommen, um an deinem Erfüllungsort anzugelangen. Viele Menschen kommen in Veränderungsprozessen zwar bis zu diesem Punkt, doch der innere Schweinehund lässt dann nicht zu, wirklich etwas anders zu machen, ins Handeln zu kommen und das neue Verhalten dann auch im jeweiligen Lebensbereich zu integrieren. Der innere Schweinehund ist ebenfalls nichts anderes als eine Bullshitstory. Genialerweise weißt du ja mittlerweile, wie du diese Bullshitstorys und die Verhinderer loswerden kannst.

Deshalb wird es nun Zeit, auch das vierte und letzte YOUR WAY Element bekannt zu machen:

Das vierte YOUR WAY Element:
In Aktion treten

Für ALLES dankbar sein
(egal, wie es aussieht!)

Du hast nun mehrere Möglichkeiten kennengelernt, um täglich genau das zu tun, was dich an deinen Erfüllungsort bringt. Ich zeige dir hier noch eine andere, sehr leichte und wunderbare Möglichkeit. Wie du schon weißt, ist es existenziell wichtig, etwas zu finden, was dich sofort in eine höhere Schwingung, in eine leichtere Energie bringt.

Etwas, das dir sofort hilft, dich gut zu fühlen, ist Dankbarkeit. Das wird vielleicht keine neue Erkenntnis für dich sein, aber ich möchte dir hier eine Möglichkeit vorstellen, Dankbarkeit nochmals aus einer anderen, erweiterten Perspektive zu betrachten und sie damit auch noch viel universeller einsetzen zu können.

Was wäre, wenn du ab sofort beginnst, dankbar für *alles* zu sein? Wahrscheinlich bist du bereits dankbar für die guten Dinge in deinem Leben. Du kannst dankbar sein, ein Dach über dem Kopf und einen gefüllten Kühlschrank zu haben, oder zumindest das Geld zu haben, diesen zu füllen. Du kannst dankbar dafür sein, jetzt mehr über dich in Erfahrung gebracht zu haben. Du kannst dankbar sein, dass deine Eltern noch wohlauf sind und du einen wunderbaren Partner an deiner Seite hast. Du kannst dankbar sein, dass du einen Job, ein Business oder ein Hobby hast, das du liebst. Es gibt immens viel Schönes, wofür du in deinem Leben danken darfst, und ich möchte dich von Herzen bitten, damit nicht aufzuhören. Rufe dir das Gefühl der Dankbarkeit jeden Tag aufs Neue ins Bewusstsein und wisse, dass du sehr viel in deinem Leben feiern kannst.

Ich möchte jetzt dein Augenmerk darauf lenken, auch dankbar für all das zu sein, was schlecht und schmutzig ist, das, was dir in deinem Leben stinkt. Jetzt fragst du dich wahrscheinlich: »Das Fiese feiern? Warum sollte ich das tun?« Du bist gewachsen, während du dieses Buch gelesen hast. Du hast dich wieder ein Stück weiterentwickelt, bist bewusster geworden. Daher kannst du dich nun auch mit weiteren Aufgaben auseinandersetzen, die einen erweiterten Blickwinkel benötigen. Was also hast du davon, wenn du dankbar für das Schlechte, den Shit, das Schmutzige bist? Du realisierst dadurch, dass du eine Wahl hast. Du lernst, dass du in der Lage bist, durch eine andere Sichtweise wirklich alles zu verändern. Du kannst erkennen, dass du Einfluss auf deine Situation hast, dass du daran beteiligt warst und bist, dass dieser Shit, dass das Schlechte und das Schmutzige nach wie vor Teil deines Lebens sind.

Auch du kennst sicherlich jemanden, der sich zielsicher immer wieder einen Job sucht, in dem er schlecht behandelt, ausgenutzt oder unterbezahlt wird. Das ist schlecht. Oder eine Partnerin, die ihn betrügt. Immer wieder die gleiche Nummer. Echt hässlich! Vielleicht erkennst du dich wieder? Bitte versteh mich nicht falsch. Ich sage nicht, dass es deine Schuld ist, dass diese Dinge entstanden sind. Ich sage nur, dass du die Macht hast, das JETZT zu verändern. Punkt. Nicht mehr und nicht weniger. Wenn du beginnst, genau für diese Dinge, die du normalerweise ignorierst, weil du sie als Schicksal annimmst, dankbar zu sein, umarmst du sie. Du erkennst damit an, dass sie ein Teil von dir sind. Du schottest dich nicht weiterhin von ihnen ab. Und genau diese Form der Integration kann dir dabei helfen, diese Dinge kurz-, mittel- oder langfristig zu transformieren. Ich spreche bewusst von Transformation und nicht davon, diese Dinge oder Menschen aus deinem Leben zu verbannen. Es geht mir hier auch nicht um eine spirituell-verklärte »Ich halte dir auch noch die andere Wange hin«-Taktik. Es geht mir darum, dich dafür zu sensibilisieren, dass alles ein Learning ist. Alles liegt in deiner Hand. Du kannst entscheiden, ob du aus dem, was ist, ein Drama machst oder ob die Situation, egal wie schlimm oder tragisch sie auch sein mag, eine Chance darstellt, für die du dankbar sein kannst. Wenn du merkst, dass du mehr gibst, als du zurückbekommst, kannst du entscheiden, dass du das nicht mehr willst. Aber erst dann.

Es ist beispielsweise schlimm, belogen zu werden. Und noch schlimmer ist es, von jemandem belogen zu werden, der einem nahesteht und immens wichtig ist. Von außen betrachtet ist das ein Drama. Was macht jedoch das Drama mit uns? Meinst du, die Situation, die Lüge, wird dadurch leichter? Ändert sich die Person durch das Drama? Wie häufig tun wir alles dafür, dass sich jemand ändert, aber genau diese Veränderung liegt nicht in unserer Macht. Wir können das Verhalten anderer nicht beeinflussen. Der einzige Mensch, der das kann, ist die Person selbst. Für andere gilt dasselbe wie für uns persönlich – jeder ist der Kapitän seines eigenen Schiffs.

Kommen wir nun noch mal auf die Dankbarkeit zurück. Ich habe bewusst das krasse Beispiel mit der Lüge ausgewählt. Wenn du beginnst, dankbar für »das Gute, das Schlechte und das Hässliche« zu sein, dann werden sich deine Wahrnehmung und dein Bewusstsein verändern. Du wirst deine Muster erkennen. Was du erkennst, kannst du ändern. Wenn dir beispielsweise auffällt, dass eine bestimmte Arbeit immer an dir kleben bleibt, kannst du lernen, diese Arbeit abzulehnen. Statt zu brüllen »Wieso muss ich immer die Ablage machen, ich bin hier nicht die Minna!«, kannst du sagen »Sorry, ich schaffe das diese Woche beim besten Willen nicht. Wer übernimmt?«. Statt dich zu ärgern, wirst du mit der Zeit und ein bisschen Übung weniger Dramen kreieren. Und weniger Drama bedeutet auch, mehr ins Tun zu kommen. Sei dankbar, wenn du ein Muster erkennst. Es zeigt dir, wo die Grenze deiner Komfortzone liegt. Erst wenn du deine Grenzen kennst, kannst du lernen, sie zu wahren. Erst wenn du weißt, wann dir jemand auf die Füße tritt, kannst du ihn rechtzeitig (und damit freundlich) bitten, ein bisschen mehr Abstand zu halten.

Die folgende Übung kann dir helfen, die Dankbarkeit ganzheitlich in dein Leben zu integrieren. Dafür möchte ich dir noch einmal kurz die drei Kategorien, nach denen du entscheidest, wofür du dankbar bist, definieren:

Das Gute – ganz klar, alles Schöne, egal ob es nur mit dir zusammenhängt, »Ich bin dankbar für meine Gesundheit!«, oder mit etwas im Außen, »Ich bin dankbar für meine tollen Kinder/dafür, dass es heute nicht geschneit hat/das Kompliment meiner Chefin!«.

Das Schlechte – all das, was dir an unangenehmen Dingen widerfahren ist, was aber *nur dich* betrifft. »Ich bin dankbar für meine Müdigkeit.« (… denn dadurch spüre ich, dass mein Körper mir sagen möchte, dass er eine Pause braucht.) »Ich bin dankbar für meine Wut.« (… denn sie zeigt mir, dass etwas oder jemand über meine Grenzen getrampelt ist und ich sie besser kommunizieren darf.)

Das Hässliche – all das, was an hässlichen Gedanken in dir entsteht. »Ich bin dankbar dafür, dass ich mich auf dem Parkplatz über den Porschefahrer aufgeregt habe!« (… denn das hat mir gezeigt, wo einer meiner Schwachpunkte liegt. Ich kann es einfach nicht leiden, wenn sich einfach einer etwas nimmt, das ihm nicht zusteht. Ich gestehe mir schließlich gar nichts zu.) Denk mal an den Arschengel …

Die folgende Übung ist klein, aber sehr effektiv, um Dankbarkeit zu einem festen Bestandteil deines Lebens werden zu lassen.

ÜBUNG: Abendritual

Beginne kurz vor dem Schlafengehen eine Notiz zu erstellen (auf einen Block, einen Zettel, in deinen Computer oder in dein Smartphone). Notiere drei Dinge, für die du am vergangenen Tag dankbar sein kannst.

- Notiere als Erstes das Gute, für das du dankbar sein kannst.

_____

_____

- Notiere als Zweites das Schlechte, für das du dankbar sein kannst.

_____

_____

- Notiere als Drittes das Hässliche, für das du dankbar sein kannst.

_____

_____

- Mache dir bewusst, dass dir die Dankbarkeit hilft, die negativen Dinge mehr und mehr zu integrieren und somit zu transformieren.

_____

_____

PRAXISBEISPIELE:
Wie komme ich dahin? –
Dem Erfüllungsort auf der Spur

Du wirst gleich wieder in die Lebenssituationen von verschiedenen Menschen eintauchen und reflektieren bzw. spüren, ob es da einen Zusammenhang zu deinem eigenen Leben gibt. Die magische Frage in diesem Kapitel lautet: »Wie komme ich dahin?« Die Antwort ahnst du vielleicht schon. Es geht um das Springen ohne Rettungsseil und im Fall von Ina ins völlig Unbekannte. Lies selbst, wie die Magie sie aufgefangen hat.

1. Vom Extrem in die Balance

Meine Klientin Ina erhielt sofort nach dem Studium einen sehr guten Job im mittleren Management eines mittelständischen Unternehmens. Sie war in ihrem Job anerkannt, als Teamleiterin eines kleinen Teams beliebt, und sie verdiente sechsstellig. Doch all das erfüllte sie nach knapp drei Jahren nicht mehr wirklich. Ihre Lust, sich einzubringen, Neues zu entwickeln, ihre Projekte voranzutreiben und ihr kleines Team zu motivieren, schwand immer mehr. Äußerlich war nach wie vor alles in Ordnung. In ihrem Innern sah es jedoch total anders aus. Innerlich hatte sie bereits gekündigt. Die Diskrepanz zwischen dem, was augenscheinlich so erfolgreich war – der Job hatte ihr ja Spaß gemacht, sie war zu Beginn immens in ihrer Tätigkeit aufgegangen –, und dem, was sie jetzt spürte, wurde immer größer, und Ina wurde extrem unzufrieden. Sie war gereizt und kam, obwohl sie ihre Aggressionen sonst im Sport loswerden konnte, immer seltener entspannt nach Hause. Sie war frustriert, obwohl sie sich alles leisten konnte. Nach einer Shoppingtour war sie nur noch genervter. Nichts vermochte ihre Unzufriedenheit zu mildern. Sie begann, nach der Arbeit immer häufiger ein Gläschen Wein zu trinken. Das erleichtere ihr das Runterkommen, beschwichtigte sie sich selbst. Sie flog mit einer Freundin in einen Luxusurlaub. Fernab des Jobs fühlte sie sich wohler. Aber es nagte etwas an ihr. Ina konnte sich jedoch nicht erklären, was sie ständig aus der Balance brachte und tagtäglich verunsicherte. Durch eine Bekannte fand Ina zu mir, und wir begannen, ihrer Unzufriedenheit auf den Grund zu gehen.

Ina realisierte, dass sie in den letzten Jahren ausschließlich ihre Karriere, jedoch nicht ihr Liebesleben weiterentwickelt hatte. Sie selbst war mit einer alleinerziehenden Mutter aufgewachsen. Ihren Vater kannte sie nur flüchtig. Inas Mutter war tough, sehr stark und verurteilte Männer. Als Inas Vater sie verlassen hatte, hatte sie sich in ihre Arbeit gestürzt, noch studiert, während Ina den Kindergarten besuchte, und promoviert, als Ina in der Grundschule war. Ihre Mutter war eine sehr gebildete und erfolgreiche Frau. Inas Uniabschluss hatte daher immer die höchste Priorität in der Familienplanung gehabt, aber zufrieden war Inas Mutter erst, als Ina die perfekte Anstellung in einem Unternehmen fand, das Frauen Wachstumschancen offerierte. Ina war von klein auf eingetrichtert worden, dass Beziehung und Karriere nicht gemeinsam funktionieren könnten. Diese Bullshitstory hatte Ina lange Zeit gelebt. Sie hatte unbewusst die Abneigung gegen Männer ihrer Mutter übernommen. Ina hatte Beziehungen zu Männern, aus unbewusster Angst, verlassen zu werden, immer gemieden. Sie hatte Affären, die sie zwar nicht erfüllten, binden konnte und wollte sie sich jedoch nicht, auch wenn sie immer wieder Männern begegnete, die definitiv mehr von ihr gewollt hätten. Ihre unbewusste Angst, verlassen zu werden, war zu groß.

Was Ina widerfahren ist, ist nicht untypisch für viele junge Frauen. Der Megatrend Individualisierung hat viel Großartiges in Gang gesetzt. Feminismus, Emanzipation, Gleichberechtigung – all das sind Auswirkungen dieses Trends. Und wenn neue Bewegungen entstehen, geschieht es nicht selten, dass etwas zunächst sehr extrem gelebt wird. Beispiele sind Formen der Emanzipation, die Männer generell ausgrenzen und verachten. Aber all das sind ganz natürliche Entwicklungen, die sich mit der Zeit im gesellschaftlichen Kontext immer mehr und mehr vom Extrem hin zur Balance entwickeln. Inas Mutter hatte dieses Thema extrem gelebt und die Möglichkeit einer Balance zwischen Karriere und Partnerschaft ausgeschlossen. Sie konnte sich somit nicht weiterentwickeln.

Ina erkannte, welche Bullshitstorys und schweren Bewertungen sie bisher in Ketten gehalten hatten. Sie erkannte, dass sie statt am Computer viel lieber mit den Händen arbeiten wollte, dass sie kreativ sein wollte. Sie spürte, dass sie raus musste, an die frische Luft. Und sie realisierte durch den Kribbel-Kompass, dass die Verbindung ihr Haupttreiber war. Das hätte Ina niemals vermutet, und diese Erkenntnis warf sie zunächst ziemlich aus der Bahn. Dann aber verstand sie, dass die Ursache ihrer Unzufriedenheit darin lag, dass die Liebe weder in ihrem Beruf noch in ihrem Privatleben Raum hatte. Sie verinnerlichte das Prinzip des »Springens ohne Rettungsseil« – und sie sprang. Und wie sie sprang! Ina kündigte von heute auf morgen ihren lukrativen Job, ohne zu wissen, wie es weitergehen sollte. Zum ersten Mal in ihrem Leben machte sie etwas, ohne zu planen. Zum ersten Mal in ihrem Leben folgte sie ausschließlich dem Kribbeln. Nur eins war ihr total klar – sie musste der Verbindung, speziell der Liebe, eine Chance geben. Sie wollte noch weitere unbewusste Potenzialstückchen aufdecken. Sie wollte den Männern eine Chance geben, und sie wollte endlich auch an ihren persönlichen Erfüllungsort gelangen. Wir arbeiteten daran, dass sie auf sich und ihr Kribbeln mehr vertraute als auf alles andere. Sie nahm sich erst einmal Zeit, die Seele baumeln zu lassen. Diesen Luxus gönnte sie sich.

Zunächst suchte sich Ina einen Halbtagsjob in einem Callcenter, der ihr die Miete sicherte. Dann begann sie all das zu machen, was sie einst geliebt hatte. Sie pachtete einen Schrebergarten und begann, ihn zu bepflanzen und dort viel Zeit an der frischen Luft zu verbringen. Darüber hinaus fing sie an, sich mit kleinen Kindern zu beschäftigen. Das hatte sie als Einzelkind schon in ihrer Kindheit geliebt – auf kleine Kinder aufzupassen, mit ihnen zu spielen und sie zu behüten. Als Achtjährige hatte sie täglich Vater-Mutter-Kind gespielt. Damals stand für sie felsenfest, dass sie mehrfache Mutter werden wollte. Genau diese Gefühle und Gedanken hatte sie über viele Jahre hinweg nicht zugelassen. Auf einmal war alles wieder da. Das Kribbeln hatte sie genau an diesen Punkt geführt.

Ina begann, einmal wöchentlich ehrenamtlich in einem Kindergarten zu jobben. Dort fing die Magie sie auf, und Inas Wunder geschah. Sie verliebte sich in den Leiter des Kindergartens. Die beiden wurden schnell ein Liebespaar, und Ina erlebte mit 28 Jahren zum ersten Mal eine bewusste, tief gehende und erfüllende Liebesverbindung. Nach kurzer Zeit ereignete sich das zweite Wunder: Ina wurde schwanger. Mittlerweile ist Ina zweifache Mama und geht in ihrer Mutterrolle voll auf. Sie lebt Familie auf eine Art und Weise, die sie selbst nie kennenlernen konnte, und ist äußerst erfüllt und glücklich. Sie arbeitet nun Teilzeit im Kindergarten ihres Partners und kümmert sich dort um alles Administrative und Organisatorische. Auch in diesen Tätigkeiten geht sie ungemein auf. Sie ist an ihrem Erfüllungsort angelangt. Zu ihrer Mutter hat sie vorübergehend keinen Kontakt mehr, da die absolut nicht verstehen wollte, wie Ina ihre Zukunft und ihre Karriere für einen Mann »wegschmeißen« konnte. Ina achtet derweil wunderbar darauf, ihren Töchtern nicht ihre Bullshitstorys zu übertragen.

Schon lange vor ihrer Kündigung war Ina unbewusst für eine komplett neue Herausforderung bereit. Ihre Unzufriedenheit war das

Symptom dafür, dass noch ganz andere Talente in ihr schlummerten und zum Ausdruck gebracht werden wollten. Jedoch konnte sie das, was da herauswollte, noch nicht richtig greifen und ihm damit auch keinen Raum geben. Als sie sich dann entschied, ihrem Kribbeln zu folgen, konnte ihr komplettes Umfeld diese Gefühle und Gedanken überhaupt nicht nachvollziehen. Sie hatte doch einen supersicheren Job, verdiente phänomenal, hatte ein gutes Verhältnis zu ihren Mitarbeitern und Vorgesetzten. So etwas gibt man doch nicht auf! Eine schwere Bewertung jagte die nächste. Zum Glück ließ sich Ina nicht von ihrem Weg abbringen. Sie stürzte sich kopfüber ins Unbekannte und damit ins Glück.

Daher nun die folgenden Fragen an dich:

- Welche Erkenntnisse konntest du für dich aus Inas Beispiel übertragen?

  _____

  _____

- Vor welcher Veränderung hast du am meisten Angst?

  _____

  _____

- Könnte deine Angst ein Indiz dafür sein, dass sich dahinter noch etwas viel Erfüllenderes verbergen könnte? Was könnte das sein?

  _____

  _____

- Was müsstest du konkret tun, damit du an deinem Erfüllungsort ankommst?

  _____

  _____

2. Jumping to myself!

Flo war Anfang 30, als er mich kontaktierte. Er lebte seit sechs Jahren in einer Beziehung, in der er nach eigenen Angaben alles gab. Flo war Unternehmer und sehr erfolgreich. Neben der Führung seines Unternehmens kaufte er auch gerne ein und kochte. Das Leben seiner Freundin finanzierte er komplett, im Gegenzug unterstützte sie ihn zweimal wöchentlich in der Buchhaltung seines Unternehmens. Sonst stellte Flos Freundin Schmuck her, verkaufte diesen jedoch nicht sehr häufig. Flo war mit der kompletten Situation schon lange nicht mehr happy. Er wurde immer unzufriedener und darüber hinaus gesundheitlich auch immer anfälliger. Sein Immunsystem baute ab, er war ständig erkältet und hatte häufig Magen-Darm-Infektionen. Kurz gesagt, die Unzufriedenheit hatte ihn nicht nur aus der Balance gebracht, sondern hatte schon begonnen, einen psychosomatischen Schaden anzurichten. Genau das kann dabei herauskommen, wenn wir uns zu lange selbst übergehen, ignorieren, was uns guttut, und unser Kribbeln abtun. Unser Körper zeigt uns ganz klar die Grenzen auf. Wenn der seelische Schmerz zu groß wird, versucht der Körper das Ganze auszugleichen – mit mehr oder minder großem Erfolg. Meiner Erfahrung nach liegt etlichen, selbstverständlich nicht allen, aber doch vielen körperlichen Symptomen ein seelisches Ungleichgewicht zugrunde.

Ich lernte Flo eher zufällig auf einem Fest von Bekannten kennen. Flo hörte, was ich beruflich mache, und kurze Zeit später begannen wir, miteinander zu arbeiten und die vier magischen Fragen zu durchschreiten. Schnell wurde deutlich, dass Flo unbewusst glaubte, alles für die Frau, die er liebte, tun zu müssen. Und dass er nur dann ein ganzer Mann sei, wenn er eine Frau an seiner Seite habe. Ganz egal wie sich diese Frau verhalte, seine Pflicht sei es, bei ihr zu bleiben und sie weiterhin zu versorgen. Das sei eben die Aufgabe eines Mannes. Nachdem die Bullshitstorys in einer solchen

Deutlichkeit ans Tageslicht getreten waren, wurde Flo zum ersten Mal in seinem Leben klar, dass er eine Wahl hatte. Auf der anderen Seite spürte er, wie weit weg der Gedanke für ihn war, allein zu sein. Seit seinem sechzehnten Lebensjahr war Flo in Beziehungen und hatte seitdem nicht einen einzigen Tag ohne Partnerin verbracht. Kündigte sich in der aktuellen Beziehung eine Krise oder Flaute an, begann Flo, sich unbewusst wieder umzuschauen, und wurde auch jedes Mal schnell fündig. Regelmäßig betrog er seine aktuelle Freundin in der Endphase der Beziehung, nahm das jedoch selbst gar nicht als Betrug wahr. Für Flo war das Finden einer neuen Partnerin, dieser direkte Übergang, ein Überlebenskonzept. Er war unbewusst darauf programmiert, nur so leben zu können bzw. genau das tun zu müssen, um zu überleben und sicher zu sein.

Warum gelingt es nicht allen Menschen, total in Frieden und Glückseligkeit zu leben? Warum ist das so schwer? Sicher kennst du das Sprichwort, dass es besser sei, den Spatz in der Hand statt die Taube auf dem Dach zu haben. In dem Sprichwort gilt die Taube nämlich als viel schwerer erreichbar. Du müsstest dich recken und strecken. Mit dem Erreichen der Taube wäre eine Anstrengung verbunden. Warum bleiben so viele Menschen unzufrieden bzw. leben in einer totalen Neutralität, in der es weder Höhen noch Tiefen gibt? Warum sind viele Menschen betäubt, aus Angst, zu viel zu fühlen? Sie halten den Spatz sehr fest in ihren Händen. Sie reden sich ein und lassen sich darin bestärken, dass das, was sie haben und leben, absolut ausreichend sei. Das mag schon sein, aber macht ein Leben im Mittelmaß wirklich nachhaltig zufrieden?

Nachdem du dieses Buch nun fast zu Ende gelesen hast, weißt du, dass es ein Barometer für Zufriedenheit, Frieden und Glückseligkeit gibt. Dieses Barometer ist das Kribbeln, das nur in Leichtigkeit entstehen kann. In der Unzufriedenheit, in dieser niedrigen Energiefrequenz, gibt es keine Leichtigkeit.

Auch für Flo war erst einmal alles schwer. Sein Konzept fürs Privatleben aufzugeben schien Flo anfangs unmöglich. Die Vorstellung, allein zu sein, war für ihn absolut bedrohlich, und emotional stand er seinem Empfinden nach absolut am Abgrund. Er spürte zwar, dass, wenn er endlich eine andere Art der Beziehung leben wollte, er erst einmal lernen musste, mit sich selbst zufrieden zu sein. Er spürte, dass er die Glückseligkeit, die er schon seit geraumer Zeit suchte, nicht in der nächsten Beziehung mit der nächsten Frau, die wieder ausgetauscht werden würde, finden konnte. Er wusste, dass er genau dieses Muster durchbrechen musste, aber es zog ihm fast den Boden unter den Füßen weg, als er sich schließlich aus seiner aktuellen Beziehung löste.

Häufig hoffen wir auf eine Änderung von außen. Und wir warten. Wir warten, dass wir beim nächsten Mal jemandem über den Weg laufen, der oder die besser zu uns passt. Wir warten darauf, dass es im nächsten Job besser wird, dass wir respektiert, geachtet und geschätzt werden. Wir warten darauf, dass sich endlich etwas tut, dass beim nächsten Mal endlich eine Veränderung eintritt. Wir beten, und wir weinen. Wir verzweifeln, und wir schreien. Aber irgendwann wird uns in unserem Leben klar, dass alles nur mit uns selbst zusammenhängt. Dass wir es sind, die keine Grenzen setzen, weshalb die Menschen um uns herum respektlos mit uns umgehen. Wir realisieren, dass wir es sind, die uns selbst viel zu schlecht behandeln. Wir sind es selbst, die keine gute Meinung von uns haben, uns nicht selbst lieben, uns nicht selbst wertschätzen und uns nicht selbst achten können. Wie soll uns eine andere Person dann wertschätzen, achten und lieben können? Was erwarten wir von anderen? Wir sind es, die die Kinder anschreien, nicht so viel Zeit mit dem Smartphone zu verbringen, und es beim Abendessen dann selbst nicht aus der Hand legen können. Wir sind es, die Zuverlässigkeit von anderen erwarten, uns selbst gegenüber aber total unzuverlässig sind. Wenn wir aufgrund der Schubladen, in denen wir feststecken, nicht in der Lage sind, unseren Weg zu gehen, unsere Meinung kundzutun, unser Leben zu leben, und somit auch das, was wir uns innerlich am meisten wünschen, allen anderen vorleben, wie soll uns dann ein anderes Verhalten von außen entgegengebracht werden? Das funktioniert nicht.

Du darfst Vorbild für dein eigenes Leben sein!

Aus alten Verhaltensmustern auszubrechen ist nie einfach. Egal was wir im Außen versuchen, egal wie häufig wir den Job, den Wohnort, den Arzt oder den Partner wechseln, entscheidend sind nicht die Veränderungen im Außen. Entscheidend ist, dass wir unser Verhalten aus unserem Innern heraus verändern. Denn nur so können wir auch die äußeren Umstände beeinflussen und dort eine magische Veränderung initiieren. Jeder von uns hat es verdient, die ungesunden Muster hinter sich zu lassen und zufrieden zu leben.

Auch Flo begriff, dass er es verdiente. Flo sprang also in den Abgrund, er beendete die Beziehung. Zum ersten Mal in seinem Leben war Flo allein. Wir arbeiteten daran, dass er diesen Zustand nicht mit etwas anderem kompensierte, und Flo begann, diesen neuen Zustand mehr und mehr zu genießen. Er legte eine bedeutende Wegstrecke zurück. Er realisierte, wie sehr er darauf programmiert gewesen war, immer wieder, egal wo, ob im Supermarkt, an der Tankstelle oder im Fitnessstudio, nach der potenziell nächsten Freundin Ausschau zu halten. Ihm wurde klar, dass er einen großen Teil seiner Energie darauf verwendet hatte, immer wieder unbewusst dafür zu sorgen, nicht allein sein zu müssen. Ihm fiel auf, wie anstrengend die letzten Jahre gewesen waren. Er hatte so viele Male unbewusst denselben Typ Frau gewählt, und keine der Beziehungen erfüllte ihn. Und es kam der Tag, an dem Flo an seinem Erfüllungsort ankam. Es war ein komplett neues

Lebensgefühl, das er spürte. Er fühlte, wie wichtig es nun für ihn war, sich ohne die Schubladen, die Bullshitstorys und die unerfüllten Beziehungen, ohne diesen ganzen Ballast, der ihn immer wieder abgelenkt hatte, ausschließlich um sich selbst zu kümmern. Sich selbst besser kennenzulernen und tiefsinnig zu ergründen, wie sein Leben nun weitergehen sollte. Sich selbst zu schätzen, zu mögen, sich selbst zu lieben – das stand auf Flos Learningliste. Und was soll ich dir sagen? Heute liebt er es, allein zu sein. Er liebt es, Zeit mit sich selbst zu verbringen. Dabei empfindet er die höchste Erfüllung.

Beziehungen können das Wunderbarste und auch das Schrecklichste in unserem Leben sein.

Es hängt ganz von uns ab, was wir wählen. Flo wählte zum ersten Mal in seinem Leben sich selbst. Er sprang sich quasi selbst entgegen. Er hat heute so viel mehr Kraft, Lebenslust und Freude und erlebt so viel mehr Erfüllung.

Die wichtigste Beziehung ist die Beziehung zu uns selbst. Erst wenn sie stimmig ist, können wir auch stimmige Beziehungen mit anderen und erfüllte Liebesbeziehungen leben. Zu oft hoffen wir jedoch, dass der andere uns rettet, uns heilt. Ist der andere jedoch auch verletzt, hofft auch er oder sie auf Rettung und Heilung. Und da sind dann schon zwei, die hoffen und warten. Das ist nicht die stimmigste Basis für eine Beziehung.

Für Flo ist nach wie vor das Alleinsein die größte Erfüllung. Du siehst, wie unterschiedlich sich Menschen erfüllt fühlen. Was für den einen ein Albtraum ist, ist für den anderen der Himmel.

Daher nun die folgenden Fragen an dich:

- Welche Erkenntnisse konntest du für dich aus Flos Beispiel übertragen?

  _____

  _____

- Wie lebenswichtig ist es für dich, in einer Beziehung zu leben?

  _____

  _____

- Erfüllt dich deine Beziehung enorm, oder könnte dahinter eine Bullshitstory stecken, nämlich die, dass man nur in einer Beziehung erfüllt sein kann?

  _____

  _____

- Was könntest du in deiner aktuellen Beziehung ansprechen oder verändern, was dir das Ankommen an deinem Erfüllungsort ermöglichen könnte?

  _____

  _____

Flo suchte Nähe, sprang ins Alleinsein und fand sich selbst. Im nächsten Beispiel erfährst du, wie Mathilda ihre vermeintliche Berufung gegen ihren Traumberuf tauschte.

3. Es geht immer noch magischer

Mathilda war als Businesscoach sehr erfolgreich. Sie half Männern, ihr Business in ein Online-Business zu transformieren. Sie hatte die letzten drei Jahre hart gearbeitet und parallel sehr viel Geld in unterschiedliche Unterstützung durch Mentoren und Coaches investiert, um an diesen erfolgreichen Punkt in ihrem Business zu gelangen. Sie war sich hundertprozentig sicher, ihre Berufung gefunden zu haben. Ihre Klienten hatten durch ihre Unterstützung Erfolg, die Arbeit machte ihr sehr viel Spaß, und sie verdiente darüber hinaus auch noch einen Haufen Geld. Sie war dem Erfolgskonzept ihrer Mentoren Schritt für Schritt gefolgt und hatte innerhalb dieses Programms die für sie richtige Zielgruppe definiert, ihr Kernangebot entwickelt, Onlinewerbung geschaltet – kurz: Sie hatte alles richtig gemacht. Mathilda war happy.

Irgendwann bekam Mathilda Kopfschmerzen, die immer häufiger wiederkehrten. Ihr war bewusst, dass diese Kopfschmerzen immer nur dann auftraten, wenn sie aus der Balance war, und sie spürte, dass sie zunehmend Kraft durch die immer häufiger auftretenden Schmerzen verlor. Mathilda suchte Rat bei ihren Mentoren. Die versicherten ihr, dass alles in bester Ordnung sei, da sie ja ihre Berufung, die für sie bestimmte Lebensaufgabe lebe und damit auch offensichtlich Erfolg habe. In einer solchen Situation käme man nicht aus der Balance, und es könne einem nicht schlecht gehen. Das gebe es nicht. Ihr wurde geraten, mehr Mindset-Arbeit zu machen und mehr Sport zu treiben. Mathilda setzte die Tipps um, machte weiter und verlor immer mehr Kraft. Nicht ihre Lust, nein, ihre Kraft wurde immer geringer. Ihr stand immer weniger Energie zur Verfügung, und die Kopfschmerzen wurden schlimmer. Sie selbst verwunderte das über alle Maßen, denn sie kannte einen solchen Zustand überhaupt nicht. Sie hatte immer schon Power für zwei gehabt, und energielos zu sein machte sie sehr unzufrieden.

Sie begann, sich für diesen Zustand, diese Unzufriedenheit zu verurteilen. Sie begann, an sich zu zweifeln. Sie hatte das Gefühl, undankbar zu sein, da doch alles so phänomenal lief. Sie hatte das Gefühl, nie bei sich ankommen zu können. Die größte Angst, die in ihr schlummerte, war die, dass es für alle, nur nicht für sie die EINE Berufung, die EINE absolut sinnvolle Lebensaufgabe gab, denn die Gefühle, die sich bei ihr meldeten, die kannte Mathilda schon aus ihrer Vergangenheit. All das waren Zeichen dafür, sich wieder neu zu orientieren. Mathilda hatte jedoch überhaupt keine Idee, wie sie sich neu orientieren sollte, wenn sie ihre Berufung doch bereits gefunden hatte. Damit war sie restlos überfordert. Ihre Mentoren rieten ihr, ein neues, kreativeres Produkt für ihre Zielgruppe zu entwickeln. Ihr wurde geraten, die Coachings mit ihren Klienten an einem anderen Ort, zum Beispiel in Frankreich in einer schönen Location, abzuhalten. Sie probierte alles aus. Das Ergebnis war, dass ihr Erfolg sich verringerte. Sie verkaufte nicht weiter so phänomenal. Die Ergebnisse ihrer Kunden litten. Alles verschlechterte sich. Daraufhin probierte Mathilda, die Erfolgstechniken, die ihr den großen Erfolg gebracht hatten, zu intensivieren. Sie erhöhte ihr Werbebudget radikal. Sie produzierte Videos am laufenden Band. Nichts hatte den gewünschten Erfolg. Mathilda verzweifelte nun immer mehr und mehr, da mittlerweile ihre Existenz auf dem Spiel stand. Sie war ratlos, weil das System ihrer Mentoren ja einst so gut funktioniert hatte. Das System funktionierte auch für viele andere. Nur für Mathilda schien es nicht mehr zu funktionieren. Das machte sie fertig.

Genau zu diesem Zeitpunkt begannen Mathilda und ich, miteinander zu arbeiten. Mathilda lernte, dass es nicht unbedingt nur eine einzige Berufung, eine einzige Lebensaufgabe geben musste. Sie realisierte, dass sich diese Lebensaufgabe modifizieren, dass sie variieren, wachsen und mehr Platz benötigen konnte, und dass sich eine Lebensaufgabe auch völlig ändern kann. Wir arbeiteten weiter an diesen Bullshitstorys. Sie spürte, dass langsam mehr und mehr Energie zurückfloss. Als wir uns mit der zweiten magischen Frage beschäftigten, wurde Mathilda klar, dass sie bei dem, was sie aktuell beruflich machte, nur 15 Prozent ihres Potenzials einsetzte. Sie liebte es beispielsweise schon immer, sich mit Zahlen zu beschäftigen und sehr analytisch zu arbeiten. Sie ging voll darin auf, wenn sie zocken und etwas riskieren konnte. Genau diesen Potenzialstückchen hatte sie jedoch aus Unwissenheit keinen Raum gegeben, weshalb sie im Rahmen ihres Businesskonzepts nicht berücksichtigt wurden. Zweieinhalb Jahre zuvor war alles stimmig, was sie sich erarbeitet hatte. Die Berufung war gefunden. Aber Mathilda war gewachsen, es hatte eine Verschiebung ihrer Werte, Kompetenzen, ihres kompletten Potenzials stattgefunden, und nun passte die einst so stimmige Berufung nicht mehr.

Wenn wir uns selbst nicht regelmäßig beobachten, passiert leider genau das, was Mathilda passiert ist. Wir passen nicht mehr in die Schublade, in der wir sowieso nur ungern stecken, und geben uns auch noch die Schuld dafür, nicht der Norm zu entsprechen. Wir machen uns Vorwürfe, dass etwas, was ja augenscheinlich für andere funktioniert, nicht für uns funktioniert. Aber all das ist absoluter Bullshit.

Wir sind viel zu verschieden,
als dass es ein für ausnahmslos alle funktionierendes
Erfolgskonzept geben könnte.

Kein Wunder, dass sich die Unzufriedenheit mehr und mehr in Mathildas Leben ausgebreitet hatte. Im weiteren Verlauf unserer Arbeit wurde deutlich, dass Mathildas wichtigste Werte Autonomie und Freiheit waren. Sie verstand, dass Freiheit bedeutete, sich auch jederzeit für etwas Neues entscheiden zu dürfen. Sie realisierte, dass bestimmte Erfolgskonzepte, die für andere funktionierten, auf Dauer nicht bei ihr funktionieren mussten. Sie hasste es, sich in Schubladen pressen zu lassen. Außerdem entsprach es absolut nicht ihrem Wesen, einer bestimmten Strategie zu folgen und einen vordefinierten Erfolgsplan abzuarbeiten. Als wir mit der dritten magischen Frage arbeiteten, wurde deutlich, dass Mathildas wichtigster Treiber die Veränderung war. Genau das löste ständig das Kribbeln bei ihr aus. Mathilda hatte überhaupt kein Problem damit, »ohne Rettungsseil zu springen«. Im Gegenteil. Bei der Vorstellung, etwas komplett anderes zu machen, blühte sie regelrecht auf. Noch etwas zeigte sich: Mathilda arbeitete zwar gern mit Menschen, aber noch viel lieber arbeitete sie analytisch und hatte schon immer Spaß an Zahlen. Geld war ihr nicht unwichtig – noch wichtiger war ihr jedoch, jeden Tag etwas total Herausforderndes zu machen. Mathilda wurde klar, dass sie nicht weiter als Business-Coach arbeiten wollte. Nachdem sie die noch bestehenden Kunden zu Ende begleitet hatte, gab sie ihre Tätigkeit auf. Sie sprang, ohne zu wissen, wo sie landen würde. Bereits kurz darauf fing die Magie sie auf. Mathilda wurde klar, dass sie in der Finanzbranche einen Job suchen wollte. Mit ihrem Background war das kein Problem. Nach nur drei Monaten wurde sie fündig. Sie ist seitdem für eine Bank im Bereich Portfoliomanagement tätig und liebt diesen Job über alles. Derzeit füllt sie diese Tätigkeit absolut aus. Sie ist an ihrem Erfüllungsort angekommen. Wie lange sie in dem Bereich tätig sein wird, kann Mathilda jedoch noch nicht sagen. Sie weiß heute, wie sie sich selbst überprüfen kann. Sie weiß, dass sie sich nicht verurteilen muss, wenn sie spürt, aus der Balance zu sein. Sie weiß, dass es für *sie* nicht nur die *eine* Lebensaufgabe gibt, und sie weiß, dass die Unzufriedenheit ein sicherer Indikator ist und sie sich mithilfe der vier magischen Fragen immer wieder neu orientieren und erfinden kann. Sie weiß, dass sie immer wieder neu an einem anderen Erfüllungsort ankommen darf.

Daher nun die folgenden Fragen an dich:

- Welche Erkenntnisse konntest du für dich aus Mathildas Beispiel übertragen?

_____

_____

- Was hat dich schon immer interessiert, dem du keine Beachtung geschenkt hast?

_____

_____

- Was könntest du machen? Gibt es etwas, von dem du bisher gedacht hast, es sei für dich unmöglich?

_____

_____

- Was müsstest du konkret tun, damit du an deinem Erfüllungsort ankommst?

_____

_____

Vierte Station: SO komme ich dahin!

Yeah! Du hast es geschafft. Du bist auf dem direkten Weg zu deinem Erfüllungsort, dem Ort, an dem Frieden und Glückseligkeit zu Hause sind. Du hast eine Menge Strategien und Möglichkeiten kennengelernt, mit denen du wirklich loslegen darfst. Wichtig ist jetzt, hier die nächsten Schritte festzuhalten, genau diejenigen Handlungen noch einmal zusammenzufassen, die du ab sofort tätigen wirst, um an deinen Erfüllungsort zu gelangen:

- Ich werde bis nächste Woche Folgendes tun:

  _____

  _____

- Ich werde bis nächsten Monat Folgendes tun:

  _____

  _____

- Ich werde bis nächstes Jahr Folgendes tun:

  _____

  _____

Jetzt befindest du dich auf der Zielgeraden. Du hast dieses Buch nicht nur gelesen, sondern dich im besten Fall vom Buch und seinen Geschichten transformieren lassen. Du bist klarer geworden. Du weißt nun, was du NICHT musst. Du kennst viele deiner Bullshitstorys, du weißt, wie viel Prozent deines Potenzials du lebst. Dir ist bewusst geworden, wer du alles sein kannst und was du alles machen kannst. Du weißt, wann und wie es kribbelt, und du weißt, wie du nun wirklich an deinen neuen Erfüllungsort gelangen kannst. Das ist wunderbar!

Deine eigene Courage hat dich wieder eingeholt?

Jetzt bist du jede Station tapfer mitgeschritten. Du hast alle Übungen, Fragebögen und Reflexionen getätigt, hast dich total eingebracht. Doch auf einmal taucht ein altbekanntes Gefühl auf. Du bekommst Muffensausen. Torschlusspanik. Die eigene Courage holt dich ein. Hol tief Luft, all das ist kein Drama, sondern etwas absolut Normales. Wir sind nicht darauf gepolt, uns (ständig) zu verändern. Und genau das darfst auch du erst einmal lernen. Im Erwachsenenalter vergessen wir schnell, wie lernen wirklich funktioniert. Kinder können noch ganz anders lernen, was besonders deutlich erkennbar wird, wenn man beobachtet, wie ein kleines Kind laufen lernt. Diesen Lernprozess haben wir alle durchschritten, oder sollte ich besser sagen durchplumpst? Wir alle sind sicherlich unzählige Male hingefallen und auf unserem Hosenboden gelandet. Wir haben sicherlich auch einmal trotzig geweint, aber unser Entdeckertrieb hat gesiegt. Wir haben immer wieder einen neuen Anlauf genommen, und irgendwann lief es – im wahrsten Sinne des Wortes. Irgendwann hast auch du das Laufen gelernt. Es war aber kein Lernprozess, der von heute auf morgen funktioniert hast. Daher überfordere dich bitte auch nicht mit deinem Transformationsprozess. Solltest du aufgrund neuer Erkenntnisse und neu entstandener Ziele in eine Schockstarre verfallen sein, darf diese sich wieder lösen. Niemand erwartet von dir, dass du ALLES sofort und für immer umsetzen kannst. Wenn es klappt, wunderbar. Wenn es nicht klappt, auch wunderbar. Die Gebrauchsanleitung für deine Entwicklung ist ganz einfach. Du kannst in ganz kleinen Minischritten weitermachen.

Du wirst dein individuelles Transformationstempo finden. Verurteile dich nicht, das bremst dich nur aus. Vergleiche dich nicht, das lässt dich weiterhin in der Schublade hocken. Beginne, die neuen Erkenntnisse zu verdauen. Fang an, sie zu integrieren – ganz in deinem Tempo. Egal was andere tun oder sagen. Beginne noch mal von vorne. Halte dich vielleicht länger und intensiver bei den Bullshitstorys auf. Wie machtvoll sie sind und wie sehr sie dich immer wieder und wieder einholen können, wirst du erst im Prozess vollends spüren. Dasselbe gilt natürlich auch für die Krafträuber der Zukunft und die der Vergangenheit sowie die schweren

Bewertungen. All das ist vollkommen normal. Die Macht dieser Begrenzungen darf erst einmal voll und ganz in deinem Bewusstsein ankommen. Du kannst das Buch auch erst einmal weglegen, der Verarbeitung Raum lassen. Du wirst die Welt durch deine neue bewertungsfreie Brille sehen. An anderen Tagen wirst du die Brille zu Hause vergessen. Du wirst bewusster werden. Dir wird das Verhalten anderer, aber auch dein eigenes Verhalten anders auffallen. Du wirst dich mehr reflektieren, und genau das ist das Ziel. Und dann darfst du den Prozess erneut starten, überarbeiten, korrigieren oder vertiefen. Es geht hier um dich. Um deinen ureigenen Weg zu deinem Erfüllungsort. Und dieser Weg ist komplett anders als der Weg aller anderen.

Ausblick –
Die YOUR WAY Philosophy

Sicher hast du bereits bemerkt, dass immer wieder der Begriff YOUR WAY Philosophy aufgetaucht ist. Ich habe dir zu Beginn des Buchs kurz umrissen, was es mit der YOUR WAY Philosophy auf sich hat, und du hast ihre vier Grundelemente kennengelernt. Was hat es denn nun genau mit dieser Philosophy auf sich? Generell strebt eine Philosophie danach, immer mehr Erkenntnisse über den Sinn des Lebens, das Wesen der Welt und die Stellung des Menschen in der Welt zu sammeln. Und Philosophie bedeutet auch unsere persönliche Art und Weise, das Leben und die Dinge zu betrachten (s. Definition Duden).

Die YOUR WAY Philosophy (YWP) geht mit der Zeit und fragt, was (speziell für dich) in der Zukunft wichtig ist. Daher baut die YWP auf persönliche Freiheit, die Würde des Individuums, Empowerment und Vertrauen. Nach der YOUR WAY Philosophy wissen nicht ich oder andere Coaches, was der beste Weg für unsere Klienten ist. Nein, die Klienten dürfen das (mit unserer Unterstützung) komplett selbst erkunden. In der YWP geht es darum, sämtliche Abhängigkeiten, »So muss es sein«- oder »Nur das ist der richtige Weg für dich«-Konzepte, die Menschen einengen und bremsen, hinter sich zu lassen. Mein Herzensanliegen ist, dass sich unsere Gesellschaft Schritt für Schritt in eine Gesellschaft verwandelt, in der *Individualität* die Norm ist. Ich spreche hier nicht von einer egoistischen Ellbogen-Individualität. Nein, es gibt auch wunderschöne Gedanken zum kollektiven Individualismus, in dessen Konzept die Individuen in einer Gesellschaft einander unterstützen, das Individuelle im anderen respektieren und tolerieren. Natürlich sind wir als Menschen alle gleich viel wert und haben als Individuum unsere persönliche Würde. In unserem Potenzial jedoch unterscheiden wir uns absolut, und genau dieser Aspekt macht uns erst individuell. Ein jeder trägt das bunte Bild seiner Potenzialstückchen in sich, und dieses Bild ist absolut individuell und jederzeit veränderbar. Das ist auch ein Grund dafür, warum viele theoretisch wunderbare »Alle Menschen sind gleich«-Konzepte in der Praxis kläglich gescheitert sind. Ja, die Menschen sind gleich, aber gleichzeitig sind sie auch so verschieden.

Ich habe vor vielen Jahren ein Modell entwickelt, was diesen Gedanken veranschaulicht. Stell dir einen Bruchstrich vor. Wenn du einigermaßen fit in Bruchrechnen bist, weißt du, dass man Brüche nur addieren kann, wenn ihr Nenner, also das, was unter dem Bruchstrich steht, gleich ist. Stell dir nun vor, dass das individuelle Potenzial den Zähler des Bruchs ausmacht und die Würde des Menschen seinen Nenner. So kann man den Bruch addieren und eine Grundlage schaffen, auf der unsere Gesellschaft viel besser zusammenarbeiten bzw. miteinander agieren und einander schätzen könnte. Wenn jeder im eigenen Licht mit seinen Potenzialstückchen strahlen kann, dann erübrigen sich mit der Zeit auch Konkurrenz und Vergleiche, die immer nur dann entstehen, wenn eine Gesellschaft zu homogen ist, wenn zu ähnliche Leistungen angeboten und nur bestimmte Talente gefördert werden. Wir haben häufig gar keine Idee davon, was wirklich in uns steckt. Aber das ist, und ich hoffe, dieses Buch bzw. die YOUR WAY Philosophy konnte dir das verdeutlichen, individuell veränderbar.

Veränderung ist ein lebenslanger wunderschöner Prozess. Was wäre, wenn wir Abschied nehmen würden von dem Gedanken, irgendwann mal »erwacht«, am Kern angekommen oder generell erleuchtet zu sein? Könnte das nicht auch eine Bullshitstory sein? Verhindern wir damit nicht, dass wir noch viel mehr erkunden, lernen und entdecken dürfen? Noch ganz anderen Erkenntnissen auf die Spur kommen und noch ganz andere Beziehungen leben können?

Ich wünsche mir von Herzen, dass jeder Mensch, jedes Kind den ureigenen individuellen Weg in der Liebe, in seiner beruflichen Erfüllung, in der Kreativität, in puncto Spiritualität, Elternsein und Leadership gehen kann. Ich wünsche mir einen Raum, der immer bewertungsfreier wird und in dem sich jeder immer wieder neu entfalten und updaten kann und neu wählen darf. Ich wünsche mir eine Gesellschaft, die sich von alteingefahrenen Strukturen behutsam und mit der Zeit löst. Ich wünsche mir, dass Veränderung etwas ist, was Freude bereitet, was statt Angst immer wieder ein Kribbeln hervorruft.

Wusstest du, dass sich Schlangen bis zu ihrem Tod bis zu neunmal häuten? Schlagen wachsen bis ans Ende ihres Lebens. Daher müssen sie in bestimmten Abständen ihre alte Haut abstreifen. Die Schlangen bilden jedoch in aller Ruhe, bevor sie die alte Haut abwerfen, im Verborgenen, eine neue schützende Haut. Im Schutze der alten Haut kann dieser Prozess ganz gefahrlos vonstattengehen. Die Schlange liefert sich nicht schutzlos aus, während sie sich komplett transformiert. Auch wir wachsen ständig, wie du im Rahmen der zweiten magischen Frage erfahren hast. Unser Gehirn bildet sich sekündlich weiter und wächst auch plastisch. Im Gegensatz zur Schlange wachsen wir zwar ab einem bestimmten Alter nicht mehr äußerlich, innerlich entwickeln wir uns jedoch permanent weiter. Auch wir sind nicht schutzlos. Wir können unseren Weg in unserem Tempo zu unserem Erfüllungsort gehen. Wir dürfen aus unseren Erfahrungen lernen, und wir dürfen lernen, unseren Gefühlen (wieder) zu trauen.

Je mehr genau dieses Prinzip von unserer Gesellschaft gelebt wird, je mehr Menschen ihren ureigenen Weg gehen und immer wieder von Neuem beginnen können, desto gesünder, zufriedener und glücklicher kann unser Leben sein! Je mehr Menschen ihren eigenen individuellen Erfüllungsweg, losgelöst von »So muss es sein«-Konzepten, wählen und leben und an ihrem Erfüllungsort ankommen, desto mehr wird genau diese Individualität Normalität werden. Das ist meine größere Vision.

Größere Visionen kann man nur realisieren, wenn man vom Ich zum Wir übergeht. Wenn man diese Philosophie weiter und weiter in die Welt hinausträgt und – dieser Ausdruck kommt aus dem Amerikanischen – damit »a new normal« (ein »neues Normal«) kreiert. Etwas komplett Neues, ein neuer gedanklicher Ansatz, eine neue Geisteshaltung, ein neuer emotionaler Ansatz, kann damit vielerorts Fuß fassen und gelebt werden. Daher bieten meine Coaches und ich nicht nur an, Menschen online und offline auf ihren unterschiedlichen YOUR WAY Erfahrungen wie »Kreatives Genie«, »Berufliche Erfüllung«, »Erfüllte (Liebes-)Beziehungen«, »Businessgenie« und vieles mehr zu begleiten, ich bilde auch Coaches aus, die diese Philosophy ihrerseits in die Welt ihrer Kunden hineintragen und auch individuell anwenden können. Damit säe ich aus, und das macht mich unglaublich dankbar. Ich bin zwar die Entwicklerin und Ideengeberin des Ganzen, aber damit auch nur ein ganz kleiner Teil der Vision. Ohne ein Wir, ohne unendlich viele andere, würde es nicht möglich sein, dieses Gedankengut weiter und weiter in die Welt hineinzutragen. Daher werden auch weitere Bücher folgen, die tief in das, was uns als Menschen am meisten beschäftigt, eintauchen und ebenfalls komplett innovative und vor allem verschiedene Sichtweisen auf Kreativität, (Liebes-)Beziehungen, berufliche Erfüllung, Elternsein, Umgang mit Kindern und Jugendlichen, Leadership und Spiritualität werfen werden. Der gemeinsame Nenner wird jedoch immer wieder eine Frage sein: Was ist dein ureigener Weg?

Und du weißt jetzt schon, dass du diese Frage am besten beantworten kannst, wenn du am meisten du selbst bist.

Dank

Von Herzen möchte ich Tamara Hell, Junior-Lektorin des Droemer Knaur Verlags danken. Ohne ihr Engagement und ihren Einsatz, ohne dass sie von vorneherein von der Idee meines Buchs begeistert gewesen wäre und sich dessen angenommen hätte, wäre es nicht in dieser Form veröffentlicht worden. Ganz tiefen, aufrichtigen und lieben Dank für all das, was ich von Ihnen lernen durfte – die vielen kostbaren Impulse, Verbesserungsvorschläge und Tipps! Das hat mich ungemein wachsen lassen.

Des Weiteren möchte ich von Herzen meinem Verleger, Carlo Günther, vom Droemer Knaur Verlag für das megakreative Brainstorming während eines der inspirierendsten Mittagessen meines Lebens in München bedanken. Dieses Mittagessen war die Geburtsstunde der Struktur dieses Buchs. Carlo, es war mir ein Fest!

Mein großer Dank geht ebenfalls an Sabine Jaenicke vom Droemer Knaur Verlag, die durch ihre liebevolle Klarheit immens dazu beigetragen hat, die Vision des Buchs für die Leser greifbar zu machen. Das hat großen Spaß gemacht.

Ich möchte meinem tollen Lektor Andreas Klaus danken. Es ist mir eine große Ehre, mit dir zusammenarbeiten zu dürfen.

Ich möchte von Herzen meiner Redakteurin Melle Siegfried für die phänomenale Zusammenarbeit danken. Der Ausdruck, dass es zwischen uns wie »Pott und Deckel« gepasst hat, ist noch eine grobe Untertreibung. Danke dir von Herzen für dein Verständnis, dein »Mich-Sehen« und deine wunderbare Scharfsicht, die das Buch ungemein bereichert hat. Du bist großartig!

Ich möchte meinem wunderbaren, verständnisvollen Ehemann Frank Röschmann für seine geniale liebevolle Unterstützung danken. Ich danke dir dafür, dass du mir stets den Rücken komplett frei gehalten hast, dir unermüdlich Passagen angehört und diese kritisch hinterfragt hast. Ich danke dir dafür, dass du immer an mich glaubst, mich immer unterstützt – und sei die Idee oder das Vorhaben noch so verrückt und neu. Ich danke dir dafür, dass du mich nie schwer bewertest und mich komplett mein Ding machen lässt. Ich liebe diese Freiheit so sehr und dich dafür umso mehr!

Ich danke meiner wunderbaren Freundin und Coach-Kollegin Astrid Wezel. Ich danke dir für deinen Zuspruch bei der Erstellung des Buchs, für deine Perspektivwechsel, für dein ständiges Da-Sein als meine Freundin und Kollegin, und ich danke dir für deine mentale und emotionale Unterstützung.

Ich möchte all meinen wunderbaren Klientinnen und Klienten, den Studierenden aller Fachbereiche und den Mitarbeitenden und Führungskräften der Unternehmen, die ich beraten durfte, danken. Ohne die vielen Workshops, Seminare, Weiterbildungen und Coaching-Sessions, die ich geben durfte, wäre dieses Buch nie in dieser Form entstanden. Ohne die Menschen, die mir ihr Vertrauen geschenkt haben, die ich auf ihren individuellen Weg führen durfte, wäre meine Arbeit nicht die, die sie ist. Ich danke euch von Herzen. Ihr habt einen immensen Beitrag zu diesem Buch geleistet.

Darüber hinaus danke ich allen Menschen, die im Laufe meines Lebens meinen Weg gekreuzt haben. Egal wie diese Begegnung war, ob sie erfreulich oder unerfreulich, schmerzhaft oder schön, angenehm oder unangenehm war, ich bin dankbar dafür, da ich von dir etwas lernen durfte und auch weiterhin eine Lernende bin.

Anmerkungen

Die zweite magische Frage:
»Wer kann ich sein?«

1   Vgl. »Jeder zweite fühlt sich vom Burnout bedroht« (o.V.), Ärzteblatt 2018, Letzter Zugriff 20.08.2018. Online: https://www.aerzteblatt.de/nachrichten/92312/Jeder-Zweite-fuehlt-sich-von-Burnout-bedroht

2   Vgl. Weber, A./Hörmann, G. (Hg.): *Psychosoziale Gesundheit im Beruf,* Thieme Verlag KG, Stuttgart 2008. Online: https://www.researchgate.net/profile/Andreas_Weber23/publication/283280528_Psychosoziale_Gesundheit_im_Beruf/links/59917dc6458515b87b4f3c8b/Psychosoziale-Gesundheit-im-Beruf.pdf

3   Vgl. »Megatrend Update« (o. V.), Zukunftsinstitut (Hg.) 2012: *Die Individualisierung der Welt.* Online: https://www.zukunftsinstitut.de/artikel/die-individualisierung-der-welt/ Letzter Zugriff: 20.08.2018

Die vierte magische Frage:
»Wie komme ich dahin?«

1   Die längere Definition der Kreativität: Vgl. Zukunftskompetenzen für OE-Berater, Theresa Röschmann, unveröffentlichte Masterthese, 2015, Hrsg. TU Kaiserslautern S. 9–10

Download-Links

Alle Arbeits- und Übungsblätter kannst du dir unter:

www.yourway-philosophy.com/unzufriedenheit_uebungen

kostenlos herunterladen. Aus Gründen des Datenschutzes müsstest du bitte nur deine E-Mail-Adresse hinterlassen und die Datenschutzerklärung bestätigen. Weitere Inspirationen zum Buch und Impressionen von kostenlosen Workshops oder Webinaren erhältst du kostenlos auf meiner Website:

www.yourway-philosophy.com

Jedes Beispiel, jede beschriebene Kliententransformation hat sich genau so ereignet, die Klientennamen sind jedoch frei erfunden und die Beispiele, Berufe und teils auch die Szenarien so variiert, dass die Identität und die Privatsphäre meiner Klienten gewahrt bleibt, ihre Transformation aber für andere Menschen eine Hilfestellung ist.

Über die Autorin

Theresa Röschmann, M.A., geb. 1971 in Bonn, ist Unternehmerin und seit 2004 als Coach und Expertin für kreative Persönlichkeitsentwicklung, Potenzialentfaltung und Business-Mentoring in der Erwachsenenbildung tätig. Darüber hinaus lehrt und trainiert sie an verschiedenen Universitäten unter anderem im Bereich »Career Service« und berät Unternehmen. Ihre Schwerpunkte: Persönlichkeitsentwicklung, Kreativität, Organisationsentwicklung, Kommunikation, PR, Leadership und Potenzialentfaltung. Theresa liebt es, komplett Neues zu erschaffen und Elemente aus verschiedenen Wissenschaften sowie der Spiritualität miteinander zu verschmelzen. Auf Basis ihrer diversen persönlichen Lernerfahrungen, unzähliger Offline- und Online-Coachings, Seminare und Workshops entwickelte sie den Ansatz der YOUR WAY Philosophy. Nach diesem Ansatz coacht und lehrt sie und bildet YOUR WAY Philosophy-Coaches aus. Nach einem revolutionierenden Lernprinzip werden die Werte der YOUR WAY Philosophy in die Welt hinausgetragen und ermöglichen damit immer mehr Menschen, ihr Recht auf Individualität, Frieden und Glückseligkeit in jedem Lebensbereich wahrzunehmen.

Du wünschst dir mehr?

Du bist neugierig geworden und hast Lust, weiter mit mir in Kontakt zu bleiben und tiefer in die YOUR WAY Philosophy einzusteigen? Das freut mich sehr! Es gibt dafür verschiedene Optionen. Auf der Buch-Webseite findest du alle Unterlagen zum Download, Videos und kurze Erklärungen, die das Buch betreffen:

www.yourway-philosophy.com/unzufriedenheit

Auf meiner Webseite: www.yourway-philosophy.com findest du weitere kostenlose Angebote und Informationen. Da kannst du dich zum einen für meinen kostenlosen Newsletter anmelden, in dem ich mit Perspektivwechseln und Denkanstößen an dieses Buch und weitere YOUR WAY Themen anknüpfe, oder dich zu kostenlosen Webinaren anmelden.

Zudem biete ich regelmäßig Onlineprogramme mit verschiedenen Schwerpunkten an – Kreatives Genie, (Liebes-)Beziehungen, Berufliche Erfüllung etc. –, die mit Live-Workshops kombiniert werden und die von mir oder den von mir ausgebildeten Coaches geleitet werden. Ergänzt wird dieses Angebot auch durch spezielle Wochenend-Retreats bzw. Live-Erlebnis-Retreats. Alle Infos dazu findest du auf meiner Webseite unter »Angebot«.

Bist du selbst Coach oder in der Ausbildung zum Coach, kannst du dich mit den entsprechenden Voraussetzungen von uns auch zum YOUR WAY Experience Coach (verschiedene Schwerpunkte sind möglich) ausbilden und zertifizieren lassen. Alle Infos dazu findest du ebenfalls auf meiner Webseite unter dem Menüpunkt »Angebot«.

Tricia Woolfrey

Nie mehr müde und erschöpft

9 Strategien für mehr Energie

Erschöpfung und Energiemangel: Wer kennt das nicht! Die erfahrene Psychotherapeutin Tricia Woolfrey hat neun einfache Strategien entwickelt, die jedem schnell wieder zu mehr Kraft und Energie verhelfen. Diese bieten darüber hinaus Methoden für eine nachhaltige Änderung des eigenen Lebensstils. So lernt man, in schwierigen Zeiten mit Herausforderungen souveräner umzugehen und die guten Zeiten noch mehr zu genießen.

»Behandeln Sie Ihren Körper wie ein Bankkonto:
Es sollte mehr eingezahlt werden als ausgezahlt.«
Tricia Woolfrey

Dr. med. Dietmar Hansch

Angst
selbst bewältigen

Das Praxisbuch

Die Synergie-Methode entwickelt
aus der aktuellen Angstforschung

Angst ist in Deutschland die häufigste seelische Störung, noch vor Alkoholismus und Depression. Als einer der erfahrensten Angsttherapeuten im deutschsprachigen Raum vermittelt Dietmar Hansch fundiert und klar, wie man die am häufigsten auftretenden Ängste in den Griff bekommen kann: Panik-attacken, Platzangst, soziale Phobien und chronisches Sich-Sorgen und Befürchten. Die Synergie-Methode verbindet die erfolgreichsten wissenschaftlichen Ansätze zu einem praxis-tauglichen Konzept der Selbstbehandlung.

»In der Fülle der darin versammelten Erkenntnisse
ist das Buch so etwas wie das
›Alles, was man wissen muss‹ der Angsttherapie.«
Thorsten Padberg, Psychologie heute

KNAUR
MENSSANA